本书系教育部人文社会科学研究青年基金项目

"晚清史学批评的演进路径与成就(1840–1911)"

(项目编号:12YJC770038)的成果

晚清史学批评研究

刘开军 著

上海古籍出版社

图书在版编目(CIP)数据

晚清史学批评研究／刘开军著.—上海：上海古
籍出版社，2017.6
ISBN 978-7-5325-8404-8

Ⅰ.①晚… Ⅱ.①刘… Ⅲ.①史学史—研究—中国—
清后期 Ⅳ.①K092.49

中国版本图书馆 CIP 数据核字(2017)第 067191 号

晚清史学批评研究

刘开军 著

上海世纪出版股份有限公司
上 海 古 籍 出 版 社 出版

（上海瑞金二路 272 号 邮政编码 200020）

(1)网址：www.guji.com.cn

(2)E-mail：guji1@guji.com.cn

(3)易文网网址：www.ewen.co

上海世纪出版股份有限公司发行中心发行经销

常熟文化印刷有限公司印刷

开本 635×965 1/16 印张 19.5 插页 3 字数 253,000
2017 年 6 月第 1 版 2017 年 6 月第 1 次印刷
ISBN 978-7-5325-8404-8
K·2312 定价：78.00 元

如有质量问题,请与承印公司联系

序

大体与中国近代社会的变化同步，中国史学发展至于清代后期，也发生了重要的变化。梳理其演变之迹，可以上溯到清代初期甚至更远。远且不论，清代史学最易引起联想的，莫过于"乾嘉史学"。然而在以经学盛行的时代，乾嘉史学并不是乾嘉学术最主要的内容。乾嘉之学是重考据而轻义理的朴学，或称汉学，以经古文学为宗，风靡至于极盛。物极而反，清代中期，已有另类学者如经今文学家以新的治学风貌名世。史学亦然，被认为是旧派的李慈铭（1829—1894）穷研廿二史，他批评魏源编《经世文编》"当汉学极盛之后，实欲救汉学之偏，以折衷于宋学，故其去取不免左袒于宋"，斥其辑入程晋芳、姚鼐、阎循观等一批喜宋学之士为"猖狂不学率天下而为空疏无实之言者"（《越缦堂读书记·皇朝经世文编》）。而他的朋友谭献（1832—1901）治经宗今文，对时人并不看重的章学诚《文史通义》《校雠通义》，得其残本而"狂喜"，表明学风正在发生转移。虽说学术的发展必有其内在理路，然而也有待外部环境的刺激，晚清史学跳出乾嘉窠臼，研究展开了广阔的空间。面对空前的社会危机，史学的经世功能渐为国人看重。十九世纪西学东渐，各种学术理念和方法传入或借道传入华夏，梁启超的《新史学》摆脱传统史学的束缚，标志着我国近代史学具有了"革命"性的变化。史学的变化与时风、时政密切相系，顺应世变，不待今人揭示，宋人陶岳就有"九流风动而观政",史书必然改作之语。近代经史异位,史学走上前台,获得"前所未有的道德提升","是近代中国人最后一次往传统中寻找民族复兴的思想资源"(罗志田语),大体正是其所被看重的经世功能。当然,是否能够"经世"则是另话。

史学的发展必然与史学批评相伴生,史学批评是史学研究不可或缺的内容,是"史学所赖以建设"(梁启超语)的有力支撑。史学批评基于有新的思想,有了新的方法或新的理论,用以检视"旧有"的研究,足与不足,正在这回首之中,这就是批评,从书写内容、题材、体例、视角等,无一不在批评之中。南朝范晔谓:"古今著述及评论,殆少可意者。"(《狱中与诸甥侄书》)可见我国早有学术批评的存在,史评自在其中,不过不能让范氏满意罢了。南朝刘勰《文心雕龙》有《史传》专篇,对开辟以来的重要史著作了一一点评。唐刘知幾《史通》、清章学诚《文史通义》在史学批评史上更是有了标志性意义。古代文史一家,或者经史一家,本来不乏史学批评,不过往往置于其他著述之中,或以其他面貌出现,比如今人的"史学思想史"或者"史学理论"中实际上就涵盖了批评史的部分内容,视角不同而已。至于近代,史学批评更是成为常道,批评与反批评,有时十分激烈,促进了史学的发展,同时给学术界留下了宝贵的遗产。近二三十年来史学批评研究渐趋活跃,前有瞿林东《中国古代史学批评纵横》(中华书局1994年)导夫先路,近有白云《中国古代史学批评史论纲》(人民出版社2010年)挈其大略,但史学批评"远不是我们所期待的状况"(李振宏语)。至少来说,迄今尚未见到有分量的通史类的《中国史学批评史》出版,而已有不下二十部《中国文学批评史》面世,这颇令史学工作者汗颜,这种状况正好说明史学批评"是一个有待辛勤耕耘的园地"(瞿林东语)。

1840年至1890年半个世纪的史学研究和史学批评研究相对薄弱,开军是著以《晚清史学批评研究》为题,正是大可赞许的开拓。作者由探寻"批评"一词的语义出手,从晚清纷繁的史学批评中沥析出五个问题,包括正史考论与史学批评、来华传教士与史学批评、近代报刊与史学批评、新学书目提要与史学批评、新史编纂与史学批评予以讨论,与我们往常说的或印象中的史学批评相比,内容扩展不少,已经展现出了一部丰满的晚清史学批评史。作者进而提出对晚清史学话语体系嬗变的思考,亦乃水到渠成。作者早前窥究乾嘉史学,如今探研晚清史学,有如顺流而下,又于波澜处尤为致力,于近代史学批评之流变与趋向,剖析梳理十分明晰。研究"批评史",当用批评的眼光,作者无疑有冷静的思考。在有限的篇幅中,展现出了晚清史学批评的丰富以及批评背后理论的多彩。这无疑是史学批评研究的有益尝试,有待学界的检视和评判。

当今史学批评(评论)日益受到重视,近些年来有好几种此类刊物问世,史学批评被赋予了崇高的使命。作为读者,相信在有识之士的推动下,跳出思想的束缚,我国史学研究必将在批评中得到升华。吾于近代学术,属于外行,前因习读蜀中大家蒙文通和刘咸炘二先生宏著,由宋代及于近史,方有稍稍涉猎。然而犹临浩瀚大海,未敢深涉。开军博士专修史学史与史学理论,大家门生,已见其锋芒,今嘱为是著作序,久不敢应命。忆数年前开军博士进入川大历史学博士后流动站,有感其锐意学问进取之心,遂借"合作"之名而得切磋之机。如今又经数载修润之功,览是稿,比 2013 年之《出站报告》更上一层,窃甚喜,故而欣然命笔,聊借数语共勉。是为序。

刘复生 于川大新校区江安花园

2017 年 4 月

目　录

绪　论
"批评"是一门学问

　　"批评"是学术研究从经验到理论、由具体而抽象的重要一环。当人们不再盲从、附和,而是对问题有所思考与洞见的时候,批评也就随之发生了。由此而论,不管我们是否意识到,都必须面对批评、发出批评,并在批评中提炼思想。

一　"批评"的含义

　　尽管"'批评'(criticism)这个词在许多场合被人们广泛地使用",但"批评史讨论了美学、诗学和文学理论,却没有讨论批评本身,即使有也不过是附带提及而已"①。这句话出自美国文学批评家勒内·韦勒克。虽然勒内·韦勒克不曾研究过中国史学批评史,但他的上述判断在中国史学批评史的研究中也是成立的。本书就从"批评本身"讲起。

　　何谓"批评"? 据《辞源》的解释,"批"有"评判"之意;"评"指"品论是非高下"。《现代汉语词典》中"批评"有两解,广义上的"批评"是"指出优点和缺点;评论好坏";而狭义上的"批评"则"专指对缺点和错

① 勒内·韦勒克:《批评的诸种概念》,罗钢等译,上海人民出版社 2015 年版,第 29 页。

误提出意见"。推求古今"批评"之通义,并非专言缺失弊病。本书即取"批评"之广义,指对于事物的各种褒贬与评论。

在古代汉语中,与"批评"意义相近的字词还有"品""评""论""话""选""鉴赏""评点""权衡""纠谬""商榷"等。古人也以"批"与"点"或"评"与"论"连用,组成比较固定的词语,谓之"批点""评论"。南朝史学家范晔在《狱中与诸甥侄书》中自述:"古今著述及评论,殆少可意者。"①这是从史学层面上专门提出了"评论"一词,并且把"评论"与历史著述相提并论。魏晋时期人物品评之风甚盛,带有浓厚政治色彩和门阀烙印的人物评价也催发着人们对于批评的认知与推崇。至南北朝时期,稍晚于范晔的钟嵘"品古今诗为评,言其优劣"②,留下了一部文学批评史上的杰作《诗品》。唐初官修的《隋书》著录历代集部时,这样写道:"文集总钞,作者继轨,属辞之士,以为覃奥,而取则焉。今次其前后,并解释评论,总于此篇。"③唐初史官把"解释评论"合称,也反映了他们的学术批评观念——批评需作解释,解释往往暗含评价。

两宋时期,史论迭出,学术批评精神空前张扬,以洪迈《容斋随笔》和叶适《习学记言序目》为例,书中已经频见"议论"④"论""品第""序论"⑤诸词,在含义上也与"批评"相通。明代学人则广泛地批评史籍、诗歌、小说和戏曲,把"批评"之于学术的意义发挥得淋漓尽致。杨慎评论刘辰翁"于唐人诸诗集及李、杜、苏、黄大家,皆有批点。又有批评《三字口义》及《世说新语》,士林服其赏鉴之精博"⑥。在这条评论中,杨慎既用了"批点",也使用了"批评",还画龙点睛地提到了"赏鉴"。可见,古人认为批评有赏析品鉴之意。杨慎之外,陈衍对"批评"的内

---

① 沈约:《宋书》卷六十九《范晔传》,中华书局 1974 年版,第 1830 页。
② 李延寿:《南史》卷七十二《钟嵘传》,中华书局 1975 年版,第 1779 页。
③ 魏徵等:《隋书》卷三十五《经籍志》,中华书局 1973 年版,第 1089—1090 页。
④ 洪迈:《容斋随笔》卷十四《张文潜论诗》,中华书局 2005 年版,第 178 页。
⑤ 参见叶适:《习学记言序目》,中华书局 1977 年版,第 260、278、370 页。
⑥ 杨慎:《升庵诗话》卷十二《刘须溪》,丁福保辑:《历代诗话续编》,中华书局 1983 年版,第 887 页。

涵、功能、水准等均作出了精要的概括：

> 所谓批评者，一则能抉古人胸中欲吐之妙，以剖千古不决之疑；一则援引商略，判然详尽，以自见其赅博。如论汉、魏，而下证晋、唐；如谈诗、赋，而兼核子、史之类也。倘语意平常，不如无批，轻薄率易，尤为可厌矣。至于选取、权衡，当宽于古而严于今。①

批评是抉发古人心中思虑，判别千古之疑。批评的大忌是"语意平常"和"轻薄率易"。批评古人宜宽，对待时人则须严。这番深刻的反思富含理论色彩，在古人关于"批评"的认识中，当属翘楚。

明人还常于书眉行间圈点勾画，甚或施以彩墨，以别高下优劣，如唐顺之的《批点精选史记》"批抹点截，以为艺文之则"②。长圈、短圈、长点、短点、虚抹、抹、撇、截各有所指。这一时期还出现了《张陆二先生批评战国策抄》《钟伯敬评史记》《新刻剑啸阁批评西汉演义传》《钟伯敬先生批评三国志》《李卓吾先生批评西游记》等评点之书。明刻容与堂本《李卓吾先生批评忠义水浒传》卷首有署名小沙弥怀林的《批评水浒传述语》，写道："和尚自入龙湖以来，口不停诵，手不停批者三十年，而《水浒传》《西厢曲》尤其所不释手者也。盖和尚一肚皮不合时宜，而独《水浒传》足以发抒其愤懑，故评之为尤详。"③此书卷首还有《梁山泊一百单八人优劣》《水浒传一百回文字优劣》《又论水浒传文字》三篇批评专文。书中正文还有眉批、行间夹批和回后总评。可见，"批评"作为一种传统学术模式，在知识阶层中已具有较大的影响力。

---

① 陈衎：《与邓彰甫》，载周亮工纂：《尺牍新钞》卷一，上海杂志公司1935年版，第5页。
② 周中孚：《郑堂读书记》卷三十五，上海书店2009年版，第538页。
③ 《明容与堂刻水浒传》，上海人民出版社1975年版。据本书《出版说明》，1965年中华书局上海编辑所据北京图书馆藏本影印出版，1975年上海人民出版社又据此影印本翻印。北京图书馆藏本原题为《李卓吾先生批评忠义水浒传》，中缝为《李卓吾批评水浒传》，1965年影印时改题为《明容与堂刻水浒传》。

明清时期,"批评"日益成为史学家惯用的术语。黄宗羲与友人讨论茅坤的学问,就说:"鹿门八家之选,其旨大略本之荆川、道思。然其圈点勾抹多不得要领,故有腠理脉络处不标出,而圈点漫施之字句之间者,与世俗差强不远。"至于茅坤"批评谬处",黄宗羲也作了分析:"但学文章,于经史之功甚疏,故只小小结果。其批评又何足道乎?"①这里,黄宗羲两次使用"批评"一词,还提到了"圈点勾抹"。黄宗羲是深谙学术批评之道的,他的《明儒学案》总论有明一代学术发展,辑录关于各家之学的相关评价,间或以按语的方式加以评论,把这些内容集中起来,约略就是一部明代学术批评史的缩影。

清代中期的章学诚也谈过"批评"问题,所谓"以议论言史,则史评也"②。《文史通义》便是一部批评文史的名作。章学诚在考据之风盛行的乾嘉时期,是把"批评"当作一门学问来研究的。他总结历代"评点之书",写道:

> 评点之书,其源亦始钟氏《诗品》、刘氏《文心》。然彼则有评无点;且自出心裁,发挥道妙;又且离诗与文,而别自为书,信哉其能成一家言矣。自学者因陋就简,即古人之诗文,而漫为点识批评,庶几便于揣摩诵习。……如《史记》百三十篇,正史已登录矣,明茅坤、归有光辈,复加点识批评,是所重不在百三十篇,而在点识批评矣。③

百余字中,章学诚三次使用了"批评"一词,频率不可谓不高。章氏特别肯定了"别自为书"的批评专著,因为这类书源于诗文,又摆脱诗文

---

① 黄宗羲:《南雷诗文集》书类《答张尔公论茅鹿门批评八家书》,《黄宗羲全集》第十册,浙江古籍出版社 2005 年版,第 176、179 页。
② 章学诚:《章学诚遗书》补遗《上朱大司马论文》,文物出版社 1985 年版,第 612 页。
③ 章学诚著、叶瑛校注:《校雠通义》卷一《宗刘》,中华书局 1985 年版,第 958—959 页。

本身的羁绊，已自成一家。后来又有一类批评：依附正史而加以圈点批评，目的是便于学者揣摩文章之道。

清人焦循评价何焯的学问延续了明代钟惺、茅坤一派的风格，特点即是"批评甲乙"①。代表官方学术权威的四库馆臣也常用"批评"一词，如《唐纪》提要中便有"简端及字旁多有批评"②之语，又说黄叔琳的《史通训故补》"圈点批语，不出时文之式"③；沈国元的《二十一史论赞》"圈点评识，全如批选时文之式，以为评史，则纪传所载非论赞所能该。事无始末，何由信其是非"④，认为这类"批评"价值不高。

清末民国时期，中国传统学术话语体系在政治变革和西学东渐的影响下，发生了嬗变和断裂。但"批评"一词却在这次学术话语的重建中得到了延续。这里略举几例以窥一斑。1902 至 1903 年间，中国史学界出现了六种关于日本史家浮田和民《史学通论》（又名《史学原论》或《新史学》）的译本⑤。在翻译该书第八章《历史研究法》第二节的标目时，李浩生、刘崇杰、罗大维三种译本均译作"批评"，侯士绾本则译为"评论"⑥。1908 年，在关于山西大学堂所编《西史课程》的提要中，有"泰西史家最重批评"一语⑦。清季报刊上也常出现"批评"字眼，或设立专门的"批评"栏目，如《新民丛报》《大陆报》《复报》等。由此可见，晚清士人在表达"评论"之意时，偏好于使用"批评"一词。

1923 年，陈大齐在名为《论批评》的演讲中，专论批评之类型和意义，特别指出："批评一件事情，总不出赞成与反对两面。……按照这

① 焦循：《雕菰集》卷十二《国史儒林文苑传议》，《续修四库全书》第 1489 册，上海古籍出版社 2002 年版，第 227 页。
② 永瑢等：《四库全书总目》卷五十《唐纪》提要，第 458 页。
③ 永瑢等：《四库全书总目》卷八十九《史通训故补》提要，第 757 页。
④ 永瑢等：《四库全书总目》卷六十五《二十一史论赞》提要，第 581 页。
⑤ 俞旦初：《爱国主义与中国近代史学》，中国社会科学出版社 1996 年版，第 46—47 页。
⑥ 参见邬国义编校：《史学通论四种合刊》，华东师范大学出版社 2007 年版。
⑦ 《西史课程》提要，《学部官报》第 57 期，1908 年 6 月 19 日。

种性质,可以把批评分成两种:赞成的批评和反对的批评。这两种批评,都是很重要的,不可少的。"①这是民国学人从理论上对"批评"一词所作的较早探讨,在"批评本身"的研究史上具有重要地位。20世纪20年代以后,随着文学批评史撰述的兴起,"批评"成为文学理论领域的重要术语,具有了现代学术史的意义。陈钟凡撰写文学批评史时,已专论"批评"一词,"必先由比较,分类,判断,而及于鉴赏;赞美指正特其余事耳。若专以讨论瑕瑜为能事,甚至引绳批根,任情标剥,则品藻之末流,不足与于言文事矣"②。在陈钟凡看来,"批评"不单是几句草率的评语,更不是任意的褒贬,其核心在于判断和鉴赏。1930年,鲁迅评价《四库全书简明目录》,亦从"批评"立论,说它是"现有的较好的书籍之批评,但须注意其批评是'钦定'的"③。

这里再结合与史学关系密切的几条材料略作分析。20世纪20年代至40年代,陈垣讲授"史源学实习"和"中国史学名著评论"等课程,"取史学上有名之著作,而加以批评"④,强调"读书不统观首尾,不可妄下批评"⑤。他讲史学名著常论及后人对于此书的"批评"如何。1947年,陈垣在评价顾炎武《日知录》、王应麟《困学纪闻》和钱大昕《十驾斋养新录》时说,"前二十年我批评钱书后来居上,作法精密。抗战以后又觉不够,《困学》《日知》更有精神"⑥。这里的"批评"并非驳斥之意,乃是中肯的评价。

"批评"的这一含义在今天也得到了研究者的认可,瞿林东主张用"史评"即"史学批评"一词来指称关于史学自身之种种评论:

① 陈大齐:《论批评》,《国文学会丛刊》第1卷第2期,1924年1月。
② 陈钟凡:《中国文学批评史》,中华书局1931年版,第7页。
③ 鲁迅:《开给许世瑛的书单》,载《集外集拾遗》,人民文学出版社1973年版,第480页。
④ 陈垣:《中国史学名著评论课程说明》,载《中国史学名著评论》,商务印书馆2014年版,第1页。
⑤ 陈智超:《陈垣史源学杂文·前言》,生活·读书·新知三联书店2007年版,第5页。
⑥ 陈垣:《史源学实习及清代史学考证法》,商务印书馆2014年版,第11页。

　　为了强调"史评"的分量及其重要性,也为了避免史论、史评的相互混淆,使同行便于理解,使其同"史论"即"历史评论"相对应,我们把"史评"称之为"史学批评"。再者,按中国文字的本意,"批"有批点、评论之意,"评"就是评论。我们用"批评"一词,既符合文字的原意,又加强了我们的用意。①

当代史学工作者继承传统史学的"批评"传统,从概念上辨析"史评"与"史论"的区别,这对于从观念上避免混淆,明确研究对象,回归传统本意,是非常有意义的。

　　以上搜罗古今有关"批评"一词运用的实例,可以得出这样一个结论:"批评"在中国学术史上古已有之,虽经晚清西学传入的冲击仍沿用至今。"批评"的核心内涵有四层意思:学术欣赏、鉴别高下、评论是非和辨析精微,既包括肯定性的赞誉,也包括否定性的批驳。其环节包括阅读、理解、分析、阐述、评价及其传播。从表面上看,"批评"只是对一人、一书、一学说的评价,但在大量的、纷繁的甚至激烈冲突的评论背后,实为观念、诉求与思潮的激荡与较量。

　　本书所探讨的"史学批评",是关于史家、史书、史学思想、史学现象、史学潮流、史学机制、史学宗旨与功能等问题的各种鉴赏与判断、评论与商榷。而史学批评史则是对批评者的有关言论和批评活动的总结、提炼和再批评。

二 "批评"的功能

　　"批评"是一种引导、规劝和反思。"批评"所具有的学术功能,举其大者,约有两端。

---

① 瞿林东:《谈中国古代的史论和史评》,《东岳论丛》2008 年第 4 期。

第一,"批评"激浊扬清,商榷学术,而"纠谬"尤为其要义,它能够形成一种律例,直接影响学术发展。

这里结合具体的史学实例略加论说。《史通》是古代史学批评的经典,用刘知幾自己的话来说,"其为义也,有与夺焉,有褒贬焉,有鉴诫焉,有讽刺焉"①。该书问世后,赞誉者有之,批判者也不乏其人。但刘知幾的史学批评揭露史家作史心术,指陈前史得失,提出纪传体史书编纂的新方案,的确对唐以后的正史编纂和史学理论产生了深远的影响。清人浦起龙认为刘知幾的批评"所言皆验","继唐编史者,罔敢不持其律"。对此,浦氏还作了具体的论证:

> 取唐后成书印证之,断可见矣。自其以编年、纪传辨途辙也,而二体之式定。……自其拟世家以随时所适也,而载记有变通之义。自其论后妃称纪或寄外戚皆非也,而传首始正。自其论篇赞复衍,更增铭体尤赘也,而骈韵都捐。自其力排班志之《五行》也,而灾祥屏谶纬之芜。自其痛诋魏收之标题也,而称谓绝诞妄之目。自其以书地因习为失实也,而邑里一遵时制。自其以叙事烦饰为深诫也,而琐嚎半落刊章。约举数端,后史可覆。②

浦起龙对《史通》的上述见解,稍后也得到了以考史著称的乾嘉史家钱大昕的赞同:

> 刘氏用功既深,遂言立而不朽,欧、宋《新唐》,往往采其绪论。如受禅之诏策不书,代言之制诰不录,五行灾变,不言占验,诸臣籍贯,不取旧望,有韵之赞全删,俪语之论都改,宰相世系,与志氏族何殊,地理述土贡,与志土物不异。……后代奉为科律,谁谓著书

---

① 刘知幾著、浦起龙通释:《史通通释》卷十《自叙》,上海古籍出版社1978年版,第292页。
② 刘知幾著、浦起龙通释:《史通通释》卷十《自叙》篇后按语,第293—294页。

无益哉！①

北宋时期，欧阳修和宋祁等人编纂《新唐书》时，就吸取了刘知幾的批评意见。钱大昕所说《史通》被后世奉为史学之法度，并非虚言。直到晚清魏源编纂《元史新编》时，仍明言受到刘知幾史学批评的影响："诸史皆以表志列本纪之后列传之前。唐代刘知幾《史通》及宋郑夹漈皆谓其隔制度于纪事之间，不便观览。今从其说，以表志居列传之后"②。由此看来，"后代奉为科律"是批评这一功能绝好的注脚。

"批评"与"史学"结合，进而推动史学发展，这在近百余年来的史学批评史上也是常见的。

19世纪末，中国传统史学加快了向近代过渡的步伐。在史学转型的多种动力中，史学批评扮演着无可替代的角色。这其中蕴含的学术逻辑是，传统史学难以应对世变，于是新派史家起而攻击之，但新派史家怎样攻击旧史学，传统派史家又如何回应各种非议，这一连串的学术反应都少不了史学批评的广泛参与。在批评传统史学的浪潮中，以梁启超的"四蔽""二病""三端"最为深入人心。翻开晚清最后十年间的历史教科书，触目皆是"进化""文明"等字眼，"彰善瘅恶""教化"的旧史学观念被淡化，人们编纂史书不再是为了资鉴君王，而是要培养国民，那是批评之于新史学的深刻烙印。

1923年，顾颉刚在中国史学界上掀起了一场关于古史真伪的大辩论。当顾颉刚提出"层累地造成的中国古史"说后，刘掞藜、胡堇人、柳诒徵等随即起而攻之，批评顾氏论证疏漏、穿凿附会。顾颉刚对于诸家的批评虚心汲取，"他们肯尽情地驳诘我，逼得我愈进愈深，不停歇于浮浅的想像之下就算是满足了"③。正是由于批评者的意见，才促使顾

---

① 钱大昕：《十驾斋养新录》卷十三《史通》条，江苏古籍出版社2000年版，第277页。
② 魏源：《元史新编·凡例》，《续修四库全书》第314册，第7页。
③ 顾颉刚：《古史辨》第一册《自序》，上海古籍出版社1982年版，第3页。

颉刚不断完善、深化他的古史辨伪思想,这番话出自被批评者之口,尤其具有说服力。此后,围绕上古史系统展开的批评与反批评,推动着古史辨伪运动不断深入。史学批评在上古史研究中的地位,也彰显出史学批评的这一重要功能。

总之,当历史研究出现某种偏颇时,便会出现批评的声音,成为学术的风向标,并为后世史家引以自戒。

第二,"批评"生成、塑造史学范畴,是中国史学理论演进的主要渠道和观念传播的重要途径。

"良史"这个关乎史家形象的核心范畴就是从史学批评中萌发而来的。《左传·宣公二年》记载着一件著名的史学事件,正卿赵盾的族人赵穿在桃园杀死了晋灵公,史官董狐依据先秦史学之义法,记载"赵盾弑其君",并将之"示于朝"。董狐不畏强权,将记载公之于众,并义正词严地与赵盾面对面地争辩,孔子评论董狐"古之良史也,书法不隐"①。孔子之后,刘向、扬雄、班固等人评论司马迁的史学才华时,也使用了"良史"范畴,称"迁有良史之材","善序事理,辨而不华,质而不俚"②。从此,"良史"成为中国史学理论上的一个重要范畴,被历代史家广泛运用。而不同时代的史学批评家,又赋予了"良史"更加丰富的内涵。"良史"之流变如此,"史德""实录""史权""会通"等范畴的产生与被接受也大多如是。

考据家擅长辨订以求真,作史家长于叙事以审美,批评家善于思辨以究理,三者各有所长。考据家经年校雠,艰苦考索,发现史事之真相,时间之讹误,地理之沿革,职官之变迁,凡此种种皆于史学至关重要。叙事是作史家的本领,须在史料上取精用弘,在文字上千锤百炼,在谋篇布局上别识心裁,在情感上拿捏得恰到好处。那么,批评与理论之间又是什么关系呢?

---

① 《左传·宣公二年》,杨伯峻注本,中华书局 1990 年版,第 662—663 页。
② 班固:《汉书》卷六十二《司马迁传》后论,中华书局 1962 年版,第 2738 页。

在中国学术史上,一种新的观念与理论的出现往往是以大量的批评活动为前提和表现形式的。如关于史家叙事,张辅论马、班之优劣:"迁之著述,辞约而事举,叙三千年事唯五十万言;班固叙二百年事乃八十万言,烦省不同,不如迁一也。"①刘知幾在此基础上,提出了"尚简"论。而顾炎武又批评这种简单地较量文字繁简的做法,认为"辞主乎达,不论其繁与简也。繁简之论兴而文亡矣"②。可见,在连续不断的史学批评中,叙事繁简理论随之深化了。

批评往往是中国史学家最常用的思想表达方式。在批评前史与时人中展现思想与观点,交代著述缘由与思维路径,考量才学与见识,在中国史学批评史上是一个常见的现象。因此,我们通过批评可以窥见史家的思想世界。比如,班固作《汉书》的指导思想是什么呢? 这就不能不提到他对司马迁的批评。班固说司马迁"是非颇缪于圣人,论大道则先黄老而后六经,序游侠则退处士而进奸雄,述货殖则崇势利而羞贱贫,此其所蔽也。"③这一句话就把班固浓厚的正统思想表达得淋漓尽致了。班固还批评司马迁"私作本纪",把西汉历史"编于百王之末,厕于秦、项之列"④,是不可取的。这又体现了他宣扬汉室的思想。班固的这种自我表达方式为后代史家效法。

史学批评虽具体表现为对于史家、史书等对象的各种评判,然批评的背后总是蕴含着理论与方法,观念与艺术。郑樵在《通志·总序》中用比喻的方式评价马、班:"迁之于固,如龙之于猪。"⑤郑樵为何如此粗暴地批评班固呢? 原来,郑樵主张会通,而班固的《汉书》却是历代正史中断代为史的滥觞,这是郑樵极为不满的。在郑樵身后,关于郑樵和

---

① 房玄龄等:《晋书》卷六十《张辅传》,中华书局 1974 年版,第 1640 页。
② 顾炎武著、黄汝成集释:《日知录集释》卷十九《文章繁简》,上海古籍出版社 2006 年版,第 1099 页。
③ 班固:《汉书》卷六十二《司马迁传》后论,第 2737—2738 页。
④ 班固:《汉书》卷一百下《叙传下》,第 4235 页。
⑤ 郑樵:《通志·总序》,中华书局 1987 年版。

《通志》的批评不绝于书。直到清代乾嘉时期,章学诚又为郑樵辩护:"郑樵生千载而后,慨然有见于古人著述之源,而知作者之旨,不徒以词采为文,考据为学也。于是遂欲匡正史迁,益以博雅,贬损班固,讥其因袭,而独取三千年来遗文故册,运以别识心裁,盖承通史家风,而自为经纬,成一家言者也。"①章学诚之所以如此评价郑樵,是因为在重视通史和别识心裁方面,章、郑的观念是一致的。而且,面对乾嘉时期繁琐考据之风,章学诚谓郑樵"不徒以词采为文、考据为学",也是借他人酒杯浇自己心中块垒,反映了章氏欲以义理与专事考订者一较高下的学术诉求。

值得注意的是,晚清史家如同他们的前辈一样,也通过批评来阐发思想。梁启超《新史学》中批驳两千年的史学界"陈陈相因,一丘之貉,未闻有能为史界辟一新天地,而令兹学之功德普及于国民者"②。梁启超通过批评而与旧史学决裂,"新史学"思想也得到了充分的表述。是否可以这样认为,倘若梁启超不是采取了猛烈的批评形式,那么他的"君史""民史""相斫书""家谱""公理公例"的思想与概念很难以那样迅猛和广泛的态势流播于整个晚清思想界和史学界。又如陈黻宸批评清末史学界在古今关系认识上存在的问题,"笃于古而略于今,是亦不知有古者也。眩于今而盲于古,是亦不知有今者也"③。这些批评中蕴含着丰富的思想,是研究晚清史学理论的重要资料。

总之,批评是不同思想、观念、立场、知识体系之间的碰撞,是批评者与被批评者之间、学术与时代之间的对话。批评检验学术,引领方向,端正学风,营造良好、健康的学术商榷氛围,这些对于学术繁荣具有不可忽略的意义。

---

① 章学诚著、叶瑛校注:《文史通义校注》卷五《申郑》,中华书局 1985 年版,第 463 页。
② 梁启超:《饮冰室合集》文集之九《新史学》,中华书局 1989 年版,第 2 页。
③ 陈黻宸:《京师大学堂中国史讲义》,第 2 页。

三 "史评"的独立

中国古代史学话语中本无"史学批评"一词,但有与之大致对应的术语"史评"。若要窥探"批评"在传统学术中的地位,厘清史学批评从附庸走向独立的历程,则不妨从"史评"在历代目录学中的创立与衍变入手,作简要的考察。

北宋中期官修的《新唐书·艺文志》史部十三类中尚无"史评"一目。刘知幾的《史通》、刘勰的《文心雕龙》、钟嵘的《诗品》等被置于集部总集类之后,统名为"文史类",可见,史学批评在北宋中期以前尚被笼罩在文学总集之下。

"史评"的独立,自南宋初晁公武撰《郡斋读书志》始。晁公武将史部分为十三类,"史评"居第六位,共著录史书 23 部,第一种就是我国古代第一部史学批评专著——刘知幾的《史通》。晁公武创立"史评"类并非目录学上的偶然事件,而是基于学术批评类著述的发达而作出的重要调整。"前世史部中有史钞类而集部中有文史类,今世钞节之学不行而论说者为多。教(当作'故'——引者)自文史类内,摘出论史者为史评,附史部,而废史钞云。"[1]这五十三个字道出了"史评"由附庸而自立的依据,因为"论说者为多",所以"史评"便有必要从"文史类"中独立出来,从此奠定了"史评"的地位。晁公武不仅在《郡斋读书志》史部首创了史评类,还在集部立"文说"类,专门收录刘勰的《文心雕龙》等 9 部文学批评著作,这比《新唐书·艺文志》的分类更为科学,也"终于为历史、文学方面的批评著述找到了妥善的归宿,这在古典目录

---

[1] 晁公武著、孙猛校证:《郡斋读书志校证》卷七《史评类》小序,上海古籍出版社 1990 年版,第 295 页。按:"教"改为"故"的依据,除文意通达外,还有马端临摘录晁公武原文,即作"故自文史类内,摘出论史者为史评"。(《文献通考》卷二百《经籍考二十七》,中华书局 1986 年版,第 1674 页)

分类法中,不能不说是一个进步"①。自此文学批评与史学批评在目录学中获得了各自的位置。其实,这何止是古典目录分类法的一个进步,也是"史评"研究上的一次飞跃。

从集部总集类下的"文史"之学到史部"史评",标志着史学批评脱离了文学批评的羁绊。晁公武之后,"史评"在史部目录学中的地位不断得到认可和接受,"史评"的独立性更加凸显出来。

南宋的高似孙是继刘知幾之后又一位了不起的史学批评家。他著《史略》旨在"各汇其书,而品其指意。后有才者,思欲商榷千古,钤括百家,大笔修辞,缉熙盛典,殚极功绪,与史并驱,其必有准于斯"②。高似孙汇集诸书而品评之,这是典型的史学批评活动,而且他认为后人若要"商榷千古"是要以此为准的。该书卷一"诸儒史议"目,搜罗扬雄、班彪、范晔、王通、皇甫湜等人对《史记》的批评;卷四有《史评》,与"史表""史钞""通史"等并列;卷五《刘勰论史》摘录《文心雕龙·史传》内容。可见,史学批评在高似孙的史学观念中不仅是独立的门类,而且占有非常重要的地位。

宋元之际,马端临《文献通考·经籍考》也设"史评史钞"类,著录《史通》《史通析微》《班马异同》等书。"学者在论述史评类在目录学史的发展时,往往由南宋而直接讲到《四库总目》,中间漏掉明代乃至清初,这样是欠周全的"③。事实也的确如此。明代《澹生堂书目》的"史评"类收录论断、读史和考证之书,以刘知幾《史通》为首,还有《史通会要》《班马异同》《新唐书纠谬》《史书占毕》等史学批评名作。清朝官修的《四库全书总目》将史部分为十五类,也有"史评"一类,依旧首列《史通》,并强调"史评"有着悠久的传统,"古来著录,旧有此门",是一种独立的体裁。四库馆臣还自觉地区分了"批评"的两种类型,即

---

① 晁公武著、孙猛校证:《郡斋读书志校证·前言》,第3页。
② 高似孙:《史略·序》,辽宁教育出版社1998年版。
③ 贾连港:《简论史部目录分类中"史评类"的成立》,《图书馆理论与实践》2014年第10期。

"考辨史体"和"抨弹往迹",前者即史学批评,后者则为历史评论(史事或历史人物评价)。难能可贵的是,四库馆臣深知史学批评之难,"刘知幾、倪思诸书,非博览精思,不能成帙",而相对来说,史事评论则容易些:"才翻史略,即可成文,此是彼非,互滋簧鼓,故其书动至汗牛"①。倪思之书当指《班马异同》。四库馆臣如此重视"史评",对于我们进一步认识和研究史学批评有所启发。

　　清代中期私人修撰的书目中,较有代表性的当推周中孚撰《郑堂读书记》。周氏将史部分为十七类,"史评类"下有《史通》《史通训故》《唐书直笔》《批点精选史记》《国语合评》《廿二史札记》等书。更为重要的是,周中孚明确指出"史评"是与"考证"并列的独立门类:"盖评史者,宋人尚议论,近时贵考证,固后来者居上,而自刘知幾《史通》以来,自有此两家,不能偏废者矣。"②确如周中孚所言,考证和评论不可偏废,在考证风气占主流地位的清代中期,"史评"的学术地位仍得以强化。此外,徐秉义的《培林堂书目》、曹寅的《楝亭书目》、范懋柱的《天一阁书目》、汪辉祖的《环碧山房书目》等也都有"史评"一门③。

　　晚清民国时期,"史评"在目录学著作中继续占有一席之地。张之洞的《书目答问》史部第十四门即"史评"。《书目答问》又将"史评"区分为"论史法"和"论史事",在"论史法"一目中收录了浦起龙的《史通通释》、吕夏卿的《唐书直笔》、李心传的《旧闻证误》、朱明镐的《史纠》和章学诚的《文史通义》《校雠通义》共六种,其对章氏二书的评价是"以史法为主,间及他文字"。范希曾在这一条的补正中又增加了章学诚的《章氏遗书》,因为在《章氏遗书》中"《通义》外文字亦以论史法者为多"④。从著录书目和这两条解释可以看出,晚清张之洞和民国时期

---

① 永瑢等:《四库全书总目》卷八十八《史评类》小序,第750页。
② 周中孚:《郑堂读书记补逸》卷十九《唐史论断》提要,第1585页。
③ 参见来新夏主编:《清代目录提要》,齐鲁书社1997年版。
④ 范希曾:《书目答问补正》卷二,上海古籍出版社1983年版,第184页。

范希曾都具有明确的史学批评意识。

为什么"史评"在南宋至清末民初的目录学著作中逐步获得了独立的地位呢?这自然与史评类论著数量的增多、学术风尚的变迁等有直接关系,但史学批评意识的强化,史学批评在史学活动中参与性的不断增强,才是"史评"独立的内因。

从晁公武、高似孙、马端临到四库馆臣、张之洞、范希曾,"史评"一目已然成为中国史部目录学中一个相对固定的重要门类。尽管《郡斋读书志》《四库全书总目》和《书目答问》中的"史评"类既有史学批评的专书,也包括历史评论著作(如范祖禹的《唐鉴》),但史学批评毕竟有了一个恰当的地位和名称。从史学批评史的角度来看,这意味着史学批评作为一门学问得到了古今学人的广泛认同。

第一章
晚清史学批评的学术分野与演进大势

晚清七十年（1840年以后）虽很短暂，但在清史甚至整部中国历史上却都是具有分量的年代。这是中国从封闭走向开放、由传统过渡近代、从强势转而衰弱又不断求新、求变以抗争的时代。政治的模式、学术的形态和民族的心理，在这七十年中都发生了迅疾的变化。处于此种时势下的史学，也开始呈现出与旧史学不同的面貌。晚清史学批评史上，虽没有诞生《文史通义》和《廿二史札记》这样的集大成之作，但也出现了梁启超、章太炎、邓实、陈黻宸、陆绍明等史学批评名家。史学的除旧布新以及由此而产生的新旧交锋在此时达到了高峰。

一　乾嘉遗韵与域外回响

19世纪后半期，中国史学开启了近代化的进程。与此同时，史学批评也发生着新变，成为先秦以来史学批评史上的一个特殊阶段。由于史学批评主体的素养、学识、师承、秉性等多方面的差异，他们在传统与近代的交叉点上，也自然地选择了不同的道路。从批评的主题、宗旨、路数和思想倾向上看，晚清史学批评呈现出比较明显的派别分野。

一派是旧史学批评家,以李慈铭为代表①,承乾嘉史学批评之遗韵。他们主要着眼于史书的体裁、体例、文字表述、史家主旨、良史、直书、曲笔、实录等问题,在思想上对旧史学抱有同情与敬意。另一派是新史学批评家,以梁启超为巨擘,在西史东渐的大潮中,日与涌进的新思潮、新方法相切摩,猛烈批判旧史学,以建立新史学为目的。两派在批评的旨趣和方法上的差别,正反映出晚清史学理论演进的多重面相②。

(一)乾嘉遗韵:旧史学批评的绝唱

学术的发展自然会受到时代剧变的影响,但学术自身的传统也往往会依靠其强大的惯性得以延续。1840 年后,史学向近代的过渡便是如此。一则道、咸以来,国势与学术均发生了较大的变化,史学上正孕育着新的嬗变。二则清代乾嘉史学以其实事求是的朴学精神、丰硕而扎实的成果影响着后继学人。乾嘉百年间名家辈出、大师云集的盛况虽已成为过往,但这曾经的辉煌在风雨如晦的晚清,仍作为一个清晰的符号显示出极强的凝聚力和感染力。李慈铭、朱一新、毕沅等史学家即以传统的方式演奏了一曲传统史学批评的绝唱,成为晚清史学批评史的一个重要流派。

李慈铭生活的时代距离乾嘉史学并不远,他出生时,乾嘉名家赵翼去世方才十五年。李慈铭称钱大昕、王鸣盛和赵翼等人为"近儒",对盛极一时的乾嘉史学抱有浓厚的钦慕之情,在学术上自觉遵循乾嘉先贤的治史精神。他自咸丰初至光绪末数十年中不间断地撰写读史札

---

① 李慈铭(1830—1894),浙江绍兴人,字爱伯,号莼客,是晚清学术史上的一位有影响的人物,在《清史稿》中有传。李慈铭有关史学的著述,多于其身后问世,分别为由云龙辑的《越缦堂读史记》,王重民辑《越缦堂读史札记全编》,王利器纂辑的《越缦堂读书简端记》和《越缦堂读书简端记续编》等。

② "旧史家"一词在梁启超的《新史学》中已经出现,与"新史氏"相对应,是一个略有贬义的称呼。拙作也使用"旧史家"和"旧史学",但并无贬义,仅是从时代上和学术宗旨上与"新史氏"和"新史学"相区别,指传统时代的史家与史学。至于"旧史学批评",是指按照传统史学理论和方法开展的旧式史学批评,而"新史学批评"则指秉承新史学精神和范畴对史学进行的褒贬与评判。

记,是晚清史学家中以一人之力通读、通校、通论历代正史的第一人。

1856 年,27 岁的李慈铭通读了赵翼的《廿二史札记》。此后,《廿二史札记》便成为李慈铭随身携带的重要史籍,反复研读:"己未携之京师,庚申后阅一过,及今凡三过矣。"①1861 年,李慈铭写下了一段关于《廿二史札记》的评论:"此书贯串全史,参互考订。不特阙文误义,多所辨明,而各朝之史,皆综其要义,铨其异闻,使首尾井然,一览可悉;即不读全史者,寝馈于此,凡历代之制度大略,时政得失,风会盛衰,及作史者之体要各殊,褒贬所在,皆可晓然,诚俭岁之粱稷也。"②他还评价《廿二史札记》中的"陈寿论诸葛亮"条"独具只眼,可谓承祚千载知己。此条识议甚精,必传之作。"③对王鸣盛的《十七史商榷》,李慈铭也有很高的评价:"自来论史者,从未有此宏纤毕贬,良窳悉见也。"④他赞同王鸣盛对《新唐书》模仿《春秋》笔法的批评,说《新唐书》"一行之中,顺逆互见,寸土之内,彼我莫分,最为可厌"⑤。翻检《越缦堂读书简端记》《越缦堂读史札记全编》和《越缦堂读书记》,就会发现李慈铭评价历代史书时,或以乾嘉史学批评为研究起点,或援引乾嘉学派的相关成果作为佐证,其话语也承继了乾嘉血脉。王重民评论李慈铭"平生致力莫如史,于跋赵翼、钱大昕、王鸣盛三家书,每致其仰止之意,可以借窥先生之志矣。而三家之后,亦实唯先生足以继之也。"⑥杨树达在20 世纪 30 年代初也认识到了这一点,把李慈铭视为乾嘉史学谱系上的殿军人物。"越缦先生者,乃承钱、洪之流,而为有清一代之后殿者也。"⑦杨树达所说的"钱""洪"分别指钱大昕和洪颐煊,他们恰是乾嘉考据史学的重要人物。

---

① 李慈铭:《越缦堂读书简端记》,王利器纂辑,天津人民出版社 1980 年版,第 221 页。
② 同上,第 209 页。
③ 同上,第 213 页。
④ 同上,第 170 页。
⑤ 同上,第 197 页。
⑥ 王重民:《越缦堂读史札记全编》卷首小序,北京图书馆出版社 2003 年版。
⑦ 杨树达:《越缦堂读史札记全编·序二》。

李慈铭通读历代正史，又娴熟于乾嘉史家关于历代正史的著作，因而能纵横捭阖，时发宏论。他以继承乾嘉学术为己任，以完善和发展传统史学为志向。李慈铭对《新唐书》和《旧唐书》"尤所留心"，当读了《十七史商榷》关于《两唐书》的研究后，发现多与自己的研究相合，"窃自喜所见之不谬"①，又认为自己的札记"奇零陋略，不能成书，为先生作厮仆可耳"②。所谓"奇零陋略"当然有自谦的意思，但他甘为乾嘉史学之"厮仆"，却出于真诚的推崇之情。李慈铭在《晋书》评论上下了很大的功夫，"多钱、王二君所未及，其间发潜诛隐，别白是非，每足祛千载之蒙"③。因能提出钱大昕、王鸣盛所不曾得出的观点而感到自豪，可见，李慈铭是把乾嘉史学视为自己治学的楷模的，这从一个侧面说明乾嘉史学在李慈铭心目中的重要位置。

李慈铭评论李延寿《南史》的一段文字颇能体现出旧史学批评家知人论世、"护惜古人之苦心"④的精神：

> 《南史》之改并宋齐诸书，诚多未善。于《宋书》所载朝章国故，刊落尤多，《南齐书》中关系之文，亦多删削。惟其与氏族连合为传，则别有深意，殊未可非。盖当时既重氏族，而累经丧乱，谱牒散亡。北朝魏收《魏书》犹多子姓合传，南朝则沈约、萧子显、姚思廉等，专以类叙，于兄弟子姓，分析太甚，李氏故力矫之。其书本为通史之体，与八书各自行世，故先以四代帝纪，次以四代后妃，而各代列传，又皆先以诸王，其诸臣则有世系者皆联缀之，以存谱学。若欲考时代先后，则区分类别，自有本书，固并行不悖者也。大凡古人著述，须细推其旨，不可率尔讥之。⑤

---

① 李慈铭：《越缦堂读书记》，中华书局 2006 年版，第 418 页。
② 李慈铭：《越缦堂读书简端记》，第 170—171 页。
③ 李慈铭：《越缦堂读书记》，第 224 页。
④ 钱大昕：《廿二史考异·序》，上海古籍出版社 2004 年版。
⑤ 李慈铭：《越缦堂读书记》，第 230 页。

《南史》《北史》与"八书"的比较是史学批评史上的一个重要课题。李慈铭从南北朝至唐初谱学的发展和史书编纂的角度出发,指出李延寿之通史与南北朝"八书"断代为史之间各有旨归,可相辅而行,倘若不加深究,动辄批驳,则有损于史学批评的学术性。

若按照批评家的学术特点划分,旧史学批评可以分为考据型史学批评家和理论型史学批评家两大类。以乾嘉时期为例,既有以钱大昕为代表的以考史著称的批评家,也有以章学诚为典范的以理论见长的批评家。如果说李慈铭是继承了钱大昕、王鸣盛等人的衣钵,是为晚清考证型史学批评家的话,那么谭献①则是这一时期章学诚式的理论型史学批评家。

谭献晚年自评"年将六十,学未通一经;七叶为儒,读未破万卷。皮骨奔走,游未陟五岳;一行作吏,名未挂朝籍"②。这其中多少有些自嘲、自谦的意味。其实,谭氏之学在晚清已经颇有影响。弟子徐珂将谭氏论词之语辑为《复堂词话》,不仅为时人推许,也为当今研究者津津乐道③。谭献在批评史上实有一席之地,正如研究者所指出的,谭献"不给人遗忘全仗着他的批评——文学批评与学术批评"④。

谭献与李慈铭交游匪浅,然二人在史学批评上却有异趣。与李慈铭盛推钱大昕、王鸣盛不同,谭献最为服膺的是章学诚,称赞章氏"洞明著作之本末"⑤。钱钟书较早指出了李慈铭和谭献的这一区别,谓谭献"拳拳奉《文史通义》以为能洞究六艺之原(见《日记》)。李则以章

---

① 谭献(1832—1901),初名廷献,字仲修,号复堂,晚号半厂,浙江仁和(今杭州)人,他是清代常州词派的殿军,又是一位有成就的史学家。谭献颇受张之洞的赏识,任经心书院院长。章太炎曾从之问学。谭献的重要著作有《复堂类集》《箧中词》《复堂日记》等。

② 谭献:《复堂类集自叙》,《谭献集》上册,浙江古籍出版社 2012 年版,第 3 页。

③ 如迟宝东的《谭献的词学思想》(《南开学报》2005 年第 6 期;沙先一的《选本批评与清代词史之建构——论谭献〈箧中词〉的选词学意义》,《文学遗产》2009 年第 2 期。这些文章集中讨论谭献的词学贡献,为谭氏塑造了一位晚清词学家的鲜明形象。关于谭献的史学,则较少引起关注。笔者寡陋,仅见杨艳秋的《〈复堂日记〉的史学价值》(《光明日报》2016 年 12 月 7 日第 14 版)一文,从史学上探讨了谭献的学术思想与学术批评。

④ 范旭仑、牟晓朋:《复堂日记·整理后记》,河北教育出版社 2001 年版,第 419 页。

⑤ 谭献:《复堂文续》卷四《章先生家传》,《谭献集》上册,第 236 页。

氏乡后生,而好言证史之学,鄙夷实斋,谓同宋明腐儒师心自用(见《日记》)。此学问径途之大异者"①。1864 年,谭献"于书客故纸中搜得章实斋先生《文史通义》《校雠通义》残本,狂喜"。"章氏之识冠绝古今,予服膺最深。往在京师,借叶润臣丈藏本,在厦门借孙梦九家抄本,读之不啻口沫手胝矣。"②谭献私淑章实斋,仰慕之情溢于言外:

> 阅《文史通义·外篇》。表方志为国史,深追《官》《礼》遗意。此实斋先生所独得者。与《内篇》重规叠矩,读者鲜不河汉其言,或浮慕焉,以为一家之学亦未尽耳。悬之国门,羽翼六艺,吾师乎!吾师乎!③

这已再明白不过地表达了他要继承章学诚的史学家法了。他拟定的《师儒表》将章氏之学(史学)列为绝学。在《复堂日记》中,多处记载谭献搜访、阅读章学诚著作的情况。如 1871 年,谭献"借朱子清《文史通义》写本阅之。仅刻本十之四五,有《杂说》二篇为刻本所未有。记在厦门借孙氏写本有《教弟子作文法》一卷,亦未刻。李莼客言章氏遗稿十余册在越中,南归当渡江访之"④。1873 年,谭献又"得陶子珍书,访得《章氏遗书》《文史通义》《校雠通义》,版刻在周氏,同年介孚名福清之族人也。辗转得之,不虚吾渡江一行。"⑤这里的"同年介孚名福清",即鲁迅的祖父周福清,字介孚,乃是谭献的乡试同年。《章氏遗书》的大梁本版刻收藏在周福清的族叔周以均处。⑥ 1892 年,"徐饴孙将渡江来谈,贻以《文粹》,又章实斋杂稿一册,即往年季贶示予谋刻

① 钱钟书:《复堂日记序》,见《复堂日记》书首,第 3 页。
② 谭献:《复堂日记》卷一,第 17 页。
③ 谭献:《复堂日记》卷一,第 20 页。
④ 谭献:《复堂日记》卷二,第 49 页。
⑤ 谭献:《复堂日记》卷三,第 57 页。
⑥ 王标:《谭献与章学诚》,《杭州师范大学学报》2009 年第 1 期。

者,今饴孙方求全稿,刻入丛书也。座间适得章硕卿上海书,亦及《章氏遗书》事。"①谭献所说的徐饴孙即晚清著名藏书家徐维则,季贶即谭献的好友周星诒。1892 年,谭献"校章氏《乙卯札记》《知非日札》又《论修文籍考要略》《与邵二云二书》终卷。非碎义难逃,颇有深识微言。虽大旨不出《通义》,而推究本末,言各有当,往往有之"②。可见,谭献从青年到晚年始终致力于搜集、整理章学诚的撰述,且有老而弥坚之势。谭献的人生志向,是"期以十年,治经史未竟之业,得一卷书,附庸于胡石庄、章实斋两先生,于愿足矣"③。

谭献对章学诚之仰慕既如此,故而对章学诚史学批评思想的阐发与揣摩也在在多有。1885 年,谭献读《汉书》时,联想到章学诚的"圆神方智"说,写道:"章实斋言《史记》圆而神、《汉书》方以智,求之《纪》《传》尚微,求之《表》《志》《自叙》诸篇则显矣。"④谭献以章氏之说反观《史记》《汉书》,认为从马、班的表、志入手更易体会章学诚的思想。这些都是实实在在的读史和评史功夫。谭献从章学诚丰富的史学理论中,特别拈出"圆而神"和"方以智",抓住了实斋史学要义。谭献又称章学诚"论著书","如山有乔岳、水有灵海,奉以为归而推求之,毕世不能尽也"⑤。谭献还指出了章学诚与刘勰的学术渊源,"阅《文心雕龙》。童年习熟,四十后始识其本末,可谓独照之匠、自成一家。章实斋推究六艺之原,未始不由此而悟"⑥。这些论述颇能言前人之所略。

谭献对古代史学史上的名著多有评论,如谓《北周书》"体势整栗,情事激射,深得史法。诸合传均有义法条理"⑦。他还为魏收的《魏书》

① 谭献:《复堂日记·续录》,第 362 页。
② 谭献:《复堂日记·续录》,第 352 页。
③ 谭献:《复堂日记》卷二,第 38 页。
④ 谭献:《复堂日记》卷六,第 141 页。
⑤ 谭献:《复堂日记》卷三,第 72 页。
⑥ 谭献:《复堂日记》卷四,第 85 页。
⑦ 谭献:《复堂日记·补录》卷一,第 213 页。

翻案,"吾于魏氏深服其三长,不独欲雪秽史之谤"①。又"有人持废《南北史》之论,然究不可废。南北朝各书我见既深,褒讥失实不安处不少。读《陈书》,文体清裁,微有笔削,惜其大体不无利钝。"②沈约"文体清邑,虽未淡雅,亦是斐然。其于合传各有意义,同福共祸,关国盛衰。详略之故,不愧良史。其大兵刑,辄以始末备之一传,余文互见,端绪秩然,可谓隐密有条理。不克尚友孟坚,固已抗手蔚宗"③。言语间对沈约史才大加赞赏。至于《隋书》"闲雅澹整,良可风诵。《帝纪》载诏令自是史体,亦见端委"④。"读《唐书》四十余日始一过,得失略有见。《帝纪》详实,不似《五代史》之陋;不革《武后纪》为是。……表目不备,宗室世系分房著录,可以为法。……《列传》文词整赡,然颇失序;子孙附其祖父,又多别传,义例安在?观《李延寿传》,颇称其《南北史》喜以子孙附祖父也"⑤。通过上述举例,可见谭献史学批评的中心话题从未偏离古代史学批评史的主线。若熟悉古代批评家关于历代正史的评论,再对读谭献上述批评,则不难体认谭氏虽生于转型期的晚清却对传统史学理论的坚守。

总之,在晚清传统士大夫的知识世界中,经史之学、文史之学仍是其最关心的问题。在他们的书札、笔记里,反复言说的是何以学有本源,表彰的是汲汲于古和忠孝仁义。尽管李慈铭和谭献在史学批评上各有师法,但他们仍然讨论着历史编纂、叙事审美、正统论、微言大义诸问题,运用的术语也不出旧史学的范畴。他们几乎完全承袭着传统史学批评的内容和方法。

不过,时代毕竟不同了,尤其是清朝最后十余年,面对日益剧烈的社会变革和汹涌而来的域外文化,传统史学理论不得不退出舞台的中

① 谭献:《复堂日记》卷一,第24页。
② 谭献:《复堂日记》卷七,第156页。
③ 谭献:《复堂日记》卷七,第157页。
④ 谭献:《复堂日记》卷一,第16页。
⑤ 谭献:《复堂日记》卷一,第15—16页。

心。当传统派还把目光聚焦于正史与野史之是非、史书的体裁与体例、史法和史意等问题上时，新史家已经开始从史观革命进而告别旧史学，开始关注为谁写史、怎样写史等问题了。

（二）域外回响：新史学批评之滥觞

19 世纪末，中国史家从西方世界和日本学者那里汲取了域外史学理论与方法的滋养。上至知识精英阶层，下至一般学堂，均可见域外史学的影踪。其中，较为知名的有日本史家坪井九马三的《史学研究法》和浮田和民的《史学原论》等。1902 年，《译书汇编》上发表的《史学概论》即依托坪井九马三、浮田和民等日本史家的学说，明确声称："本论以坪井九马三《史学研究法》为粉本，复参以浮田和民、久米邦武诸氏之著述及其他杂志论文辑译而成。所采皆最近史学界之学说，与本邦从来史学之习惯大异其趣。聊绍介于吾同嗜者，以为他日新史学界之先河焉。"[1]所谓"与本邦从来史学之习惯大异其趣"一语道出了新旧史学的分野。史学批评逐渐显现出不同于传统的风貌。

新史学批评之滥觞，其原动力主要源于以下两个方面。

第一，新史学批评家在政治上多反对君主专制，敢于冲决传统帝王观念的牢笼，具有从史学批评延展到政治批判的自觉意识。

作为新史学的开山人物，梁启超的许多史学批评就带有政论色彩，"不扫君统之谬见，而欲以作史，史虽充栋，徒为生民毒耳"[2]。邓实也认为秦汉之后，"大盗柄国，专制如虎，网罗重重，神号鬼哭。由是而中国之史遂专为君主一人一家私有之物"，"二十四姓之天子，无一非烧书者矣。……哀哉！中国之史，其遂永厄于专制一人之君主矣。……白人之政体也，以民为主体。……黄人之政体也，以君为主体。"[3]民是

---

① 衮父：《史学概论·编者识》，《译书汇编》第 2 年第 9 期，1902 年 12 月 10 日。
② 梁启超：《饮冰室合集》文集之九《新史学》，第 21 页。
③ 邓实：《民史各叙》，《广益丛报》第 62、63、64 期合本，1905 年 1 月 20 日。

与君相对应的,呼唤"民史"实即批判专制,矛头直指皇权。既然在政治上持此种观点,必然在史学批评上有所反映。

1903 年,曾鲲化以横阳翼天氏为名出版《中国历史》。撰写于"酒酣心热拔剑斫地叱咤风云之刹那顷"的《中国历史出世辞》反映了作者对于传统史学的批判精神,对于新史学、新世纪的无限憧憬:

> 夫历史之天职,记录过去、现在人群所表现于社会之生活运动,与其起原、发达、变迁之大势,而纪念国民之美德,指点评判帝王官吏之罪恶,使后人龟鉴之、圭臬之,而损益、而调剂、而破坏、而改造、而进化者也。今宝其一毛而瓯脱其全体,尊其肉块而敝蓰其精魂,甚或牺牲其全部,锄之、芟之、摧之、辱之,以至禁锢之、驱逐之、杀戮之,徒萃精荟神,效死力于专制君主,以尽奴颜婢膝之本领,指盗贼为圣神,指僭逆为天命,指野蛮为君后。断断正统偏安之争,皇皇鼎革前后之笔。崇拜千百奇妖魔鬼,以奴隶神明贵胄之无量数美男儿,汇积累累串珠之墓志铭,而垄断国民活动荣耀的大历史。①

曾鲲化毫不掩饰对旧史家的不满,认为在"指盗贼为圣神,指僭逆为天命,指野蛮为君后"等问题上,旧史家难辞其咎。曾氏给历史学下的定义是记录人群活动的始末大势,史学的功能是要纪念国民的美德,评判君臣的罪恶,以供后人鉴戒,以有助于人群的改造与进化。作者强化了"国民"在历史书写中的地位,他也讲"帝王官吏",但侧重点却是君臣的"罪恶",这些话中蕴含着对皇权的蔑视,对所谓正统的不屑一顾,这些批评在旧史学批评家那里是很难看到的。

还有一篇名为《论中国史乘之多诬》的文章不能不提。该文先是

---

① 横阳翼天氏:《中国历史出世辞》,《中国历史》上卷,东新译社 1903 年版,第 2—3 页。

发表于 1905 年 5 月的《时报》上,刊出两个月后又被《东方杂志》转载,影响较大。文章指出:

> 处今之世而尚论当世之民族,则必以其历史之有无为断。中国屏弱至是,而论者犹决其不亡,则以有四千年来相传之历史故也。然而,中国之史职则何如? 向之持论以为中国历史诟者,其所掎摭不出数端。曰详于战争而略于制度,犹之荀卿所谓"相斫书"也。曰载笔虽慎而关系则微,如斯宾塞尔所讥"东邻产猫"之事实也。曰徒纪一朝之废兴而不及当代之治忽,"二十一史"乃成为二十一姓之家谱也。是既然矣,乃以记者暇时籀诵之所及观之,则犹有一病为前人之所未言者。其病惟何? 曰不实。盖专制之国家不独使其廷无诤臣,野无直民,亦将使其国无信史。①

文中所说的"中国历史"实即"中国史学"。作者赞同梁启超等人批判旧史学的几个论点——相斫书、家谱、东邻产猫,又进而提出了一个颇为自得的观点,即中国传统史学还有一大病症,即诬妄不实,而罪魁祸首便是专制政体。

第二,新史学批评引入了"科学""进化"和"文明"等新概念、新思想,掌握了契合时代精神的理论武器。

对中国传统人文知识与技艺赋予"科学"的属性,以"科学"论史学代表了其时的潮流。1899 年,王国维在为好友樊炳清翻译的日本史家桑原骘藏著《东洋史要》所写的序言中,开篇就说:"自近世历史为一科学,故事实之间不可无系统。抑无论何学,苟无系统之智识者,不可谓之科学。中国之所谓历史,殆无有系统者,不过集合社会中散见之事

---

① 《论中国史乘之多诬》,《东方杂志》第 2 卷第 6 期,1905 年 7 月 25 日。

实,单可称史料而已,不得云历史。"①意思是说,旧史学不配称为史学,因为它缺乏科学的系统性。稍晚于王国维,陈黻宸也提倡科学治史:"科学不兴,我国文明必无增进之一日。而欲兴科学,必自首重史学始。""无史学则一切科学不能成,无一切科学,则史学亦不能立。故无辨析科学之识解者,不足与言史学,无振厉科学之能力者,尤不足与兴史学。"②将科学与史学视为如此紧密关联的学科,是陈黻宸关于史学属性的重要见解。陈氏论述的逻辑起点则是国家文明之进步。

进化论进入中国,为晚清新史学话语体系的建构提供了强有力的理论支撑,也为史学批评注入了新的思想活力。1900年《清议报》上连载有贺长雄撰、璱斋主人翻译的《社会进化论》,"对进化论思想在中国学术思想界的确立有重要影响"③。其实,1900年以前,进化论已经渐次在晚清知识界传播开来。严复的《论世变之亟》《原强》等文和由他翻译出版的赫胥黎《天演论》(1898)对于晚清思想界和史学界产生了较大震动。1900年以后,严复又译《社会通诠》等进一步阐说了进化论思想。"物竞天择""优胜劣败"的观念深入人心,几乎成为知识界的口头禅。如:

> 达尔文曰:物种竞争,旧种之不变者,一遇新种之善变者,即降为不宜,而灭亡随之。呜呼!鉴于欧亚今日之大势,则既莫不然矣。④

> 近世以来,英国大哲学家达尔文、斯宾塞等,阐发天演公理,曰社会者,经岁月而愈复杂者也;人智者,经复杂而愈进化者也。余

---

① 王国维:《东洋史要序》,谢维扬、房鑫亮主编:《王国维全集》第十四卷,浙江教育出版社、广东教育出版社2010年版,第2页。
② 陈黻宸:《京师大学堂中国史讲义》,第1、2页。
③ 王学典主编:《20世纪中国史学编年(1900~1949)》上册,商务印书馆2014年版,第3页。
④ 马君武:《东洋文明史·序》,支那翻译会社1903年版。

谓历史学之精神,亦以此为根据地。①

难怪 1905 年王国维回顾 19 世纪末以来的学术思想演进时,就特别评述道:"近七八年前,侯官严氏所译之赫胥黎《天演论》出,一新世人之耳目。……嗣是以后,达尔文、斯宾塞之名,腾于众人之口,物竞天择之语,见于通俗之文。"②王国维的话一点也不夸张。翻开晚清报刊,其中讨论社会进化、政治进化、人体进化之文章,已不鲜见③。时人论历史,则谓:"我皇汉民族之历史,固所谓以脓血染成之历史也。数千年来,无百年无兵战,专制之政体与思乱之人心,其进化为正比例。"④时人谈史学,亦动辄以"进化"二字为要义。如"历史者记录过去、现在人间社会之陈迹者也。人间社会为最复杂之现象,故历史有种种之方面。……抑人间社会者进化之物也。进化无极,历史亦无尽"⑤,"历史者,以人类社会进化之现象为范围"⑥,"历史者,即叙述时间之现象之进化之状态者也"⑦。史学要记叙"中国历代同体休养生息活动进化之历史,以国民精神为经,以社会状态为纬,以关系最紧切之事实为系统。排繁冗而摘要言,革旧贯而造新体,寻生存竞争优胜劣败之妙理,究枉尺直寻小退大进之真相"⑧。人们评论蒋维乔的《初等小学简明历史教科书》"于我国文学风俗农工商等进化之次序,尤三致意焉"⑨,论说的重心仍是"进化之次序"。晚清史家迅速将进化论引入史学理论领域,

---

① 横阳翼天氏:《中国历史》上卷,第 3 页。
② 王国维:《论近年之学术界》,《教育世界》第 93 期,1905 年 2 月。
③ 如《万国公报》1902 年第 162 期上刊出《论欧洲进化源流》《格致与进化论》;《江苏》1903 年第 1 期上刊登了《政体进化论》《说脑上篇》;《醒狮》1905 年第 1 期发表《进化论与各学科之关系》等。
④ 治民:《中国为国流血之女英雄窦桂娘传》,《复报》第 9 期,1907 年 3 月 30 日。
⑤ 衮父:《史学概论》,《译书汇编》第 2 年第 9 期,1902 年 12 月 10 日。
⑥ 《史学肄言》,《游学译编》第 10 期,1903 年 9 月 6 日。
⑦ 吴渊民:《史学通义》,《学报》第 1 期,1907 年 2 月 13 日。
⑧ 横阳翼天氏:《中国历史出世辞》,《中国历史》上卷,第 3—4 页。
⑨ 商务印书馆编译所:《商务印书馆书目提要》,商务印书馆 1909 年版,第 11 页。

并成功地将之改造为批判旧史学的指针。"进化"二字以其简洁明了、易于理解、适于针砭时弊而深刻影响到晚清史学,凡违背或未体现"进化"者自然成为批判的对象。

"文明"二字频频出现于清季史学界,也是一个值得关注的重要现象。以1903年为例,仅这一年中,便翻译出版了日本人白河次郎、国府种德的《中国文明发达史》,英国人巴克尔的《英国文明史》,日本人高山林次郎的《世界文明史》,萨幼实译《东洋文明史》、法国塞奴巴的《泰西民族文明史》等①。1903年,《大陆报》上已有专文对文明史的定义、文明史与政治史的异同、优劣作出了深刻论述:

> 文明史者,握人类活动之主脑,而纵则系之以岁时,横则定之以方向,且亘于精神及物质之全范围,而究明社会发达之真相,盖统一之历史也。顾世人动以政治史为历史之本领,是徒眩惑于外观之壮伟,而不顾内部之发动者耳。

政治史和文明史在历史撰述的内容上、宗旨上也有明显的差异:

> 政治史何如乎? 一言以蔽之,曰:记载国家生活过去时代所有各事之次第及关系之历史也。而其关系则主始终于外面上之现象,而非以因如是事件而起之时代,及个人内面上之探索为旨者也。文明史则不然。其目的在由精神方面上观察人类社会上一切之发达,而对于其外部所表发之政治、经济、宗教、文艺,及他各种文物,而说明其成立变迁者也。抑政治史以国家为中心,而查照其关于盛衰兴亡之一切文物。文明史则以人类社会为对象者也。苟关系人类社会之进步者,莫非文明进步时代所不可阙之要

---

① 参见王学典主编:《20世纪中国史学编年(1900~1949)》上册,第50—61页。

素。……所谓政治史,必依傍文明史而始克告厥成功,蔑不可也。①

政治史是以国家盛衰为叙事的重心,而文明史则以人类社会之进步为记叙对象。文章的一个中心意思是确认文明史之价值高于政治史。

"文明"的引入所产生的影响,表现在批评家对以"文明"为叙事中心的史书表现出极大的热情。王国维推崇文明史,说:"日本理学士箕作元八及峰岸米造两君所著《西洋史纲》,盖模德人兰克(Ranke)氏之作,以供中学教科之用者。书虽不越二百页,而数千年来西洋诸国之所以盛衰,文明之所以递嬗,若掌指而棋置。"②戊戌政变后,流亡日本的梁启超深受文明史学的浸润,对当时出现的《文明史》(家永丰吉著)、《世界文明史》(高山林次郎著)等,如数家珍。他称赞基佐"为文明史学家第一人",《世界文明史》"叙述全世界民族文明发达之状况,自宗教、哲学、文学、美术等,一一具载,可以增学者读史之识"③。梁启超理想中的文明史是非常玄妙的。"文明史者,史体中最高尚者也。然著者颇不易,盖必能将数千年之事实,网罗于胸中,食而化之,而以特别之眼光,超象外以下论断,然后为完全之文明史。"④陈黻宸也发出了"善哉!《英伦文明史》"云云的感慨⑤。不仅如此,一些报刊的历史栏目明确宣称以文明史为中心,如 1907 年创刊的《学报》鉴于国人不可不知历史,而设立历史一栏,内容则"专以陈文明进退之迹"⑥。该报不仅如此声称,后来也是这样做的,创刊号的第一篇文章即《中国文明之传播》。可见,清季史家、报人均不约而同地把眼光转移到了"文明"之史与"进化"之迹。

---

① 以上引文均见《世界文明史提纲(未完)》,《大陆报》第 3 期,1903 年 2 月 7 日。
② 王国维:《欧罗巴通史序》,谢维扬、房鑫亮主编:《王国维全集》第十四卷,第 4 页。
③ 梁启超:《饮冰室合集》文集之四《东籍月旦》,第 97 页。
④ 梁启超:《饮冰室合集》文集之四《东籍月旦》,第 96—97 页。
⑤ 陈黻宸:《京师大学堂中国史讲义》,第 5 页。
⑥ 《学报叙例》,《学报》第 1 期,1907 年 2 月 13 日。

要之,晚清的前五十年,乾嘉史学遗风犹在,后二十年则是新史学批评家高歌猛进的时代。至 19 世纪末年,梁启超等人的批评言论主导了彼时史学理论潮流,中国史学面貌为之一变。

二 从式微到复兴

1840 年到 1911 年的史学批评史呈现出阶段性特征。[①] 而其总体趋势则是从式微走向复兴。

(一) 三个阶段

第一阶段是 19 世纪 40 年代至 19 世纪 70 年代。这一阶段批评家总体上还延续着旧史学批评的路数,乾嘉史学的影响尤其明显,代表人物有魏源、夏燮、何秋涛等。

魏源编撰《海国图志》无疑具有史学近代化的意义,但在史学批评上他还是一个传统色彩浓郁的史学家。他在评《金史·完颜元宜传》时,仍然是以传统史家所尊奉的《春秋》笔法发论,称道《春秋》的"斧钺大义":"称某臣弑其君者,罪在臣;不书何人弑而书通国弑其君者,罪在君;罪在君者,人人得而诛之。……奈何诛海陵之人而尚责以弑君乎?"[②]对官修《明史》,魏源也颇有批评,认为《明史》不能革除"《宋史》以来,人人立传之弊","如太祖功臣十八侯,人各一传,或同一事,而既见于此,复见于彼。使以此例施之《史记》《汉书》,则列传当多数倍,有是史例乎?"魏源还举出具体例子:"如平云南事,止宜见于《沐英传》,其从征诸将,附于《沐英传》后足矣;平夏、平朔漠,以李文忠、蓝玉为主,其从征诸将,附二人传末足矣。至于《外国传》,止宜择其二三岛夷

---

① 舒习龙在《晚清史学批评的阶段和成就》(《西华大学学报》2008 年第 5 期)一文中,以 1901 年为分水岭将晚清史学批评划分为 19 世纪中后期和新史学思潮时期两个阶段。
② 魏源:《书〈金史·完颜元宜传〉后》,《魏源集》,中华书局 1976 年版,第 216—217 页。

之大者立传,其余止附见国名。"根据魏源立传的标准,则《明史》的"列
传可删去十分之三"。魏源又批评《明史》列传如此繁富,却偏偏"于明
末诸臣尚多疏略。即黄得功、李定国二人,予所见野史,述其战功事迹,
数倍本传。此略所不当略与前之详所不当详,均失之焉"。他对《明
史》志的批评又甚于列传:"至于《食货》《兵》政诸志,随文钞录,全不
贯串,或一事有前无后,或一事有后无前,其疏略更非列传之比。"①魏
源的上述批评模式与他的前辈们并无根本区别。

　　魏源对《元史》的批评也印证了他旧史学批评家的身份。《元史新
编》是魏源的一部力作。魏源在《拟进呈〈元史新编〉表》中,言明继承
乾嘉史学家钱大昕重修《元史》之遗愿。他批评元朝廷和元朝史官失
职,导致元朝"疆域虽广与无疆同,武功虽雄与无功同"。明初史官又
"不谙翻译,遂至重纰叠缪,几等负涂。不有更新,曷征文献"②。《元史
新编·凡例》可以视为一篇《元史》批评专文。他批判《元史》的回护:

　　　　列传既疏冗重复,而其大臣数篇则又讳其所短,与他传牴
　　牾。……当时讳莫如深,何以异代修史亦不为之平反。甚至不立
　　倒剌沙之传,反立任速哥之传,直以泰定正统为仇贼,而天历叛臣、
　　逆臣为忠义,糠秕眯目,四方易位,此等史笔,可垂百世乎?③

可见,魏源是以历代正史所形成的律令规范衡评《元史》。魏源在史学
批评中特别注意发挥史学的惩恶扬善之功能,出于此种考虑,他严厉地
批评了《元史》立传之失:

---

① 魏源:《书〈明史稿〉一》,《魏源集》,第221—222页。按:该篇标题为《明史稿》,但据上
　　下文意即《明史》。
② 魏源:《拟进呈〈元史新编〉表》,《续修四库全书》第314册,第4页。
③ 魏源:《元史新编·凡例》,第5—6页。

> 《史》《汉》以来，从无公主之传。惟唐以岐阳佐命之功，太平、安乐司晨之祸，皆关宗社安危，故变例垂戒。非如元代公主，除高唐王监国长公主一人附其夫传外，余皆毫无事迹，而仁和邵氏《元史类编》、嘉定毛氏《元史稿》均立《公主传》，以夫附妻，颠倒阴阳，全蔑史体。至敌国降臣，自当别为一传，旧史刘整、吕文焕滥厕功臣，而留梦炎、王积翁、蒲寿庚、方回等不为立传，非所以示惩。今别立《宋降臣传》以昭笔伐。①

倘若对魏源的这段话加以揣摩，则深感他在传统史学批评上的深厚素养，"以夫附妻，颠倒阴阳"的话在今天看来固然没有什么道理，动辄口诛笔伐的作史方法也为现代史学所质疑，但在漫长的传统史学中，史书编纂反映史家对于历史人物和事件的评判，这些观念却是根深蒂固的。魏源有感于列强侵凌，编纂《圣武记》和《海国图志》，而《元史新编》则秉承旧史学的观念与作法，看不到多少近代史学的气息。这种矛盾不仅在魏源身上有所表现，在与魏源同时代的许多史学家身上都有反映，这大概是社会变革在这些从旧史学王国中成长起来的史学家们身上留下的时代烙印。

夏燮(1800—1875)是这一阶段中另一位重要的史学批评家。夏燮在编纂《明通鉴》时以大量的笔墨集中讨论正统与历史编纂问题。所谓"正统改元，先明授受"，他评论司马光和朱熹的正统观，"温公《通鉴》，以所受者为正统……朱子谓其夺汉太速，予魏太遽。《纲目》虽以正统予蜀，而用分注例，遂为后世史法"②。这些批评透露出浓重的传统史学之风。正如饶宗颐所指出的，"中国史学观念，表现于史学史之上，以'正统'之论点，历代讨论，最为热烈。"③这个评价对于古代史学

---

① 魏源：《元史新编·凡例》，第6页。
② 夏燮：《明通鉴·义例》，中华书局1959年版，第5、6页。
③ 饶宗颐：《中国史学上之正统论》，上海远东出版社1996年版，第1页。

是大致成立的，但到了晚清，"正统"已渐被弃如敝屣。夏燮却仍热衷于争辩"正统"归属，只能说明夏氏虽处于晚清，但思想还部分地停滞于传统时代。他所关心的许多话题都是传统史学史上的大问题。他评论《明史》时谈到正史与野史的可信性问题，说："若谓野史不可信，则正史何尝无采自野史而折衷之者，安见登之正史遂无传闻之误乎！若以恩怨而言，则修史之初，半系先朝遗老，亡臣子孙，其中或以师友渊源，或因门户嫌隙。近阅明季稗史，参之官书，颇有本传所记铮铮矫矫，而野史摈之不值一钱，亦有野史所记其人之本末可观，而正史贬抑过甚者，岂非恩怨之由！贵在知人论世者折中一是耳。"①夏燮也撰写了《中西纪事》，并有"备异日史家之采择"的修史自觉和"抱先忧之隐"的忧患意识②，但在史学批评上却没有多少新内容。

如所周知，何秋涛③的《朔方备乘》是一部边疆史地名作，其实该书也是一部具有史学批评特点的专著。书中大量汇编史料，自第四十一卷至卷五十五为"考订诸书"，包括《职方外纪》（明末传教士艾儒略）、《使俄罗斯行程录》（张鹏翮）、《异域录》（图里琛）、《龙沙纪略》（方式济）、《绥服纪略》（松筠）、《俄罗斯佐领考》（俞正燮）、《俄罗斯事辑》（俞正燮）、《俄罗斯事补辑》（张穆）、《俄罗斯国总记》（林则徐命人翻译）、《俄罗斯盟聘记》（魏源）、《海国图志》（魏源）、《元代西北疆域考》（魏源）、《康輶纪行》（姚莹）。自卷五十六至卷六十为"辨正诸书"，论《檐曝杂记》（赵翼）、《癸巳存稿》（俞正燮）、《瀛寰志略》（徐继畬）诸书。从内容上看，《朔方备乘》自卷四十一至卷六十的 20 卷为史书考

---

① 夏燮：《与朱莲洋明经论修〈明通鉴〉书》，载《明通鉴》卷首。
② 夏燮：《中西纪事·原叙》，岳麓书社 1988 年版。
③ 何秋涛（1824—1862），字愿船，福建光泽县人，道光二十四年（1844）中进士，授刑部主事。代表作为《朔方备乘》八十卷，该书原名《北徼汇编》，于咸丰十年（1860）呈奏咸丰皇帝，被赐名《朔方备乘》。何秋涛旧学功底深厚，学术视野开阔，好友黄彭年称他"专精汉学"，同时又与当时主宋学、言古文词者交游，"未尝以门户标异，其于经史百家之词、事物之理，考证钩析，务穷其源委，较其异同，而要归诸实用"。（黄彭年：《清故莲池书院院长刑部员外郎何君墓表》，载何秋涛《一灯精舍甲部稿》卷首）

辨,属于史学批评的范畴。正如研究者所指出的,"何秋涛通过书前作叙、文中加注,介绍了作者的生平,写作的背景,充分肯定其价值,并指出其优劣得失。他有如一位严厉的法官,给这些著作一一给予评判"①。这类批评占到了全书的四分之一。这些文字长短不一,其书前小叙类似书目提要,文中小注则既有考证也含批评。中国史学史上史学批评与历史考证相互交融的特色在何秋涛的书中得到了充分的体现②。

何秋涛评论了除官书之外的中外学人著作达 20 余种,是当时较为系统的有关北方边疆的历史地理著作述评。对待前人著作,何秋涛着力于彰显它们的史学价值。如他评论方式济的《龙沙纪略》:

> 式济久寓于斯,闲居多暇,访询游览,事核语详,既足订辽金诸史之讹,并可补《盛京通志》之阙。原附载式济诗集之后,《钦定四库全书》析而录诸史部,诚以是编乃舆地家不可少之书也。③

这里涉及了方式济撰写《龙沙纪略》的有利条件,对该书的史料价值作平实之论,无溢美之词。何秋涛还以两卷的篇幅对图里琛的《异域录》加以考评,说:"我国使臣实抵俄罗斯境而撰述足以传信者,惟是编为然。后来官修《一统志》《四裔考》诸书,于此录采取无遗。……兹详加考订,分为上下二卷,固考北徼事迹者,浏览所必及也。"④中肯地评价了图里琛这部著作的价值。

何秋涛的史学批评具有指点当代史学,关注史学趋势的特点。他批驳的著作,大多出自名家之手,像《海国图志》《瀛寰志略》《康輶纪

---

① 仓修良主编:《中国史学名著评介》第三卷,山东教育出版社 1990 年版,第 126 页。
② 关于史学批评与历史考证的关系,参见拙文《论中国史学史上历史考证与史学批评的融合》,《天津社会科学》2012 年第 2 期。
③ 何秋涛:《朔方备乘》卷四十五《考订〈龙沙纪略〉叙》,光绪年间刻本。
④ 何秋涛:《朔方备乘》卷四十三《考订〈异域录〉叙》。

行》。对这些时人力作，何秋涛也不徇私情，是其所当是，非其所应非。何秋涛认为魏源的《俄罗斯盟聘记》命名不准确，内容上也有讹误，于是"纠其失"①。他撰写《朔方备乘》时，魏源的《海国图志》已风行宇内，何秋涛高度评价这部著作开风气，说：

> 或谓讲地理者，于中国古今郡县犹多未能确指，况外夷乎？不知宇内之事，无非以渐而开。其始莫不荒渺，必有人焉，留心采访，随时纪载，积久研核，可以得其梗概。……魏源搜采群籍，勒为《图志》，于岸国岛国各情形，条分缕析，便于检阅。但卷帙既繁，不免有疏舛之处，要当分别观之。②

何秋涛认为《海国图志》史料丰富，叙述清晰，是国人了解世界历史地理的指南。但对于《海国图志》中存在的一些疏舛，何秋涛也如实地指出，加以考订。最后他还不忘提醒读者，这些瑕疵没有影响《海国图志》在晚清世界史地研究上的学术地位，要"分别观之"，即一分为二，实事求是。这些话带有史学批评的方法论意义。对魏源的另一部著作《元代西北疆域考》，何秋涛也如实评价，魏源"殚力研求，以地域水道疏通证明，遂使往迹了如指掌，洵有功于《元史》者也。惜其中尚有考订未核之处，盖千虑之一失"③。其他如评价徐继畬的《瀛寰志略》"尚多抵牾之处"④。凡此皆是有根据的批评，是必要的学术商榷。在晚清史学批评的前期，这样的批评无疑助推了边疆史地研究的进步。

何秋涛史学批评的目的之一是传信。晚清边疆史地的研究尚在起步阶段，存在以讹传讹的现象，何秋涛的史学批评便是针对这种现象的

---

① 何秋涛：《朔方备乘》卷五十二《考订〈俄罗斯盟聘记〉叙》。
② 何秋涛：《朔方备乘》卷五十三《考订〈海国图志〉叙》。
③ 何秋涛：《朔方备乘》卷五十四《考订〈元代西北疆域考〉叙》。
④ 何秋涛：《朔方备乘》卷五十九《辨正〈瀛寰志略〉叙》。

有为之举。他说:

> 考订之学,后人多指前人之瑕疵,非前人之逊于后人也。载籍浩繁,抵牾难保,重加考证,始见精详。故论辩之书往往有互相发明者。至若随笔记录,误述传闻,年月或致参差,是非有时颠倒。后人既有所见,灼知其非,尤不可不加纠正,致令辗转贻误也。……非敢拟匡谬正俗之编,庶可除郢书燕说之弊云尔。①

这段话虽然不长,但却很有分量。第一,阐述了史学批评的必然性与合理性,即"载籍浩繁,抵牾难保"。第二,史学批评的一大功能是"除郢书燕说之弊"。第三,史学批评指责前人之失,并不意味着批评家比被评者高明,正所谓"后人多指前人之瑕疵,非前人之逊于后人也"。这是非常中肯的看法。第四,将这段话与何秋涛的史学批评实践结合来看,还可以得出这样的信息:何秋涛主张史学批评不能受各种羁绊,而应敢于指出是非优劣,即"后人既有所见,灼知其非,尤不可不加纠正"。何秋涛关于《西域闻见录》的评论,体现了他上述理论与实践的统一。《西域闻见录》中"回疆风土,系得诸目睹,多资考证。其外藩列传如哈萨克、布鲁特之类岁时朝贡,土尔扈特、和硕特之属,已列藩封,耳目较近,纪述亦详。若绝域诸国,则皆得自传闻,山川道里,半涉茫昧。其舛误尤甚者,莫如记鄂罗斯、控噶尔二篇,但以世间多有其书,恐不加辨正,沿讹益甚。今故备载原文,正其讹谬。又松筠、俞正燮、姚莹、魏源诸家皆有辨正是书之语,分见各卷中,可以互相考镜"②。何秋涛批评诸书记述之讹误,十分谨慎。他一般先列出原书段落,然后以按语的形式加以考辨和评说。何秋涛主张对待他人的史学著作,应持

---

① 何秋涛:《朔方备乘》卷六十《群书正误叙》。
② 何秋涛:《朔方备乘》卷五十六《辨正〈西域闻见录〉叙》。

"去其非而存其是"的态度①。《瀛寰志略》中"瑕瑜互见",他起而考辨,"去瑕存瑜,足备考核"②。在何秋涛史学批评的字里行间,隐约可见钱大昕"史非一家之书,实千载之书,祛其疑,乃能坚其信,指其瑕,益以见其美。拾遗规过,匪为齮龁前人,实以开导后学"③的影子。何秋涛与钱大昕在史学批评精神上确有相通之处。

何秋涛的《朔方备乘》和姚莹的《康輶纪行》、张穆的《蒙古游牧记》并称,是鸦片战争后边疆史地学兴起的标志,是中国近代史学起步阶段的代表作。但是,何秋涛在史学批评上的理念、方法,甚至史学批评的形式上,又都深受旧史家尤其是乾嘉考史学派的影响。边疆史地学、世界史撰述预示着史学的嬗变,而史学理论的新气象和新观念尚处在酝酿之中。

第二阶段是19世纪70年代到1894年。这一时期,西学东渐之潮日益壮大,史学批评家的视野空前开阔,评述西方史学与史家成为史学批评的新内容。此期内,郭嵩焘和王韬的史学批评成绩较大。

郭嵩焘在晚清历史上主要是以出使英、法的政治家形象出现的。其实他还有另一个重要身份——史学家。郭嵩焘与来华传教士丁韪良、艾约瑟、傅兰雅等有所交往,在国外期间留心西学,与域外学问家交流。郭嵩焘对史学批评有清楚的认识,他说:"自唐刘知幾著《史通》,辨史法得失,而史论兴。所论者,史法也"。至于论史事,郭嵩焘最推崇王夫之,认为"独船山王氏《通鉴论》《宋论》,通古今之变,尽事理之宜"④。郭嵩焘在史学批评上的素养由此可见一斑。

郭嵩焘与一般晚清士大夫不同,他亲身游历西方,得以实地考察国外的科技、制度、文化教育、风土人情等等。这段经历无疑开拓了他的

---

① 何秋涛:《朔方备乘》卷五十八《辨正〈癸巳存稿〉叙》。
② 何秋涛:《朔方备乘》卷五十九《辨正〈瀛寰志略〉叙》。
③ 钱大昕:《廿二史考异·序》,上海古籍出版社2004年版。
④ 郭嵩焘:《郭嵩焘诗文集》卷六《彭笙陔〈明史论略〉序》,岳麓书社1984年版,第66、67页。

学术视野。他看到国外图书馆中收藏大量的中文图书，十分震惊。在"且惭且惧"①中，他开始关注西方史学和汉学家。在游览庞贝古城时，他想到了罗马著名历史学家萨鲁斯特，说："萨里土者，意大里良史也。二千年前史记可见者，皆萨里土之遗。"②在与西方汉学家的交往中，他也在反思中国学术。汉学家德里问对《诗经》和《文献通考》颇有研究，一番晤对后，郭嵩焘在日记中写道："中国读书者所不能及也。"③郭嵩焘的史学批评活动已经有了走向世界的特征，但毕竟很微弱。这种特征的凸显是由同样有着出国经历、被郭嵩焘尊为"欧洲通"的王韬来完成的。

王韬④于 1849 年进入上海墨海书馆工作，后协助传教士理雅各翻译"十三经"。1867—1870 年，王韬游历了英、法等国，既吸纳当时先进的西方文明，与法国汉学家儒莲讨论中国文化问题，也在欧洲各地包括牛津大学、爱丁堡大学作学术讲演，沟通中西文化，这次欧洲之旅使王韬成为当时眼界最开阔的士大夫之一。1874 年，王韬在香港创办《循环日报》。1879 年 4 月到 8 月间，王韬又前往当时西学的重要中转地日本，获取新知识和新理论的优越条件加上深厚的传统史学功底，使王韬成为当时最有影响力的史学家之一。王韬自称"逸史氏"，在《法国志略》中对西方史学的评论反映出晚清史学批评在过渡时期的痕迹：

> 欧洲各国素无史职，记载阙如。近代始有私史，其所以搜罗佚事，纲举旧闻，大半出于教士之手。其书又不谙体例，详略失当。

① 郭嵩焘：《伦敦与巴黎日记》，岳麓书社 1984 年版，第 474 页。
② 郭嵩焘：《伦敦与巴黎日记》，第 900 页。
③ 郭嵩焘：《伦敦与巴黎日记》，第 847 页。
④ 王韬(1828—1897)，江苏长洲人，初名利宾，后更名韬，字仲弢，一字紫诠，自号天南遁叟、弢园老人。王韬"少抱用世之志"(《弢园文录外编》卷十一《淞隐漫录自序》)，后因上书太平军，而被清廷通缉，长期避居香港。王韬与传教士麦都思、伟烈亚力、艾约瑟、傅兰雅等交往甚笃，合作撰述。王韬在史学领域撰述丰富，尤其是在世界史地方面的著作《法国志略》和《普法战纪》被视为晚清史学名作。

近今所译于中土者,惟纪国俗、舆地、物产而已,事实未备。兹为之补其所缺失,而后一国之典章制度粲然以明。

　　史书所载,原以专叙历代治乱沿革、天地变异,而于国势民情则略焉不讲,盖已包蕴于其中矣。西史则间及民间琐事,如发明一事、创造一器,必追原其始,以觇人材之进步,制作之源流焉。此亦纪载所不可废也。[①]

显然,王韬对西方史学的评价较之郭嵩焘更加全面和深刻了。但王韬对西方史学的肯定是有限度的。相反,他首先从历史编纂上批判西史"不谙体例,详略失当",对于当时翻译的西方史志评价也不高,即"事实未备",认为它们在典章制度的记述上有所缺失。王韬遵循旧史学"专叙历代治乱沿革、天地变异"的叙事传统,也察觉到了中西史学的差异,即西方史书重民情和社会文化。对于西方史学的这个特点,王韬的态度显得有些矛盾,他认为这些不过是"民间琐事",但又"不可废"。这种抵牾或许是王韬难以在中西史学的高下优劣间作出决绝的判断所引起的。这也正契合了他作为第二阶段史学批评家的身份。他想不到的是,他关于旧史书"专叙历代治乱沿革、天地变异"的思想日后会被作为"君史"和狭隘的政治史而遭到口诛笔伐,而他并不看重的记录"民间琐事"的西史却被新史家奉为圭臬。

　　王韬史学批评的重点是西人史志和中国史家撰写的世界史地著作。王韬特意评论了魏源的《海国图志》和徐继畲的《瀛寰志略》:

　　近来谈海外掌故者,当以徐松龛中丞之《瀛寰志略》、魏默深司马之《海国图志》为嚆矢,后有作者弗可及已。以视明季所出之《坤舆图说》《职方外纪》,其详略为何如哉。此诚当今有用之书,

---

① 王韬:《重订法国志略·凡例》,淞隐庐 1890 年刻本。

而吾人所宜盱衡而瞩远者也。此二书者,各有所长,中丞以简胜,司马以博胜。顾纲举目张条分缕析,综古今之沿革,详形势之变迁,凡列国之强弱盛衰,治乱理忽,俾于尺幅中,无不朗然如烛照而眉晰,则中丞之书,尤为言核而意赅也。①

王韬不仅评论国人的世界史撰述,在他的笔下,法国史家、日本史家、美国史家及其史著都成为评点的对象。"法国史学家曰本的内氏,深谙法国掌故,熟知近事,间笔之于书,以备咨询。其言法国位欧洲中土,其沿革皆有关列国治乱,益于史学尤大。与日本冈千仞交,劝其译述。冈千仞所译者,法国犹里氏本也。犹里氏所刊行者共有三书,一千八百六十六年为《法国史要》,一千八百六十九年为《近古史略》,一千八百七十年为《法国史》。冈君与其国之高桥二郎撮取其要领,译为一编。余以其尚属简略,撷拾他书以补之。"②这在当时是非常重要的中国史家评述域外史学的文字,论及王韬所身处的时代法国、日本的著名史学家、学术交游及其撰述得失。王韬对于外国史学家的相关著述,总是保持相当的关注度。他撰写《普法战纪》时,便对域外同行的相关研究加以评骘:

> 《普法战纪》近日已有专书,乃美国人麦吉雅各所撰。其人学识渊通,才略充赡,生平著述等身,《战纪》其一也。……是书较之余本,叙述之处亦复大同小异。惟余所采者多见于日报,而此则从军营笔记而来,是以往来文檄较详。然余于日报之外,博采旁搜,网罗繁赜,虽志普、法两国,而于欧洲列邦形势情实,赅括无遗。诚欲阅者即普法而知欧洲也。纪事则同,而命意攸异,愿质诸天下远

① 王韬:《弢园文录外编》卷九《〈瀛寰志略〉跋》,辽宁人民出版社 1994 年版,第 363 页。
② 王韬:《重订法国志略·凡例》。

虑深识之士。①

　　王韬的《普法战纪》是把这场战争放在欧洲诸国角力的大环境中叙述的，这是因为他认为普法之战乃是关乎欧洲列国形势之枢机，关于这一点，在《普法战纪·前序》和《后序》中王韬已再三致意。王韬运用比较的方法，从史料来源、作史宗旨两个方面评价自己和美国史家的异同，充分肯定美国史家的博学和撰述成就，同时也不妄自菲薄。这种自我评论是史学批评中的特例，却也是最难做到公允的。今天来看王韬的自我评语，"纪事则同，而命意攸异"之说还是经得起检验的。

　　王韬还撰有《西学原始考》《西学源流考》《泰西著述考》等。研究者称王韬"力图以史学领域的实际编撰活动，来改变东西方史学各'失之一偏'的现状。他的《普法战纪》和《法国志略》的确在这个方面进行了有益的尝试。它揉合了中西史学的体例和风格，既避开中国传统的'皇家史学'的旧辙，也纠正了西方教士所编史学著作纲目不清、杂乱零碎的弊病。在中国资产阶级主张写'民史'的理论产生前，王韬的史学实践具有重要的意义，它将'君史'朝'民史'的方向拉近了一大步"。这"意味着王韬已经开始与中国传统史学分道扬镳。一种新型史学正在形成之中"②。是否可以这样认为，在晚清史学批评史上，王韬在魏源与梁启超等人之间架起了一道桥梁。

　　第三阶段是1895—1911年。史学批评的重要议题是：反思世界史的书写问题；以学术为主导的史学批评让位于以政治为导向的史学批评；新史家公开挑战旧史学的权威。梁启超、陈黻宸、邓实等人是该时期史学批评的旗帜性人物。

　　关于世界史书写的批评与反思。自《海国图志》《瀛寰志略》等流

① 王韬：《普法战纪·凡例》，弢园王氏1886年刻本。
② 张海林：《王韬评传》，南京大学出版社1993年版，第135、136页。

传以后,到19世纪末已过去了约半个世纪,国人的世界史地知识也已今非昔比。史学界出现了对《海国图志》一类著作的批评声音。

1895年,宋恕①写道:"《海国图志》《瀛寰志略》《四裔年表》等书,题名皆陋。将以尊内,适使外人笑我学者为井蛙,是反辱国矣。"②那么宋恕要撰写一部怎样的外国史呢?"体例仍魏、徐氏,而题曰'外国史略',则名正言顺。"③宋恕在史学上自视甚高,甚至有几分狂妄。他自称"于史例所见独殊,上自马、班,下至元、明,作者、论者,殆无一家惬心"④。但宋恕对《海国图志》的这一批评仍值得重视。《海国图志》《四裔年表》(即《四裔编年表》,由美国传教士林乐知和中国学者严良勋、李凤苞编著)等书名还残留着几分"大清"的口吻,"师夷"仍是一种大国心理、华夷观念的暗示。几十年后,宋恕提出要以"外国史略"为名,虽不够高明,但却近乎客观。

继宋恕之后,田梓材也专门评论过《海国图志》。田梓材一方面对魏源的见识赞不绝口,指出该书"于各国之沿革始末、政治风俗繁征博引,搜罗宏富,尤非小儒所能及,诚谈海国者之洋洋大观也"。另一方面又说"全书中之可申论者约有数端"。田梓材所说的"数端"中就包括"以夷攻夷之策"不足恃和"此书蒐采群籍,卷帙既繁,不免疏舛之处"⑤,接着便列举了《海国图志》在记外国地名、方位等的讹误。这在魏源的时代是很难想象的。

王国维对西洋史的批评又比宋恕和田梓材前进了一大步。"所谓

① 宋恕(1862—1910),浙江平阳人,原名存礼,字燕生,后改名恕,字平子,号六斋,晚年又改名为宋衡。宋恕问学于孙诒让,交游甚广,包括孙宝瑄、蔡元培、梁启超、章太炎、陈黻宸、夏曾佑、谭嗣同以及日本学者冈本监浦、本田种竹等人。宋氏论学推崇王充、唐甄、黄宗羲、顾炎武、颜元等人。章太炎称宋恕"性狂狷,任意气","其文辞,多刺当世得失。"(章太炎:《检论》卷八《对二宋》,《章太炎全集》第三册,上海人民出版社1985年版,第597页)其学术风格略可见之。
② 胡珠生编:《宋恕集》卷二《六字课斋津谈·史家类》,中华书局1993年版,第63页。
③ 胡珠生编:《宋恕集》卷二《六字课斋津谈·史家类》,第64页。
④ 胡珠生编:《宋恕集》卷二《六字课斋津谈·史家类》,第62页。
⑤ 田梓材:《读魏默深先生〈海国图志〉》,江标编:《沅湘通艺录》卷五,岳麓书社2011年版,第150页。

西洋史者,亦大抵不过西洋各国国史之集合者,不得称西洋史。"王国维说:"东洋史、西洋史之二者,皆主研究历史上诸国相关系之事实,而与国史异其宗旨者也。""其称东洋史、西洋史者,必自国史杂沓之事实中,取其影响及他国之事变,以说明现时之历史团体者也。"王国维给世界史所下的定义是"述世界诸国历史上互相关系之事实"。在王国维看来,由于东西方世界的接触还只是晚清以来的事情,所以,"欲为完全之世界史,今日尚不能"①。王国维所言确有道理。

　　20世纪初年,在关于世界史书写的理论反思中,较有系统的当推《近世世界史之观念》一文。作者首先围绕"欧洲中心论"讨论世界史的中心问题。他说:"世界之历史家,必有包括世界、综合全球之观念,而后始有世界史之伟著。"作者认为古代中国史家还缺乏世界史的观念,随着晚清以来日益频繁的国际交流,国人的世界观念得到发展,理应写出一部世界史来。但晚清史家的世界史撰述却难惬人意。"其所编述,多据西洋之成书,以西洋为主体,则直谓之欧洲史可,即谓之西洋史亦无不可,于世界乎何有?若谓世界史即西洋史,是以欧洲而私世界也。具世界观念之历史家,不如是矣。"事实也确如作者所说,依据外国史家所撰的世界史编译而成的世界史存在一个突出的问题,那就是西洋学者所撰的世界史自然以西洋为中心,中国甚至亚洲的历史在这些"世界史"中并没有给以足够的重视,"亚洲民族所当引为大耻"。该文认为这类书只能称作欧洲史或西洋史,却不是真正的世界史。如果将这类书视为世界史,那么就不是具有世界观念的历史学家。作者也指出了世界史撰述中的"欧洲中心论"有其原因,即当时欧洲的实力"足以耸动全球之大势"。这些问题可以归结为世界史该怎样写?怎样写出来的世界史才是真正意义上的世界史?作者对"欧洲中心论"的批判,对晚清世界史撰述现状的分析都是一针见血的。晚清以前,国

① 王国维:《东洋史要序》,谢维扬、房鑫亮主编:《王国维全集》第十四卷,第2—3页。

人的天下观是中国为世界的中心。六十年后,晚清史家可以这样深刻地讨论世界史书写的中心与立场问题,倒也反映了晚清史学发展的一个侧面。

其次,论述了世界史与列国史的区别,明确了世界史的内涵问题。

> 世界史与列国史不免有混淆之忧矣。苟历史所记载仅包括五洲万国之事实,而无相通之脉络,与相关之条理,则亦不过为国别史之集合者而已。若此者名之曰列国史则可,名之曰世界史则不可。盖列国史者固与蒐集数多国别史为一丛书者之体例不同,而或从事变、或分时代,举列国关系之所在,综合而叙述之者往往有之,特其主体蹐于世界之一部,而无关于全局。若夫世界史则其主体在全局而不限于一部。凡立国于大地上者,必考其如何成立、如何推迁、如何进化,人类之家族如何冲触、如何结合、如何有情智、如何营生活,且归宿于如何之方向,是世界史之本分也。①

作者认为世界史并不是国别史的简单叠加。世界史的特质在于全局的意识,要写出世界上所有国家和民族的诞生、进化、生产与生活以及将来的方向。作者称这些为"世界史之本分"。该文还对世界史的分期问题发表了意见,将国土发现和交通开拓作为世界近世史开端的标志。它反映出清季史家的世界史观念所达到的高度。这样的文章在晚清史学批评的前两个阶段是无法看到的。从关于《海国图志》等早期世界史地著作的批评,到王国维厘定东洋史、西洋史和世界史的概念,再到《近世世界史之观念》,勾勒出了一条晚清世界史书写的思想与实践路径。

关于"史界革命"对旧史学的激烈批判。中国古代的史学批评名

---

① 以上引文皆见《近世世界史之观念》,《大陆报》第2号,1903年1月8日。

作首推《史通》和《文史通义》,前者问世于盛唐,后者成书于康乾盛世。这两部著作都是比较纯粹的学术批评。而梁启超的《中国史叙论》《新史学》则撰写于"国破山河在"的衰世。这种迥异的时势不能不对批评的重心、诉求产生直接影响,清末批评家承担起旧史学批评无法完成的使命——激扬民族情感,挽救国家危亡。

在这一阶段中,1902 年是一个值得关注的年份。因为这一年,史学界出现了几篇具有划时代意义的、充满了战斗性的史学批评专文,新史家与旧史家之间,你来我往,互相商榷,使这一年成为新旧史学激烈交锋的年份。1902 年 2 月 8 日至 11 月 14 日,因参加戊戌变法而名噪海内外的梁启超以"中国之新民"的笔名在《新民丛报》上连载了他那篇著名的《新史学》,倡导"史界革命",批判"旧史学"成为史界新风。1902 年八九月间,邓实在《政艺通报》上发表《史学通论》,声称"中国史界革命之风潮不起,则中国永无史矣,无史则无国矣"①。一个月后,《政艺通报》第 17 期上又发表了署名"樵隐拟稿"的《论中国亟宜编辑民史以开民智》②。这一年,留学日本的汪荣宝③也在《译书汇编》上连载《史学概论》,大力批判旧史学:

> 古昔学者受治于君相威权之下,言论思想不得自由。又困于儒学之流弊,常以崇尚古代、畏敬先哲为人间惟一之美行。一切学问皆束缚于旧例故格之形式。其所谓历史者,不过撮录自国数千年之故实,以之应用于劝善惩恶之教育,务使幼稚者读之而得模拟

---

① 邓实:《史学通论一》,《政艺通报》第 12 期,1902 年 8 月 18 日。

② 樵隐拟稿:《论中国亟宜编辑民史以开民智》,《政艺通报》第 17 期,1902 年 10 月 16 日。

③ 汪荣宝(1878—1933),字衮甫,号太玄,江苏吴县人,在清末民初的史学界和政坛有一定的影响,时人评价说:"溯其生平,亦一人物也。清末以留学生为显官,"与曹汝霖等并称"四大金刚,而荣宝尤以湛于学问",又"与章炳麟齐名"。(朱德裳:《谈汪荣宝》,载《汪荣宝日记》附录,赵阳阳、马梅玉整理,凤凰出版社 2014 年版,第 283 页)汪荣宝的主要著述有:《中国历史教科书》(一名《本朝史讲义》)、《法言义疏》等。

> 先哲之真似而已,是与今日世界之学术思潮立于正反对之位置
> 者也。①

汪荣宝"游学日本,入早稻田大学及庆应义塾,治东西洋历史"②,受到
日本史学理论的影响。他认为中国古代史学家言论思想不自由,加之
儒学的束缚,史学发展陈陈相因,落于窠臼,史学沦为道德教化的工具,
旧史学的特质已经与当时的学术潮流相违背了。

刘师培也说:"顾吾中国当秦、汉以来,惑于'六合之外,存而不论'
之说,不曰王者无外,则曰一统之尊,而环中土立国者,复多蛮族之民,
作史者悉以《四夷传》该之。此中国史书所以无国别史、列国史之体
也。今者中外大同,吾中国固有之史法,固不足以尽西史之能,则史例
之不能不变更者,势也。因史例之变更,而不能不用国别史、列国史者,
亦势也。岂可以中国旧史律之哉?"③刘师培从对中国传统史学缺乏国
别史、列国史的角度出发,批判传统史学不能适应当时社会发展的需
求,要冲破旧史固有之史法、史例。

这一时期,不仅有众所周知的梁启超《新史学》,还出版了一本名
为《中国新史学》的论文集。该书分为甲、乙、丙、丁四编。甲编选录了
梁启超《新史学》的核心内容;乙编收录梁启超的《论中国专制政体之
进化》《论专制政体有百害于君主而无一利》《中国地理大势论》、冯自
强的《论支那人国家思想之弱点》、横阳翼天氏的《历代兴亡盛衰通论》
《人种略说》、日本停春楼主人的《中国上古开化影响于地理说》;丙编
有郑浩的《中国学术变迁通论》、梁启超的《论中国学术思想变迁之大
势》;丁编为《古代东西关系考》(录《西力东侵史》)、《支那开港考》(录

---

① 衮父:《史学概论》,《译书汇编》第2年第9期,1902年12月10日。
② 章太炎:《故驻日本公使汪君墓志铭》,载《汪荣宝日记》附录,赵阳阳、马梅玉整理,凤凰出版社2014年版,第281页。
③ 刘师培:《万国历史汇编序》,万仕国辑校:《刘申叔遗书补遗》,广陵书社2008年版,第71页。

《西力东侵史》)、日本佐藤弘的《俄罗斯东侵考》和《耶教流行支那考》
(录《西力东侵史》)。编选者辑录此书,并题为《中国新史学》是有深
意的。编者指出:"中国学科夙以史学为最发达,然推其极,亦不过一
大相斫书而已。故非于史界革新,则旧习终不能除。此书搜辑之主义
在此,非寻常坊间之史论书可比。此书于近今名著,凡有关于史学之革
新者,无不详悉网罗,欲比较新旧史学思想之同异者,其丰富切适无过
于是书。"①可见,编者服膺梁启超的新史学理论,为"史界革命"摇旗呐
喊,并致力于总结其时批判旧史学的成果。批判旧传统、呼唤新史学演
化为强劲的风潮,这在前两个阶段中也是没有出现过的。

　　1902 年的史学批评浪潮,在晚清史学批评史上具有典范转换的意
义。1902 年之前,虽然已经出现对于旧史学的批评,但这些批判多是
枝节的辩驳,无关宏旨,没有动摇传统史学的根基。而 1902 年开始,对
于旧史学的态度发生了急剧的转折。这股由善开风气的梁启超所掀起
的"史界革命"的巨浪沉重地打击了传统史学。新史学家们从根本上
消解了旧史学的辉煌,甚至认为中国无史学可言,这种过激的言论在当
时颇为新史家所坚信不疑。尽管也有如马叙伦等人站出来为中国传统
史学辩护,但毕竟不能阻挡批判的潮流。1902 年至 1911 年间在史学
革命语境下塑造的史学批评呼应了晚清最后十年的社会与学术。从史
学发展进程来看,它为西方史学的传入"扫除"了"障碍",西史东渐得
以在实质层面上向更深处推进。从社会进步来看,它契合了当时如火
如荼的革命大潮,汇入了辛亥前后中国革命的洪流之中。

　　今天回过头来再看 1902 年的史学大批判,会生出许多感慨。梁启
超、邓实等新史家对旧史学的批判顺应历史大势,不可阻遏。其批判精
神可谓空前,在启发民智上也是功不可没。然平心而论,新史家的批判
也有失之公允、矫枉过正的地方。与之同时不是没有为传统史学辩护

──────────

① 《中国新史学·例言》。按:笔者所见该书无版权页及编者姓名。王学典主编《20 世纪中
　国史学编年(1900~1949)》,介绍该书为上海镜今书局 1903 年出版,也未注明编者。

的声音,但相对微弱。当然,这种在当时并不成功的辩护在史学批评史上却又具有不容忽视的意义,那就是它让我们看到了生动鲜活的争鸣场景。

(二)为何式微?何以复兴?

渊源久远的史学批评何以在晚清一度式微呢?鸦片战争后,清廷签订屈辱条约,引起了有识之士的警觉,追问强国之道在当时已成为知识阶层普遍的政治诉求。随着经世思潮的勃兴,史学界对史学批评的关注度自然有所下降。

晚清史学批评由式微而复兴的轨迹,大致已如上述。而此种变化实有深刻的学术动因和深厚的社会土壤,约而言之,可举三点。

其一,史学批评作为史学的自我反思,始终受到学术自身的传统与社会变革的双重影响。从史学传统上来看,晚清史学与传统史学具有天然的亲密联系,是无法割断的学术共同体。乾嘉史学作为一个时代的学术虽然已经结束,但它所形成的一套固有的史学批评范畴、习惯、焦点,仍为晚清史学家所沿用。换句话说,作为一种学术范式的乾嘉史学仍不可避免地影响着晚清史学批评家。

其二,时代对于史学的影响往往要比学术传统的传承更加迅猛和突然。鸦片战争后中国所处的内忧外患的环境,令晚清史学家们不得不找寻出路、救亡图强。经历了坚船利炮层面的学习后,学术与文化的冲突日益凸显,成为知识分子不得不面对的问题。批评家评论史学时,自然看重史学的现实价值,对于史学的社会功能提出了更为迫切的要求。而此时强调的史学功能不再是教化风俗、善恶褒贬,而是培养国民,开启民智。至于史书体裁、体例、正统这些问题反而降到了相对次要的位置。在这种新旧转换中,史学批评恰恰发挥了较量、调适的作用。

其三,由于中西交通,西方传教士大量涌入内地,办报纸、译西书、建学堂,掀起了一股西学东渐的大潮。西方史学传入后,为一批先进的中国知识分子所接纳,他们在史学理论上日益倾斜于西方。进化史观和各种新的史学理论与方法令晚清新史学家捶胸顿足,誓与旧史学彻底决裂,于是乎批判旧史学的"史界革命"兴起。至 1902 年前后达到高潮,晚清史学批评实现了复兴。

晚清史学批评的流派与阶段是密切联系的两个问题,但二者之间并不是一一对应的必然关系。这是从两个不同的维度对晚清史学批评史所作的初步梳理。比如说,在晚清史学批评的第一个阶段,传统派占有重要地位,在第二阶段和第三阶段,也仍有传统派的身影,只不过传统派的地位削弱了。在第二阶段,已经孕育了新史学批评的精神萌芽,但尚未真正形成气候。在第三阶段,新史学批评家掌控史学的话语权,但其他批评家依然发出自己的声音。这种不完全同步性在学术史上也是正常的。

三　批评的转向与升华

晚清七十年的史学批评有渐次展开,愈往后愈侧重于理论的升华之势,大体表现出以下四个比较明显的变化。

第一,评论的视角从单一趋于多元,边疆与军事、国家与世界成为晚清史学批评的新视角。

旧史学批评重视从史学本体上展开评论,而随着列强的侵扰和不断激化的国内矛盾,边疆问题、军事问题、国家富强与世界局势成为晚清史学家关注的焦点。张穆、何秋涛、徐继畬等人的边疆史著作,不仅代表了历史研究内容的变化,也引领着史学批评视角的更新。这一时期,军事史著述也十分兴盛,魏源、夏燮、王闿运等人的军事史撰述,都引发了广泛的评论。1875 年,王闿运在曾国藩长子曾纪泽的委托下撰写《湘军志》。1881 年,《湘军志》撰成。但王闿运在书中对曾国藩和湘军不无针砭之语。这是曾氏集团无法接受的,由此形成了对《湘军志》这部军事史著作的迭次批判。郭嵩焘评议《湘军志》"首篇就湖南一省总括天下大势,事势多有未确"①。而1889年王定安撰成《湘军记》则旨在对抗《湘军志》。湘军的重要首领之一曾国荃赞誉《湘军记》"商订得失,漏者补之,疑者阙之,不为苟同,亦不立异,盖其慎也。至其叙事简赡,论断精严,则仰睎龙门,俯瞰兰台,伯仲于陈志、欧史之间,可谓体大思精、事实而言文者矣"②。曾国荃把王定安与司马迁、班固、陈寿、欧阳修等相提并论,显然过誉,有扬王定安抑王闿运的意图。

晚清变局使史学家的国家观念空前高涨。史学家在思考史学发展的道路时,自觉地把世界史地纳入他们的考查范围。魏源自我评价《海国图志》"何以异于昔人海图之书? 曰:彼皆以中土人谭西洋,此则以西洋人谭西洋也"③,已经把世界性作为肯定这部书的重要依据了。黄遵宪的《日本国志》虽聚焦于一衣带水的邻邦日本,却又放眼世界大势,希冀从日本的富强中寻找中国复兴道路。与黄遵宪同为外交官的薛福成评论《日本国志》为"奇作",大赞黄遵宪的史才:"自古史才难,而作志尤难。盖贯穿始末,鉴别去取,非可率尔为也。而况中东暌隔已久,纂辑于通使方始之际乎? 公度可谓闳览劬学之士矣。"④所谓"闳览劬学"主要是指黄遵宪放眼世界的眼光。《日本国志》成书十年后,梁启超认为自《日本国志》出,国人知日本之国情及日本之所以能够富强。"于日本之政事、人民、土地及维新变政之由,若入其闺闼而数米盐,别白黑而诵昭穆也。"⑤这种世界视角与古代的夷夏之辨已经有了天壤之别。黄遵宪、薛福成是晚清著名的外交家,梁启超是近代开

---

① 郭振墉:《湘军志平议·湖南防守篇》,《湘军史料四种》之一,岳麓书社2008年版,第195页。
② 曾国荃:《湘军记叙》,《湘军记》书首,《湘军史料四种》之一,第332页。
③ 魏源:《海国图志原叙》,岳麓书社1998年版。
④ 薛福成:《日本国志序》,载丁凤麟、王欣之编:《薛福成选集》,上海人民出版社1987年版,第525页。
⑤ 梁启超:《饮冰室合集》文集之二《日本国志后序》,中华书局1989年版,第50页。

风气的人物,他们在史学批评上的世界视角是那个时代的历史变迁在人们思想上的清晰投影。

第二,从个体反思走向知识阶层的集体反省。

鸦片战争落下帷幕之后,晚清知识分子的精神世界受到了前所未有的冲击。其时讨论如何强国、如何"制夷"是主流思想界的核心话题。只有少数史家在史学批评方面做了较多的工作。到了清季,中西学术的优劣得失成为舆论焦点。史学是中国固有的学术中最可与西方学术一较高下的。于是,国人又开始思考中国史学何去何从,传统史学的功过是非,出现了空前的集体反思。不少晚清报刊都设有"史学"栏目,刊登关于史学的各种评论性文章。而报刊中的书刊广告和"新书评介"栏目中也不乏史学批评的内容。个体反思是集体反省的前奏,集体反思是个体商榷的升华。

史学界这种大规模的反思潮流甚至波及了晚清小说界。小说反映世态人情,描写过往朝代兴亡之迹,能令人产生无限遐想,其影响于人心非浅。这是那些"君史"无法取代的。晚清小说界认为"专制时代,凡事莫不以君主为重心。"故"中国数千年来,有君史无民史",而小说恰"可作民史读"①。著名的小说家吴沃尧在谈及历史小说的创作时,也不忘对旧史学评价一番:

> 秦、汉以来,史册繁重,庋架盈壁,浩如烟海。遑论士子购求匪易,即藏书之家,未必卒业,坐令前贤往行,徒饱蠹腹,古代精华,视等覆瓿,良可哀也。窃求其故,厥有六端:绪端复杂,难于记忆,一也;文字深邃,不有笺注,苟非通才,遽难句读,二也;卷帙浩繁,望而生畏,三也;精神有限,岁月几何,穷年龁龁,卒业无期,四也;童蒙受学,仅授大略,采其粗范,遗其趣味,使自幼视之,已同嚼蜡,五

① 《新世界小说社报发刊辞》,《新世界小说社报》第1期,1906年7月16日。

也;人至通才,年已逾冠,虽欲补习,苦无时晷,六也。有此六端,吾将见此册籍之徒存而已也。[①]

吴沃尧将古代史学在清季遭受的空前冷落——"视等覆瓿",归结为六个方面的原因,可以合并为难记忆、难诵读、卷帙繁、乏兴味。这恐怕也是当时非史学专门人才对于传统史学的普遍感受。这篇序被认为反映了吴沃尧对于史学的理解,"在晚清的论讲史的文字里,也是最重要的"[②]。无论是史学家还是文学家,他们在回顾几千年的中国传统学术时,不约而同地批评旧史学的得失。清季知识阶层对于史学的这种自省促成了中国史学面貌的革新,直接开启了近代史学理论的大门。

第三,从具体的个案评论走向抽象的理论升华。

鸦片战争后的半个世纪中,史家对史学的评论多是具体而微的,主要是对某书、某史家或史学某个问题的评论。而至19世纪末20世纪初,史学界关于中国史学的总体评论热情空前高涨,理论性也大大增强了。梁启超在评论中国史学时已经不满足于评论一书一人,而是从宏观着眼,提出了对于两千多年传统史学的总体看法,要对旧史学进行大刀阔斧的改造。梁启超《中国史叙论》《新史学》等文外,还有陈黻宸的《独史》、马叙伦的《史学总论》《中国无史辨》《史界大同说》、邓实的《史学通论》、陆绍明的《论史学之变迁》《史学稗论》《史有六家宗派论》、曾鲲化的《中国历史出世辞》、吴渊民的《史学通义》、蛤笑的《史学刍论》、佚名的《论中国史乘之多诬》等。这些论著动辄言"中国史学"如何这般,它们一般较少纠缠于枝节性的问题,而比较注重阐发关于"中国史学"的根本观点,从整体上评论中国传统史学的得失优劣,显示出纵横捭阖的学术气魄,形成一种有意识地引导史学发展的觉醒型批判。这是中国史学家在经历了沉寂与阵痛之后,对于传统史学的

---

① 吴沃尧:《历史小说总序》,《月月小说》第1号,1906年11月1日。
② 阿英:《晚清小说史》,东方出版社1996年版,第173页。

一次较为彻底和系统的反思。当抽象的、整体性的批评与颠覆出现时，意味着超越旧史学、重建新史学的思潮已然形成。毋庸讳言，这些论著中不乏偏激之词、片面之见，但这些总评在一定程度上提升了中国近代史学批评的理论水平，也塑造了民国初年甚至更长时期内中国史家对旧史学的认识模式。

第四，从比较单纯的学术评论走向寄寓政治诉求的批判。

纵观晚清史学批评的历程，在它的前期主要还是较为纯粹的学术争鸣。不管是魏源对《元史》的批判，还是夏燮对《明史》的点评，都是以学术性为主的。但到了它的中后期，知识阶层对政治的不满与失望日增，这种情绪也通过史学批评的方式加以发抒。"中国学术思想不进步，其原因何在乎？在政体之专制。"①清季一部题为"黄帝子孙之多数人"撰述的《黄帝魂》书中，收录了一篇申论王夫之史论的文章，其中谓："吾服崔浩之直，吾尤服拓拔氏之能容崔浩之直。盖浩虽赤族，而其书流传于后世，则固不得谓吾直之不伸也。夫崔浩之史，今所称大部之史，是必当时开史局以编之，设史馆以藏之者也。崔浩直书其秽迹，而拓拔只杀其人，而不敢毁其书，此种文明岂近时之所有？"②这看似在评北魏崔浩"国史案"，但作者却似有深意，落脚点是在批判晚清专制政治。

此外，变法、革命等政治运动也推动了史学批评的政治化。梁启超主张变法，认为传统社会必须变革才有希望。他进而认为孕育于传统社会的史学也需要革新，而要对旧事物作革新，就先要将它批判一番，甚至批驳得越彻底，越有利于再造。于是我们看到了《中国史叙论》和《新史学》中那些激烈的文字。邓实、刘师培等人批判传统史学，其内容也包括批判中国古代的君主专制政体。刘师培在《中国历史大略》中批判旧时代的君权，说："三代以前，君权尚不甚重。到

① 师董：《学术沿革之概论》，《醒狮》第 1 期，1905 年 9 月 29 日。
② 《王船山史说申义》，载《黄帝魂》，黄帝子孙之为发行者 1903 年版，第 58 页。

了秦始皇以后,君权就愈过愈盛。到了蛮族侵入的时候,这种压力,更是不堪思议了。所以,民权的伸屈,是共君权的盛衰成比例的。"①陈毅翻译日本市村瓒次郎的《支那史要》时,也借机批判旧史学。"史学者,国民之龟鉴,爱国心之根源也。今日泰西诸国民族主义之所以发达,论者以为史学之功居其半焉。我国兹学号称最盛,四库著录,史部居其十七。然而求一完善之本,可为初学研究用者,犹不可得,不亦奇哉!"②可见,此时史家评论史学的焦点在于,史学能否刺激国民爱国心和激扬民族主义,因为它直接关乎国民精神和国家命运,这是一种合乎情理的政治理想。

1902年,在日本东京留学的马君武在书店中读到日本人福本诚的《法兰西近世史》,喜不自禁,很快将之译为中文,并在序中写道:

> 泰西人论中国事之书,迩年以来,汗牛充栋,然盈简连牍,有惯见之二字焉,曰"Old China, Dead China",译言:老中国、死中国也。英国哲学家斯宾塞曰:社会者,有机之生物类也。吾中国乃老乎、死乎?然审思之,吾中国之老死,已不始于今日。中国盖初生而殇之婴儿也。唐虞以前之事,不可考矣。尧舜禅让,民政萌芽,夏禹传子而遽斩矣。自是厥后,民贼代兴。故吾中国尘尘四千年,乃有朝廷而无国家,有君谱而无历史,有虐政而无义务,至于今日。奄奄黄民,脑筋尽断,血液尽冷,生气尽绝,势力尽消,尚何言哉!尚何言哉!……嗟乎!法兰西当一千七百九十三年路易第十六未伏诛以前,其困于暴君之专制,法国人民之困苦,正与吾中国今日之地位无异也。③

① 刘师培:《中国历史大略》,万仕国辑校:《刘申叔遗书补遗》,第348页。
② 陈毅:《支那史要·序》,广智书局1905年版。
③ 马君武:《法兰西近世史·序》,出洋学生编辑所1902年版。按:此书封面题"法兰西近世史",序言、目录、正文部分则题"法兰西今世史"。

读马君武此序,可知其后来加入同盟会、走上政治道路绝非偶然。马君武因关心国家前途而留意新学,借助进化论等思想工具反观中国之历史与现状,"尚何言哉"之沉痛心情不难想象。他所说的"尧舜禅让,民政萌芽"杳渺不可考证,而他不满的恐怕还是"有朝廷而无国家,有君谱而无历史,有虐政而无义务"。或许马君武最终要表达的还不止于此,耐人寻味的是看似无意却有深意的结束语,法兰西在路易十六伏诛前也困于专制,当时的法国民众与皇权帝制下的中国一样。这里的潜台词不正是要吁请国人,效法法国,把中国的皇帝也送上断头台吗?

清季史学批评折射出的史学发展与时代诉求之间的内在关联超过传统史学批评史上的任何一个时期。尽管梁启超、邓实、刘师培、马君武等人的政治思想并不完全相同,但批判旧时代却是一致的。在"民史"大讨论发生约十年后,清廷在辛亥革命的炮火中灰飞烟灭,建立"民国"的梦想终成现实。打翻旧传统、重建新史学,批判"君史"、呼唤"民史",与晚清时代变革若合符契,在 20 世纪初年的学术史和政治史上留下了意味深长的一笔。

第二章
正史考论与史学批评

　　历代正史是中国旧史学的主干和脊梁。尽管正史也存在这样或那样的不足，但唯有它最能反映中华文明的连续性，也最能体现中国史学的特点与成就。历代正史也始终是古代史家读史、评史的主要对象。回顾史学批评史，则更能看出正史的重要地位。我国古代史学批评史上的第一部专书《史通》，主要就是围绕正史展开的。中国古代史学批评的集大成著作《文史通义》也以正史为主要的资料。章学诚提出的"撰述""记注"便是以《史记》《汉书》为例进行阐释的。阅读和研究历代正史是中国史家的必修课，在这一点上，晚清史学家也不例外。

　　史学批评可以分为显性与隐性两大类。显性的批评是指评论者对客体的直接评价，《史通》《新唐书纠谬》《文史通义》《新史学》等都属于显性的评论。所谓隐性的批评是隐藏在史学活动背后的价值判断。事实上，史家的研究与撰述本身便暗含着对史学的一种评判。一般来说，史学家会选择一个他认为重要的、有价值的研究课题，一个他判断为需要深入研究的领域。很难想象，史学工作者会把大量的精力用在他自己都认为没有意义的课题上。有关历代正史的各种研究中蕴含的史学批评资料、思想、方法、特点等，是研究晚清史学批评史不能回避的问题。

一　正史考论及其批评史意义

乾隆四年(1739),《明史》刻成。同年,乾隆帝下诏重刻"二十一史",至乾隆十二年(1747)完成。乾隆四十年(1775),邵晋涵等辑录《旧五代史》,九年后,此书得以刊刻,列于正史。至此,武英殿本"二十四史"成为完璧。到乾隆中期,正史具有了钦定的正统地位。

(一)正史考论概说

据不完全统计,晚清问世的正史研究专书多达 126 种①。这些成果有卷帙较大者,也有的篇幅仅几页,涵盖了自《史记》至《明史》的"二十四史",而成果种类则包括校订、续补、考证和评论四大门类。正史研究者中既有晚清史学名家,如夏燮、李慈铭、王先谦、洪钧、周寿昌、姚振宗、陈澧、朱一新、崔适等,也有一些尚不为今天的学术史研究所重视的学者,如刘光蒉、谢钟英、秦荣光、吴光耀等。他们中的很多人倾其一生研究正史。李慈铭、姚振宗、周寿昌等史家更以一人之力完成了多种正史研究专书,是当之无愧的正史研究专家。当然,晚清正史考论的成果并不仅限于上述的一百多种专书,因为在晚清的文集、读书笔记、日记中还蕴藏着大量的正史考论资料。如吴汝纶在日记中较集中地考订和评论过《史记》《晋书》等正史;谭献在《复堂日记》中也议论了《魏书》《隋书》诸正史。这类散见的资料很难量化。本章以专书为主,以散见的资料为辅,讨论晚清正史考论中的史学批评。

"前四史"是中国史学史上的经典之作,历来备受学人的关注。晚

---

① 这个统计主要根据《二十五史补编》《二十五史三编》和《二十四史订补》三部大型正史研究丛书,并结合笔者目力所及的相关单行本。在统计中,以笔者目睹为原则,只见著录未见原书者不计在内。这个最低限度的统计虽是有遗漏的,但大体上可以反映出晚清正史校补考论的总体面貌。

清关于"前四史"的各种专书有 55 种,几乎占到了总数的二分之一,是这一时期正史校补考论的重镇。此外,关于"八书""二史"的专著有 38 种,关于《隋书》、两《唐书》、两《五代史》的专书为 20 种,关于宋、辽、金、元、明诸代正史的专书为 14 种,在数量上大体呈现出逐步减少的态势。若从这些著作问世的时间来分析,则以成书于光绪初年至 1901 年间者为主,而 1902 年至 1911 年十年间的成果则相对较少。之所以会出现这种情况,一是因为生于 19 世纪前半期的一批学者的学术研究在光绪初年已比较成熟,产出了相当可观的成果,而在 1900 年前后这些学人相继辞世或进入暮年,衰病交加,凋零殆尽,旧史学的传承出现了危机。二则可能与梁启超 1902 年发表《新史学》对历代正史的大批判有关系,《新史学》在一定程度上弱化了学者研究正史的积极性。

正史考论著作一般多历年所,史家撰写的态度十分严谨。周寿昌一生致力于正史研究,先后撰写了《汉书注校补》《后汉书注补正》《三国志注证遗》《五代史记纂误补续》等。1827 年,13 岁的周寿昌阅读《汉书》,便立下"补漏订讹以弥其阙"的志愿。父辈们告诫他后学勘正前贤之不足,是"读书应尽事",但不可"寻罅逞辨,诋前耀己,益之毒詈"。这可以看作是对周寿昌进行了史学批评方面的教育。从那以后,周寿昌手校《汉书》,经年不辍。直到晚年,周寿昌才将他关于《汉书》的心得汇辑,"手不离案,肋不贴席,寒暑寝馈于其中,每写一册,改窜无余纸,再写复然,至是易稿者十有七矣。"①勤劬之状可以想见。暮年的周寿昌删去年少时的凿空之论,成《汉书注校补》五十六卷。这时已是 1882 年前后的事情,距离他初识《汉书》已经五十五年了。周寿昌作《三国志注证遗》的历程也与《汉书注校补》相似。据他自述,关于《三国志》的心得"排日辑录,不下数千条。迨壮岁流览稍广,始目瞿心

---

① 周寿昌:《汉书注校补·自序》,徐蜀编:《两汉书订补文献汇编》第一册,北京图书馆出版社 2004 年版,第 562 页。

耆,觉所言者多前人所有,而前人所有多吾言所未及。于是毅然芟刈,仅存百一。迩来取视,又去其复袭若干条"①,取名为《三国志注证遗》。从洋洋数千条到仅剩四卷,一再删削只因为自己所言"多前人所有",其作风不可谓不严谨。

无独有偶,孙彪《宋书考论》的成书情况也与周寿昌有几分相似。孙彪于光绪庚寅(1890)阅读沈约《宋书》,"有所考论,辄记之简端"。其子孙鼎宜在孙彪去世后将这些札记整理成书。在跋文中孙鼎宜叙述其父读《宋书》"涂抹纷然,未曾编辑也。后又自加修饰,略为标题,钞成一卷,有全仍简端者,有为简端所无者。其治一书,不肯苟如是,固素性然也。辛丑得殿本,记其异同,或别有发明,则又记之简端与卷尾。……聚书万卷,日夜寝处其中,尤厝意于古今治乱盛衰之原,非专考据名物已也"②。从周寿昌和孙彪研究正史的历程可以管窥晚清正史考论撰述的大致情况。

根据研究的大致取向,徐绍桢③将历代正史研究分为四大类:"前人治乙部之书,厥有四家。笺释名物,训诂音义,如裴骃、司马贞、张守节之于《史记》,颜师古、唐章怀太子之于《两汉书》,此其一也。采拾遗文,裨补阙漏,如裴松之之于《三国志》,此其二也。评论是非,博陈得失,如徐众之于三国,刘子玄之于诸史,此其三也。辨定异同,校正字句,如三刘之于《汉书》,吴缜之于《新唐书》《五代史》,此其四也。"④徐绍桢划分的训诂、补遗、评论和校勘四类,内涵比较清晰。这四类又均与史学批评有着或密或疏的联系。四类之中,评论一门自然是史学批

---

① 周寿昌:《三国志注证遗·自序》,徐蜀编:《魏晋南北朝正史订补文献汇编》第一册,北京图书馆出版社 2004 年版,第 839 页。

② 孙鼎宜:《宋书考论跋》,载《宋书考论》卷末,张舜徽主编:《二十五史三编》第五分册,岳麓书社 1994 年版,第 471 页。

③ 徐绍桢(1861—1936),浙江钱塘人,光绪二十年(1894)中举,曾任江南第九镇统制、绿营总兵,入民国之后,徐绍桢在政界、军界和学界均有一定的影响力。徐绍桢家富藏书,其藏书楼名学寿堂,有《后汉书朔闰考》《三国志质疑》《学寿堂日记》等。

④ 徐绍桢:《三国志质疑·序》,徐蜀编:《魏晋南北朝正史订补文献汇编》第一册,第 41 页。

评的大宗。其他三类也含有史学批评的内容。就以徐绍桢的《三国志质疑》来说，该书虽偏重于"辨定异同，校正字句"，但全书第一条就是关于《三国志》正统观的批评。"自习凿齿作《汉晋春秋》以蜀为正统，于是论史者皆訾陈承祚不宜帝魏伪蜀，然隋内史李德林著论又称陈寿蜀人，其撰国志党蜀而抑魏。二说相持盖亦久矣。以绍桢考之……承祚未尝不欲尊蜀，徒以拘于时论，不敢跻蜀于曹氏之上，又不能下偕于吴，故不得已变文书之，以见微志。谓之伪蜀非其本意，以为抑魏亦有未然也。"①笔者在徐绍桢划分的基础上，根据晚清正史研究成果的具体情况，略加变化，将晚清正史研究分为校、补、考、论四大类。需要说明的是，正史的校、补、考、论不能截然分开，有些著述是校补考论兼而有之。这里，只是为了研究的需要，根据成果的主要特征大致划分其类型，并略作介绍。

校订主要是对正史的文字进行校勘，较有代表性的成果包括夏燮的《校汉书八表》、杨守敬的《〈汉书·地理志〉补校》、周寿昌的《汉书注校补》、方恺的《新校〈晋书·地理志〉》、丁国钧的《晋书校文》、周家禄的《晋书校勘记》、成孺的《宋州郡志校勘记》、王先谦的《魏书校勘记》，罗士琳、刘文淇的《旧唐书校勘记》等。

校订正史乍看上去只是纯粹的校勘，实际上它们为正史研究提供了坚实的文本，而且校订者也有史学批评的眼光。方恺便指摘《晋书·地理志》总序有"自为矛盾""数之讹谬""文之讹谬"和"体例之讹谬"四病，"一序之内，纷纭舛错，披读全志，群疑丛生。爰据本书纪传诸志载述异同，又取杜预、张华、京相璠、皇甫谧、刘逡诸儒著述，皆身当其时，疏列异说，以相证引。又据东晋郭璞、王隐、常璩、阚骃诸人书用证西晋。……其唐以后地志考证西晋郡县，有独标异义者，亦间及之。

---

① 徐绍桢：《三国志质疑》卷一《魏书·武帝纪》，第42—43页。

与此志抵牾非复一条,诵读之暇,辄为辩证一卷。"①方恺搜辑杜预、张华、京相璠、皇甫谧、刘逵、郭璞、王隐、常璩、阚骃等人的相关著述,还参考唐代以后关于晋朝郡县之书,不可谓不博,而勒为一卷之书,不可谓不约。从史学批评的角度来看,方恺的校订透露出严谨的学风。

续补是晚清正史研究中的一大门类。补史之风的兴起首先是因为历代正史本身的缺憾。本纪与列传是纪传体正史必不可少的组成部分,至于世家、表、志则由于诸多原因常有缺失。世家一类属于特定时代的产物,尚且不论。历代正史中除了《史记》《汉书》等几部正史的本纪、列传、表、志完备外,其他诸史如《后汉书》《三国志》《晋书》《宋书》《南齐书》《梁书》《陈书》《魏书》《北齐书》《周书》《隋书》《南史》《北史》《旧唐书》《旧五代史》《新五代史》共 16 种均无史表。《三国志》《梁书》《陈书》《北齐书》《周书》《南史》《北史》等无书志。晚清史家自觉从事补史工作,如谢钟英的《三国大事表》《三国疆域表》、刘岵的《后汉郡国职方表》、黄大华的《隋唐之际月表》、傅以礼的《残明宰辅年表》、姚振宗的《〈汉书·艺文志〉拾补》《后汉艺文志》、曾朴的《补〈后汉书·艺文志〉并考》、丁国钧的《补〈晋书·艺文志〉》、文廷式的《补〈晋书·艺文志〉》、秦荣光的《补〈晋书·艺文志〉》、吴士鉴的《补〈晋书·经籍志〉》、汪士铎的《南北史补志》、张鹏一的《〈隋书·经籍志〉补》、王仁俊的《〈辽史·艺文志〉补证》、黄任恒的《补〈辽史·艺文志〉》等。从所列的著作中不难看出,晚清史家的补史主要集中在续补《艺文志》《经籍志》等。而在对于《艺文志》的补作中,对于史学著作的评论与史学批评的关系十分密切。与补史关系密切又不全然相同的还有续史。补史主要是针对历代正史体例、内容不完备而开展的,续史是接续正史而作。这方面的代表作有牛坤的《五代史续补》。

---

① 方恺:《新校〈晋书·地理志〉·序》,《二十五史补编》第三册,中华书局 1955 年版,第 3561 页。

考证是历史研究的重要手段。晚清以考证为主要特色的正史研究著作,有朱一新的《汉书管见》、汪士铎的《汉志志疑》、徐绍桢的《后汉书朔闰考》、孙彪的《宋书考论》、杨守敬的《〈隋书·地理志〉考证附补遗》、姚振宗的《〈隋书·经籍志〉考证》、李慎儒的《〈辽史·地理志〉考》、曾廉的《元史考订》等。考史的内涵十分丰富,既包括考证史文讹误、史事记载异同,也包括考证史事真伪、职官、地理、名物制度、人物等。但纯粹的考证(不含有任何评论)著作是很少见的,大多数考史著作尽管以考证为主,但也包含不少显性评论。其实,即便是单纯的考证,也是对于正史叙事准确性、史家素养的隐性批评。

评论包括评论史事和批评史书两类。这两类往往是交织在一起的。李慈铭的《越缦堂读书记》对《史记》至《明史》的历代正史都有评论,是以史学批评为主的重要著作。尽管以评论正史为主的成果在数量上并不多,但它与史学批评的关系最为密切,也最具理论价值。

(二) 批评史的意义

上述成果或校勘讹误、完善体例,或考订史事、评论优劣,解决了正史流传、阅读和研究中的许多具体问题,推进了史学研究。问题在于,关于"二十四史"的大规模研究具有怎样的批评史意义呢?

第一,以批判的眼光认同旧史学。

"批判"是晚清史家从事历代正史校补考论的重要驱动力。换言之,晚清正史校补考论呈现给后人的,首先是其批判精神。周寿昌作《后汉书注补正》是要"正本注之失,正刘氏刊误之有误者,补惠氏《补注》之所未及,亦间正其有误者。其余各家所校有歧舛者亦及之"①。1861 年,康发祥就批评《三国志》和裴松之注,"余幼读陈志,见其轩轾从心,高下在手,心甚非之。裴松之之注可谓浩博,兼有论说,但征引处

---

① 周寿昌:《后汉书注补正·自序》,徐蜀编:《两汉书订补文献汇编》第三册,第609页。

亦有渗漏,论说处间有偏解"①。所以他要撰写《三国志补义》。李慎儒评价《辽史》与《金史》,也说:"予尝取二史《地理志》读之。金志精详确实,鲜可疵瑕。辽志则地形舛错者十之一二,引古舛错者十之五六。"②于是作成《辽史地理志考》。作者以批判的眼光审视正史,有所不满,遂决意有所撰述。史学批评就是这样推动了史学的发展。

所谓"认同",包括对"二十四史"价值的认同和对传统史学家法的认同两个方面。随着西学的引入与新学的兴起,晚清史学研究出现多元化的倾向。一些学者对传统学术的衰落感慨万千。1885年,刘岳云就说:"今厄言庞杂,术业日歧,训诂之盛,稍不如嘉、道时。"③但在晚清七十年的大部分时间里,旧史家仍然普遍认同正史的价值。周寿昌撰写《后汉书注补正》便得到了李慈铭、朱一新、缪荃孙等人的帮助。这几位都是晚清史学名家,是什么把他们相聚在一起呢?除了学缘关系外,不可忽视《后汉书》及其史注对于旧史家的吸引力。这种情形还可以在《魏书校勘记》的成书缘起中得到印证。1881年,叶大起购得一部《魏书》,经王先谦鉴定为善本。王先谦欲将此本与毛氏汲古阁本对勘,于是写信给李慈铭、缪荃孙、朱一新、钱振常、吴祖椿、瞿鸿機、程颂藩、周嵩年、萧风仪、谢崧岱等著名学者,这些人"皆欣诺","分任雠勘",最后由王先谦"手录成帙"④。这么多学者积极响应,固然与王先谦在当时学术界的影响力有关,然也离不开史学家对于历代正史价值的认可。

汪士铎的《南北史补志》尤能体现出晚清史家对正史的学术认同感。1848—1849年间,汪士铎受童濂之邀参与唐代史家李延寿《南史》

---

① 康发祥:《三国志补义·自序》,徐蜀编:《魏晋南北朝正史订补文献汇编》第一册,第743页。
② 李慎儒:《辽史地理志考·序》,《二十五史补编》第六册,第8095页。
③ 刘岳云:《汉书引经异文录证·叙》,徐蜀编:《两汉书订补文献汇编》第二册,第201页。
④ 王先谦:《魏书校勘记》卷首识语,徐蜀编:《魏晋南北朝正史订补文献汇编》第三册,第489页。

《北史》的补注。书稿写就后,汪士铎曾与姚莹、包世臣、陈奂等切磋书稿的体例等问题。汪士铎编纂此书旨在"辅延寿书",并声明"不欲违李书家法"①。所谓"李书"即李延寿的《南史》《北史》。汪士铎不违"二史"家法。这家法就是历代正史的编纂原则和李延寿的史学精神。

　　传统史学在两千多年的发展历程中,形成了一套比较完备的研究方法、著述体例等。晚清史家在正史校补考论中也继承了这些优秀遗产。1904年,张鹏一撰成《隋书经籍志补》。张鹏一编纂该书的出发点,是因为《隋书·经籍志》虽著录丰富,但"后魏、齐、周诸人所著见于各传暨《北史》《唐志》者,《隋志》类多逸漏"。张鹏一搜辑"经说九十二部、史录六十部、子类五十五部、专集七十二家、杂文三十篇,编目既录,姓字益彰,爰依《隋志》,分类补入"②。张鹏一采取的正是《隋书·经籍志》体例。这就在一千多年后延续了唐初史家编纂《隋书》的史学家法。同样的情况在唐景崇(1844—1914)所作《唐书注》中也有反映。唐景崇作注是"取《史记》之三家注、《汉书》之颜注、《三国志》之裴注、《通鉴》之胡注,参酌以订三义,曰纠缪,曰补阙,曰疏解"③。《史记》三家注、《三国志》裴注和《资治通鉴》胡三省注是古代史注中的优秀作品。唐景崇以这些史注为准,就是对于传统史学家法的回归与认同。而其中的"纠缪"和"疏解"又包含史学批评的内容。此外,黄大华仿效《史记·秦楚之际月表》的作法撰《隋唐之际月表》,也属于此类情况。

　　正史考论中的史学批评虽也有语带讥讽、用词过激的个别情况,但总体上来看,他们在评论中的心态比较平和,有古代史学批评的知人论世之风。《宋史》本纪叙事曾被评为繁杂,但李慈铭并没有一驳了之,而是说:《宋史》于理宗后本纪搜辑极繁,虽病荆芜,非本纪之体,然当时以无实录,又丁丧乱,内外文籍散失,故务求详备,如长编之例,以待

---

① 汪士铎:《南北史补志·后序》,《二十五史补编》第五册,第6173页。
② 张鹏一:《〈隋书·经籍志〉补·序》,《二十五史补编》第四册,第4929页。
③ 唐景崇:《唐书注·自序》,徐蜀编:《隋唐五代正史订补文献汇编》第二册,第391页。

芟择。亦犹《旧唐书》以自武宗后实录不备,遂于诸帝纪大小悉书,而昭宗、昭宣身当亡国,僭夺纷纭,所载尤繁,此《宋史》亦于度宗以下较理宗尤详也。"①李慈铭充分考虑到南宋末年朝代更迭的动乱时局和史籍散亡、实录不存的客观情况,对《宋史》本纪部分的"繁芜"表示理解。洪亮吉是清代研究《三国志》的名家,著有《补三国疆域志》。谢钟英(1855—1901)的《补三国疆域志补注》指摘洪亮吉之失,"余昔为《洪志书后》一篇,多所纠摘,今取稿覆视,正如拾吐果之核,收弃药之滓。……后之视今,犹今视昔。非敢自信,聊著所得以备遗忘云尔。"但谢钟英这样做的目的"意在甄明,非关抵隙"②。

札记体是宋以后学者常用的一种著述体裁。沿至清代,札记体史学获得了大繁荣,涌现出清初顾炎武的《日知录》、清代中期赵翼的《廿二史札记》、王鸣盛的《十七史商榷》、钱大昕的《廿二史考异》等札记体名作。晚清众多的"读书记"实际上也是札记体,而晚清学人的"读书记"中,阅读正史占有相当大的比重,比如李慈铭的《越缦堂读书记》、郭嵩焘的《史记札记》等。

"批判"和"认同"看似矛盾,实则统一。王荣商曾在史馆任职,对《汉书》研究情有独钟。王荣商所说的一段话,颇能论证这一点:"自服、应以后注《汉书》者无虑数十家,大抵散佚不传,传者颜氏注而已。观其疏通本义,折衷群说,审方语之异同,辨古书之正伪,删繁取要,自成一家,信乎前史之功臣,来学之津逮也。但其甄综既广,纰缪时有。"③这段话的前半部分是认同与赞扬,后半部分则是批判。晚清史家对于"二十四史"的研究,以实际行动表明了他们对于中国传统史学的认同,与梁启超批判旧史学形成鲜明的对比。如果说梁启超是以批判的眼光否定传统史学价值的话,那么,晚清正史考论作者则是以批判

---

① 李慈铭:《越缦堂读书记》,第 323 页。
② 谢钟英:《补三国疆域志补注·凡例》,《二十五史补编》第三册,第 2999、2998 页。
③ 王荣商:《汉书补注·自叙》,徐蜀编:《两汉书订补文献汇编》第一册,第 989 页。

的眼光认同了传统史学。这是新旧史家在对待正史上的同与不同。晚清史学批评史上两种不同的面相再次清晰地呈现出来。

通观晚清正史校补考论,几乎完全延续中国传统史学路数,与乾嘉考史学派的精神若合符契。时代的剧变和学术的嬗变在这里似乎并没有留下多少痕迹。

第二,"补"中有评,且连续不断,反映史学近代化对传统史学的传承。

在考察晚清正史校补考论时,有一个突出的现象值得关注,那就是这些研究具有较强的连续性。《汉书·地理志》和《汉书·古今人表》历来备受研究者的关注。清人在《汉书·地理志》研究方面推出了不少有影响力的论著。精于地理之学和金石之学的杨守敬(1839—1915)撰写了《〈汉书·地理志〉补校》。他总结道:"校《汉书·地理志》者,钱塘汪氏稍后出,亦最精,惜其甄录诸家犹多未备。而出于汪氏后者,又有番禺陈氏澧、江宁汪氏士铎。守敬流览所及,亦间事校雠,札记于书眉,积久得若干条。衰病浸淫,自量不复有所得,乃别出为一册,意在补汪书。"[1]这里所说的钱塘汪氏,是汪远孙。汪远孙著有《〈汉书·地理志〉校本》。从汪远孙到陈澧和汪士铎,再到杨守敬,是一部《汉书·地理志》研究史,也是一条连续的史学批评脉络。杨守敬的一个"补"字揭示了这种连续性的实质——不断完善前人。王仁俊在正史研究方面的贡献,一是从事历代正史佚文的辑校,二是编纂了西夏、辽这两个朝代的《艺文志》。他的《辽史艺文志补证》也旨在"补"史:"考辽人著述者,如倪灿《补辽金元艺文志》、厉鹗《补经籍志》、钱大昕《元艺文志》(附见辽、金)、金门诏《三史艺文志》。近缪小珊先生辑补志附辽文以行。俊于诸家所有悉皆标注,又补三十余种,统加考证,以见梗概。"[2]王仁俊强调的同样是"补"前贤之未备。

---

① 杨守敬:《〈汉书·地理志〉补校》卷首识语,《二十五史补编》第一册,第459页。
② 王仁俊:《辽史艺文志补证》卷首识语,《二十五史补编》第六册,第8145页。

《三国志》只有纪、传而无表、志。清代中期洪亮吉撰《补三国疆域志》。延至晚清，谢钟英作《补三国疆域志补注》。此后，吴增仅继洪、谢而作《三国郡县表》。杨守敬又为吴增仅作补正。宋人吴缜作《五代史记纂误》，清代中期吴兰庭作《五代史记纂误补》。光绪年间，吴光耀则进而撰《五代史记纂误续补》，其接续前贤之用意已经一目了然，正如洪德堉所言吴光耀是"意续二吴"①。这个"续"字与杨守敬的"补"字异曲同工。李慈铭校读《新唐书》时，就自觉继承吴缜的《新唐书纠谬》。他说吴缜"专著一书，纠并时新出之史，而欧、宋皆大臣盛名，官修进御，吴欲以一人之力攻之，其用心自更精审，故得者尤多。……有功于史学甚大"②。在表达了对吴缜的敬意之后，李慈铭也指出了《新唐书纠谬》的缺失，如谓"卷第十二事状丛复一门，所纠者亦多未当"③，"卷第二十所纠误用字、不经字、讹错字，亦多系传写之误，或偶失检者，乃一一具列，此则未免有私怨之见存"④。史学批评正是在这样的肯定与否定中发展的。还有李慎儒的《辽史地理志考》补厉鹗《辽史拾遗》之未备："乾隆中，厉樊榭先生著《辽史拾遗》，意在仿裴松之《三国志注》搜罗事迹，于地理鲜所发明。予不揣谫陋，于辽五京、州县、山川悉为考核，标明今之某处，凡舛错者逐一驳正。"⑤从厉鹗到李慎儒，可以看到旧史学向晚清史学的渗透与延续。

姚振宗撰有《〈汉书·艺文志〉拾补》《〈汉书·艺文志〉条理》《后汉艺文志》《三国艺文志》《〈隋书·经籍志〉考证》五种关于《艺文志》《经籍志》的著作。据姚振宗自述，他撰写这些著作均源于一种补续意识："予始为后汉、三国《艺文志》各四卷，矫钱氏、侯氏之所未备，继为

---

① 洪德堉：《五代史记纂误续补·跋》，见吴光耀《五代史记纂误续补》卷末，徐蜀编：《隋唐五代正史订补文献汇编》第三册，第353页。
② 李慈铭：《越缦堂读书记》，第297—298页。
③ 李慈铭：《越缦堂读书记》，第298页。
④ 李慈铭：《越缦堂读书记》，第299页。
⑤ 李慎儒：《辽史地理志考·序》，《二十五史补编》第六册，第8095页。

《汉志拾补》六卷、《汉志条理》八卷,演王深宁氏之所未尽。今又为是志,所以补苴章氏之残缺不完也。"①这里所说的钱氏是钱大昭(撰《补续汉书艺文志》),侯氏是侯康(撰《补后汉书艺文志》《补三国艺文志》),王深宁即王应麟(撰《汉艺文志考证》),章氏是章宗源(撰《〈隋书·经籍志〉考证》),"是志"是指《隋书·经籍志》考证。姚振宗的《〈隋书·经籍志〉考证》虽是一部考证著作,但该书十分注意史学批评。姚氏汇辑晚清以前学者如隋人牛弘、唐代史学批评家刘知幾、宋代史家郑樵、高似孙,明代中后期的著名史家焦竑、清人朱彝尊、《四库全书总目》、钱大昕等有关《隋书·经籍志》的各种评论,又于每条评论之下作按语评论,形成了一条关于《隋书·经籍志》的史学批评简史。②

1895 年前后,曾朴(1872—1935)撰成《补〈后汉书·艺文志〉并考》。曾朴以创作晚清四大谴责小说之一《孽海花》而闻名于晚清文坛。其实,在写作《孽海花》之前,曾朴颇致力于史学。曾朴谈为何撰写此书时,提到这项工作是在继承前贤。他撰写该书的学术动机源于刘知幾,又受到宋代学者钱文子、熊方的影响。他在 1895 年为该书撰写的《自序》中说:"昔刘知幾讥班固《艺文志》古今杂糅,失断代之体,欲变其例,仿宋孝王《坟籍志》但纪当时著述。国朝史学家多非之,谓此例行而古书存亡之迹从此泯矣。朴以为此诚非作史之通言,然若以后人补前史之不及,仿钱文子《补汉兵志》、熊方《补后汉年表》之例,推之以补历代史之无《艺文志》者,则此例大可用也。"③"使篇章卷帙备哉灿烂,而遗文断句听其湮沉,斯亦职古之羞乎。远之伯厚,考孟坚之志,近之逢之缉长孙之书。前型具在,后步可循。"④在撰写《补〈后汉

① 姚振宗:《〈隋书·经籍志〉考证》卷首《叙章氏考证第五附新编序例》,《二十五史补编》第四册,第 5049 页。
② 姚振宗:《〈隋书·经籍志〉考证》卷首《叙诸家评论第四》,《二十五史补编》第四册,第 5043—5047 页。
③ 曾朴:《补〈后汉书·艺文志〉并考·自序》,《二十五史补编》第二册,第 2447 页。
④ 曾朴:《补〈后汉书·艺文志〉并考·凡例》,《二十五史补编》第二册,第 2451 页。

书·艺文志〉并考》的六年时间里,曾朴还先后参考了钱大昭的《补续汉书艺文志》和侯康的《补后汉书艺文志》等相关著作。这种远绍唐宋、近法乾嘉的作法反映出1840年之后,在传统史学与近代史学之间并不是截然断裂的。相反,他们在批评中延续着传统史学。

二　正史考论中的史学批评内容

纪传体包括本纪、世家、列传、书志、表、论赞六个部分。晚清史学批评家围绕正史的各个方面作了大量的评论。但这些评论并不是均衡的,相对来说,他们对正史本纪、列传和论赞的评论较多,水平也较高,而对史表、世家、书志的讨论在规模上和深度上都不及纪、传与论赞。

(一)关于本纪的批评

本纪在正史中具有系年叙事、纲领全史的作用,又关乎正统、治统等重要问题,向来为评论者关注。

一是常规讨论本纪的笔法、体例、叙事、错讹等问题。李慈铭评《旧唐书》本纪“自穆宗以后,时事纷挐,其文甚繁,为史体所未有,然幸存此纪,尚可考见晚季苍黄、瓜分瓦解及措置失理之故。假如新史一意苟简,益错出不可理矣”①。“新史”指《新唐书》。这里所比较的正是“两唐书”本纪的繁与简,也是史学批评史上的老问题了。关于本纪叙事的批评也比较常见,如吴汝纶评价《史记·高祖本纪》“前半篇与项羽争天下,后半篇削平反者,以安天下也,他不系天下兴亡者,皆不著。熙父以为阔略,殆以后世史裁绳之,非笃论也。《汉书》定天下后多载诏令,体势不能振拔矣”②。吴氏不同意前人对《史记·高祖本纪》记事阔略的批评,有一定的道理。但是,吴氏又批驳《汉书》因多载诏令而

---

① 李慈铭:《越缦堂读书记》,第279页。
② 吴汝纶:《吴汝纶全集》第四册,黄山书社2002年版,第200页。

使文势不振，则是不明史书载文之重要性，而过分强调文气之说，亦非笃论。这也反映了吴汝纶作为桐城派批评家的特点。本纪记载帝王之事，故而隐晦较多，评论者也就有意识地对本纪中的曲笔、回护以及语焉不详等情况加以评骘。《旧唐书·太宗本纪下》记载太宗贞观二十二年五月，"使方士那罗迩娑婆于金飚门造延年之药"①。张道就指出："李藩、郝处俊竟以太宗服药致疾不救为言，何史乃讳而不书邪？"②

在史学批评史上有一个比较突出的现象，即一部史书以何著称，则评论者越发关注它的这一特点，并加以批评。欧阳修的《新五代史》是一部以效法《春秋》笔法和文字简略为特色的正史。晚清批评家即专门从这两点评价《新五代史》。关于史文繁简，吴光耀在《新五代史·梁太祖本纪》"都统王铎承制拜温左金吾卫大将军、河中行营招讨副使，天子赐温名全忠"句下点评："本纪纪本事数行中，又未杂叙他人，何所惧混而必书其名。此两'温'字及下拜全忠汴州刺史、宣武军节度使之'全忠'字皆可去。"③又于"是岁，黄巢出蓝田关，陷蔡州"句下写道："'黄'字可去。姓名既全见上，但非有同名者及相去太远皆可舍姓叙名。文之繁简诚不在此。诸经前史亦无此例。然此书既以简胜，则亦可简之类也。此类甚众，举一二以当发凡。"④这一批评说得很明白，评论者并非故意吹毛求疵，而是因为此书既然以简为尚，那么这方面就应予以特别注意。《新五代史·唐庄宗纪上》先说："天下兵马都监杨复恭与克用善"，紧接着又说："军容使杨复恭，克用所善也。"两句之间相隔仅百余字，却重沓如此，吴光耀批道："上既曰'与克用善'，此'克用所善也'五字可去。"⑤对于以简行世的《新五代史》来说，这样的叙

① 刘昫等：《旧唐书》卷三《太宗本纪下》，中华书局1975年版，第61页。
② 张道：《旧唐书疑义》卷一《太宗本纪》，徐蜀编：《隋唐五代正史订补文献汇编》第二册，第175页。
③ 吴光耀：《五代史记纂误续补》卷一《梁太祖纪》，徐蜀编：《隋唐五代正史订补文献汇编》第三册，第209页。
④ 吴光耀：《五代史记纂误续补》卷一《梁太祖纪》，第209页。
⑤ 吴光耀：《五代史记纂误续补》卷一《唐庄宗纪》，第215页。

事确为瑕疵。刘知幾已对字句之删削发表过精辟的见解①。吴光耀说"文之繁简诚不在此"并不恰当,但他以简要衡量《新五代史》,批评欧史"叙事简而不明"②和"求简失实"③,则具有理论价值。

再如关于《春秋》笔法的批评。欧阳修对自己模仿《春秋》笔法作《新五代史》很自得。徐无党为《新五代史》作注时也着意于阐发欧阳修书法的微言大义。《新五代史·梁太祖纪下》记"甲子,皇帝即位"。徐无党的注文就说:"自即位以后,大事则书,变古则书,非常则书,意有所示则书,后有所因则书。非此五者,则否。"④意在揭示欧阳修的笔法。吴光耀则不以为然,认为"前史亦每作此。盖拘《春秋》'公即位'之例,未免似复辟书法耳,宜曰'即皇帝位'"⑤。吴光耀认为欧阳修的笔法值得商榷,应从"皇帝即位"改为"即皇帝位",同样四个字,虽不过是调换了次序,意义却不同。周寿昌与吴光耀的批判不谋而合。《新五代史·梁太祖纪上》记载:"昭宗崩。……七月,天子使来,赐王'迎銮纪功碑'。"问题在哪里呢? 欧阳修于昭宗崩后故意不书哀帝之立,却又书"天子使来",那么"天子"是谁? 为何不书新天子即位? 对此,周寿昌论道:

> 此欧阳学《春秋》书法。昭宗被弑,无人讨贼,为不正其终,故书"崩"不书"葬"。哀宗即位不能讨贼,为不正其始,故不书"即位"。至其事之始末,他传详载不致遗漏。薛史则于"昭宗崩"下书"遗制以辉王柷为嗣",是寻常史例书法也。然欧究无解于书

---

① 参见刘知幾著、浦起龙通释:《史通通释》卷六《叙事》。
② 吴光耀:《五代史记纂误续补》卷一《唐庄宗纪》,第 217 页。
③ 吴光耀:《五代史记纂误续补》卷一《唐明宗纪》,第 220 页。
④ 欧阳修:《新五代史》卷二《梁太祖纪下》注,中华书局 1974 年版,第 13 页。
⑤ 吴光耀:《五代史记纂误续补》卷一《梁本纪》,第 212 页。

"僖宗崩"不书"昭宗即位"矣。①

周寿昌对欧史笔法的解释堪称精到,但他也指出欧阳修这样记载难以自圆其说。

二是对存在争议的本纪作是非方面的判断与平议。按照通行的说法,本纪是皇帝在历史编纂上享有的专利。但是两千年来,帝王并未都被载入本纪,如王莽。反之,不曾做过皇帝的英雄人物又被郑重其事地写进了本纪,如项羽。因为是否进入本纪关乎对于历史人物的身份认同和地位评价问题,所以这类本纪就成为批评的焦点。

秦汉之际的风云人物项羽是讨论正史本纪时避不开的人物。在亡秦之役中,项羽功不可没,巨鹿一战,天下闻名,凭借赫赫战功号令王侯,名为西楚霸王,实则与帝无异。郭嵩焘于1876年出使英伦,虽身在异邦,却勤读《史记》,撰写了大量札记。郭嵩焘对《史记·项羽本纪》发表评论:

> 秦灭,项羽主盟,分裂天下以封王、侯,皆羽为之,实行天子之权,例当为本纪。以后世史例论之,当为《怀王本纪》,而怀王为项氏所立,拥虚名而已,天下大势未一系之;史公创为《项羽本纪》,以纪实也。②

郭嵩焘从历史事实与史书编纂的关系上阐述司马迁立《项羽本纪》的原因,肯定了司马迁设《项羽本纪》的创举,体现了实事求是的评史原则。这样的评论在晚清并非仅见。朱一新在回答王士宗关于《史记》体例的问题时,指出:"义帝如韩林儿,政非己出,不可立纪。项羽曾宰

---

① 周寿昌:《五代史记纂误补续·梁太祖纪》,徐蜀编:《隋唐五代正史订补文献汇编》第三册,第355页。
② 郭嵩焘:《史记札记》卷一,商务印书馆1957年版,第47页。

天下,诸侯听命,自当立纪。《史通》之所讥非也,近人曲为之说亦非也。"①朱一新和郭嵩焘一样也从秦汉之际的历史事实出发,肯定司马迁的作法。同时,朱一新还批评了刘知幾对司马迁的批评,也不同意清人的"曲说"。

《史记·项羽本纪》之外,受到非议最多的本纪当推《旧唐书·则天皇后本纪》和《新唐书·则天皇后本纪》了。身为中国历史上唯一的女皇帝,武则天的历史功过从来都是见仁见智。武则天登基后,改国号为"周",主宰了唐朝几十年的历史,所以无论是五代官修的《旧唐书》还是北宋欧阳修、宋祁撰《新唐书》,都为武则天立本纪,《新唐书》甚至在本纪之外于《后妃列传》中又为武则天立传。男尊女卑的观念以及武则天大杀李氏宗室的行为让后世不少史学家难以接受。"则天不宜立本纪,夫人而知之也。吴兢国史之谬,当时史官沈既济已奏议非之。乃刘氏于易代后殊不更正,何耶?《新(唐)书》既作纪,复撷琐事立《武后传》,体例亦非也。"②张道的这段话就是这类批评的典型。

上面讨论的是正史为之作本纪,而评论者认为不妥。还有一种情况恰与此相反,即评论者认为应为某人立本纪,而正史却未立。以刘备为例,康发祥批评陈寿作《三国志·蜀书·先主传》,"不曰本纪,而曰传,尊魏以媚晋,不以正统归汉,殊堪痛恨"③。康发祥又不满将刘备放在刘焉、刘璋之后,说陈寿这样的编次"殊觉不合"。并反问"《蜀志》以焉、璋列二主之前,何不以董卓、袁绍诸人列曹氏父子之前?"④带有明显的情绪化,是在为蜀汉政权的正统地位而辩。在这里,本纪之立与不立又和旧史学上的一个老问题——正统论纠缠在一起了。康发祥的这种论点在史学上由来已久,归根结底是对历史演进大势的认识不同,又

---

① 朱一新:《无邪堂答问》卷三《答王士宗问〈史记〉体例》,中华书局 2000 年版,第 125 页。
② 张道:《旧唐书疑义》卷一《则天本纪》,第 176 页。
③ 康发祥:《三国志补义》卷一《蜀书一》,第 744 页。
④ 康发祥:《三国志补义》卷一《蜀书一》,第 749 页。

与中国传统史学的伦理特点和古代治统之争相关。康发祥的批评并非没有一点道理,然若从今天的眼光来看,这种评论又显得狭隘了。晚清虽然在学术史上被划入近代,然晚清史家的批评观与传统史学家的批评理论却有一脉相承之处。今天的史学工作者对上述争辩是完全可以理解的。

(二) 关于列传的批评

列传是正史中篇幅最大的部分,其主要功能是记载各类历史人物的事功品行,反映社会风俗。晚清史家对列传名目与社会变迁之间的关系有清楚的认识。牛坤便说:"《南北史》有《灵征》《释道》,《宋史》有《道学》,乃历代皆有其人,特因其盛,为会聚一门耳。世至五代,乱已极矣。王后夫人多再嫁之女,帝子王孙半他人之胤,有一姓二姓三姓呼人为父者,而佐其主立战功、开疆土,其功亦不可泯。既不能列之宗卿,又不能疏为异姓。欧阳文忠公《五代史记》始创立一《义儿传》、一表著之,为历代史家之所无,此公作史之精审,于难于位置之中而权衡至当也。"[①]牛坤从南北朝佛、道二教发展、五代战乱、宋代学术诸方面对《南史》《北史》《宋史》《新五代史》在列传上的创新加以肯定,深得正史作者之心。晚清史家关于列传的评论,主要包括两种情况。

第一,正史将传主列入此传,而批评者认为宜入彼传。张道专门列举了《旧唐书》在这方面值得商榷的地方。他说:

> 裴居道女为太子弘之妃,宜入《外戚传》,而附于《太子弘传》后。沈既济为史官,奏议卓然,名迹亦伟,而附入其子《传师传》中。刘敦儒事母至孝,时称刘孝子,他无行事,宜入《孝友》而列于《忠义传》。阳城虽由山人征辟,卒以直谏著称,官终刺郡,则不得

---

① 牛坤:《五代史续补·叙》,徐蜀编:《隋唐五代正史订补文献汇编》第三册,第411页。

仍列《隐逸传》。道士王远知、潘师正、刘道合、司马承祯之流修质炼形，转丹导气，与叶法善、张果辈同，非如高蹈栖遁、托迹黄冠者也，厕于《隐逸》殊为不实。……武攸绪弃官高隐，宜仿长孙无忌之例，别为著传，乃仍入《外戚》，与三思、延秀等侪，萧兰杂矣。薛怀义本嬖幸之夫，异椒房之戚，当与张易之兄弟同传，而强入《外戚》，于义何处？①

张道一连串举出这么多例证，以见其与正史作者的分歧。其实，归根结底是他们对于历史人物的功过是非、行事特点的认识不同，孰是孰非尚需具体分析。在史学批评史上，这种分歧的确是一直存在的，人们恰可以从中看出时移世易下历史认识的演变。

第二，揣摩列传史意，点评列传文法。李慈铭评司马迁作《史记·韩信卢绾列传》之意："以韩、燕二王皆无功而王，汉待之甚厚而负恩反叛，其罪甚大，乃犹封其子孙，以与淮阴相形，为古今之极冤也。"②李慈铭善于从历史叙事艺术的角度评论，如"承祚固称良史，然其意务简洁，故裁制有余，文采不足。当时人物，不减秦汉之际，乃子长作《史记》，声色百倍，承祚此书，暗然无华，范蔚宗《后汉书》较为胜矣。《晋书》《南北朝史》又专务文藻，而笔力不及，宜马、班之高视千古也。"③正史考论中的史学批评多要言不烦，少有长篇累牍式的评论。这一百字点评了《史记》《汉书》《后汉书》《三国志》《晋书》以及南北朝的"八书"和"二史"等十多部正史的文采，可谓凝练至极。李慈铭对叙事艺术的追求是"华而切事情，秀而有骨力"④。至于专门评论某一列传的文法者，如《史记·伯夷列传》"自明其所传必以六艺为考信，以著其采

①　张道：《旧唐书疑义》卷四《列传体例未协》，第211页。
②　李慈铭：《史记札记》卷二，《越缦堂读史札记全编》上册，北京图书馆出版社2003年版，第43页。
③　李慈铭：《越缦堂读书记》，第195页。
④　李慈铭：《越缦堂读书记》，第274页。

择之慎,其文抑扬往复,亦为古今第一文字"①。《史记·货殖列传》"文法之美至极,无以复加。列传以《伯夷传》始,以此传终,须两相对勘。彼传荡漾夷犹,如天半赤霞,晴空舒卷,以高妙胜也。此篇雄深郁勃,如深山大壑,万峰回环,以博大胜也。其文之美,人多知之。而其用意亦即在此。《伯夷传》是欲义之极,此传是欲利之极。利义不同,要皆是欲。……史所以存政教之迹,故史公之书终于此也"②。以自然形胜喻文字之美,这类评论颇能给人以读史和评史的灵感。

(三) 关于论赞的批评

论赞是史家直抒胸臆的重要载体。旧史家多注重实录,叙事时有意隐退于历史之外,只有撰写论赞时,才大大方方地从历史的幕后走向台前。论赞是思想的外衣,格外能引起批评家的注意。王鸣盛就对"二十四史"的论赞演变做过系统的梳理,"《史记》'太史公曰'云云者,此其断语也。而班氏改称赞,陈寿改称评,至范蔚宗又改称论矣","前四史"以下,沈约的《宋书》改称"史臣曰",此后的正史基本沿袭这种称法。"二十四史"中唯《元史》没有论赞,被王鸣盛批评为"几不足以为史矣"③。晚清史学批评家承袭旧史家之余绪,在论赞品评方面也提出了许多重要的见解。

《史记·魏其武安侯列传》对魏其侯窦婴、武安侯田蚡和失势的灌夫三人的事迹及其恩怨作了生动的叙述。《汉书》卷五十二《窦田灌韩传》也同样记叙窦婴、田蚡和灌夫的一生。李慈铭运用比较的方法,对马、班史论作了如下的评论:

---

① 李慈铭:《史记札记》卷二,《越缦堂读史札记全编》上册,第 37 页。
② 刘光蕡:《史记货殖列传注》,张舜徽主编:《二十五史三编》第二分册,岳麓书社 1994 年版,第 778 页。
③ 王鸣盛:《十七史商榷》卷一"《史记》创立体例"条,上海书店 2005 年版,第 5 页。

　　司马子长深恶武安、平津两侯，然两侯皆有佳处，汉武之兴儒学，实以两人为首功。孟坚颇持平情，故《史记·魏其武安侯传》赞，右魏其而极贬武安，云武安之贵在日月之际，又云武安负贵而好权，杯酒责望，陷彼两贤，迁怒及人，命亦不延，众庶不载，竟被恶言。而孟坚云，婴不知时变，夫亡术而不逊，蚡负贵而骄溢，凶德参会，待时而发，以魏其、灌夫、武安三人并论，无所轩轾；其于平津，亦时致美辞，真不愧良史也。①

专就这一篇史论而言，由于司马迁有个人好恶在其中，难免"右魏其而极贬武安"。而班固则"颇持平情"，比较客观地指出窦婴、田蚡和灌夫三人的缺陷，于三人"无所轩轾"，不愧为良史。《汉书·公孙刘田王杨蔡陈郑传》卷末有一篇较长的论赞，起首句为"所谓盐铁议者，起始元中，征文学贤良问以治乱"云云。李慈铭读后发表了如下的评论："班氏不为桑弘羊立传，于是卷《车千秋传》中略见之。而此赞突提盐铁发论，以见弘羊才不可没，更举车丞相相形。盖弘羊、千秋同与霍光受遗辅政，而千秋以缄默独被褒赏。则弘羊之族灭虽缘谋反，未始非以才气为光所忌，故加以大戮也。此皆史家微意，读者不能得间以求耳。使班氏若意不在以弘羊反形田千秋、蔡义诸人，则此卷中本与盐铁无涉，何为忽以此语起头？盖弘羊之反未有实迹，而光诛灭之，则光恣横之罪可见，而田千秋、杨敞、蔡义之龌龊容身俱由光之私意置相，此班氏所以为良史也。"②这条评论可谓"读书得间"的典范。两条批评都落脚于"良史"，只有论赞公允，言之有物，才不愧"良史"美誉，足见李慈铭何等看重论赞。

　　历代正史中，李慈铭"于范书最留意"③。而范晔最得意的正是《后

---

① 李慈铭：《越缦堂读书记》，第 166 页。
② 李慈铭：《汉书札记》卷六，《越缦堂读史札记全编》上册，第 209 页。
③ 李慈铭：《越缦堂读书记》，第 181 页。

汉书》的论赞。这种自得在他的《狱中与诸甥侄书》中一览无余:"吾杂传论,皆有精意深旨,既有裁味,故约其词句。至于《循吏》以下及《六夷》诸序论,笔势纵放,实天下之奇作。其中合者,往往不减《过秦》篇。尝共比方班氏所作,非但不愧之而已。"①后世对范晔的自评,或谓之狂妄,或谓之中肯,争讼不已。1861 年,李慈铭针对《后汉书》史论评价道:

> 　　其论赞剖别贤否,指陈得失,皆有特见,远过马、班、陈寿,余不足论矣。予尤爱者,其中如《儒林传》论、《左雄周举黄琼黄琬传》论、《陈蕃传》论、《党锢传》序、《李膺范滂传》论、《窦武何进传》论,皆推明儒术气节之足以维持天下,反复唱叹,可歌可泣,令人百读不厌,真奇作也! 其他佳制,固尚不乏,而数篇尤有关系。范书以外,惟欧阳《五代史》、欧、宋《新唐书》诸论赞,虽醇疵互见,文亦时病结辖,然究多名篇,可以玩味。②

李慈铭认为范晔的史论别贤否、陈得失,在见识上甚至超过了司马迁、班固和陈寿,在"前四史"史论中成就最高。上述评论对《后汉书》史论的主旨和感染力有所阐发,又由评范晔引申到论《新唐书》和《新五代史》的史论,体现了李慈铭在史学批评上的通达视野。

五年后,李慈铭再读《后汉书》。范晔对史论的自我评价再次引发了李慈铭的评论。"愚谓范氏此言,自诩非过。"《后汉书》的《宦者列传》序、《儒林列传》论,"兴高采烈,辞深理精,以云奇文,实超前古"。《蔡邕列传》《孔融列传》诸论"抑扬反复,激烈悲壮,令人百读不厌"。"大抵蔚宗所著论,在崇经学,扶名教,进处士,振清议,闻之者兴起,读

---

① 沈约:《宋书》卷六十九《范晔传》,中华书局 1974 年版,第 1830—1831 页。
② 李慈铭:《越缦堂读书记》,第 185 页。

之者感慕,以视马、班,文章高古则胜之,其风励雅俗,哀感顽艳,固不及也。"①李慈铭认为范晔在文章上虽不及马、班,但其论赞在教化风俗上却有过之而无不及。

李慈铭毫不遮掩对范晔史论的偏爱,并举出数例为证。从他所举的例子和分析可知,范晔史论之所以得到李慈铭的如此褒扬,在于其论赞"足以维持天下"。史家胸怀天下,评者心系时势,故有此千古知音。

不过,李慈铭亦非一味赞誉范晔史论。《后汉书·马融列传》后论写道:

> 马融辞命邓氏,逶迤陇汉之间,将有意于居贞乎?既而羞曲士之节,惜不赀之躯,终以奢乐恣性,党附成讥,固知识能匡欲者鲜矣。夫事苦,则矜全之情薄;生厚,故安存之虑深。登高不惧者,胥靡之人也;坐不垂堂者,千金之子也。原其大略,归于所安而已矣。物我异观,亦更相笑也。②

李慈铭批评说:"《马融传》论虽贬其屈节梁氏,然颇存恕辞。盖季长大儒,不欲深斥,故别创议论,为留余地。而辞曲旨晦,其义未安。末后数语,尤为乖谬,全失史家惩劝之旨。蔚宗良史,其议论尤别白忠佞,无少隐贷,独于此传失之,足见作史者不可存私意,而文人自相回护,亦结习使然。"③李慈铭提出的"惩劝之旨""不可存私意"堪为作史者的座右铭。

《后汉书》之外,李慈铭还比较推重《隋书》的史论。他说:"自晋、宋、齐、梁以下诸史,繁文浮旨,叠矩重规,饰伪崇诬,良为可厌。《隋书》稍加简择,较有体裁。其传论诸篇,虽承用偶俪,而辞意质直,杀而

---

① 李慈铭:《越缦堂读书记》,第 187 页。
② 范晔:《后汉书》卷六十上《马融列传》后论,中华书局 1965 年版,第 1973 页。
③ 李慈铭:《越缦堂读书记》,第 183 页。

不繁,此房、魏诸公浮华渐扫,其功不可没也。"《隋书》的"杨玄感等传论,发挥隋氏兴亡之由,其辞甚美。又云:隋之得失存亡,大较与秦相类。始皇并吞六国,高祖统一九州;二世虐用威刑,炀帝肆行猜毒;皆祸起于群盗,而身殒于匹夫,原始要终,若合符契矣。亦名论也"①。《隋书》史论多出自一代名臣魏徵之手。魏徵目睹隋亡唐兴,所论多深得要领。《隋书》的史论成就在"二十四史"中是非常突出的②,李慈铭对其肯定自有道理。

　　李慈铭对于正史论赞的评论,还提出了一些不同于主流的观点。以《晋书》为例,《晋书》常为后世所诟病的,便是其史论"竞为绮艳,不求笃实"③。五代史家对《晋书》的这一批评影响深远,至清代中期犹有附和者。1856 年,李慈铭即围绕着这一问题提出了自己的看法,说:"《晋书》世多诋之,以其芜而尚排偶也。……至其论赞,则区区类别,尽当情理,诉斥奸佞,无微不著;又多责备贤者,殊上足正班史之忠佞混淆,下不同宋祁之刻而无当。行文尤抑扬反复,求得其平,往往如人意中所欲言,典切秀炼,而不以词累意。"④世人多诋《晋书》芜杂绮艳,李慈铭不做耳食之徒,而是根据自己的阅读体验,认为《晋书》史论指斥奸佞,胜过班固和宋祁。从对《后汉书》史论的称赞,到对《隋书》《晋书》论赞的褒扬,李慈铭评价史论的一个重要原则,不是文采,而是内容,即史论能否在治乱盛衰、彰善瘅恶方面成一家之言。这是李慈铭在史学批评上的一个亮点。

（四）关于表与志的批评

　　史表旁行斜上,以简要的文字反映复杂多变的历史进程,是其他体

---

① 李慈铭:《越缦堂读书记》,第 250—251 页。
② 参见瞿林东:《中国史学的理论遗产》,北京师范大学出版社 2005 年版,第 333—346 页。
③ 刘昫等:《旧唐书》卷六十六《房玄龄传》,中华书局 1975 年版,第 2463 页。
④ 李慈铭:《越缦堂读书记》,第 208—209 页。

例无法取代的。司马迁对表加以灵活运用,将之纳入到了纪传体范畴中。有意思的是,作表本不是容易的事情,而有史表的正史往往又备受指责。夏燮阐述了史表的源流及史表的价值:"史之有表,创自龙门,盖仿周谱为之,遂为历代史家之所不可废。然其文省,其事赅,其旁行斜上也,经纬相牵,或连或断,故其阡陌可寻,而行幅易乱。……表之自为一体,可以考纪传志之异同焉,以补纪传志之阙轶焉,且据表以正纪传志之误,与据纪传志以正表之误者,恒得失相半焉。然则表曷可废乎哉?"①《史记》诸表之后,《汉书·古今人表》最为知名,也颇受诟病。1907年,宁调元②在长沙作《读汉书札记》。宁调元在比较马、班后,评论《汉书·古今人表》:

> 马、班二氏于吾国历史界占第一席之位置,固万口一词也。但其无剪裁处所亦不足讳称。马史起于陶唐,讫于麟止。班史起于汉高,终于哀、平。名目既异,界域亦别。《史记》自不能以《汉书》为界域。《汉书》亦未容以《史记》为界域也。如《古今人表》置之《史记》则可,列之《汉书》则非。况其序次陵乱,张晏早已非议之乎!③

当然,晚清批评界对《汉书·古今人表》也不是一片骂声。夏燮就发表了不同于宁调元的看法:"班氏创立《古今人表》,析为九等,前无所因,后无所继。自范蔚宗以后,历代史家之作表者独阙斯体,诚以知人论世,自古其难。于是张晏非之于前,刘知幾议之于后,而好学深思、心知其意者鲜焉。……若其黜老子于四等,则其卓识盖度越龙门而上矣。

---

① 夏燮:《校汉书八表》卷首小序,《二十五史补编》第一册,第135页。
② 宁调元(1883—1913),字仙霞,号太一,湖南醴陵人,曾主编《帝国日报》,创办《民声日报》,因参加讨袁起义遇害,著述结集为《太一遗书》。
③ 宁调元:《读汉书札记》,徐蜀编:《两汉书订补文献汇编》第一册,第547页。

其讥史迁是非谬于圣人,则谓其论大道先黄老而后六经,故其重抑老子,所以纠正史迁,此其命意之微旨。而自张晏非之,唐人改之,历千数百年而莫之或正,是其著书之大意已失,何论其它?"①夏燮所论得失兼有。他指出知人论世之难与《古今人表》的关系,在史学批评上强调著书大意,抓住要领,还是显示出了他的卓识。但夏燮认为班固黜老子,见识超越了司马迁,则不揆时势,言过其实。

书志在纪传体中能弥补本纪、列传只记人物事件而鲜及制度之弊,然其难作则一如史表。刘光蕡(1843—1903)所著《前汉书食货志注》虽是一部针对《汉书·食货志》的史注,但注文中也包含了史学批评的思想,如比较《史记·平准书》和《汉书·食货志》:"论文之优劣,《食货志》万不如《平准书》。惟《食货》详整,次第分明,且有先王遗法"②。当有人批评《汉书·地理志序》"论古太繁"时,朱一新颇不以为然,"班书多补《史记》之缺,《史记》无地理志,故孟坚详述古制以补之,非繁也。"③谭献对正史的书志部分评论较多,"阅诸史志,渐有入处。行年三十,甫能读志。古人云史才作志尤难,岂独作者难哉?"④颇能道出读志的甘苦。具体来说,《魏书》诸志"不让孟坚。《礼》《乐》《刑罚》诸篇,散之件系,合之成文"⑤。《宋书》诸志"意绍彪篇,故具三国两晋之文。《礼》《历》精整可法,《乐志》太繁,《天文》《符瑞》《五行》殊可省并。河洛北阻,不为河渠作书。刑法治道之大,晋宋繁苛,及时贤议律之文,何可不备?"⑥沈约《宋书》志不拘断限,得到了谭献的理解。朱一新护惜古人,谭氏有褒有贬,朱、谭二论堪为平议。其他如《隋书》"诸《志》精深茂美,可为典要。《舆服》《仪卫》不分列,甚合"⑦。《新唐书》

---

① 夏燮:《校汉书八表》卷八,《二十五史补编》第一册,第215页。
② 刘光蕡:《前汉书食货志注》下,《二十五史补编》第一册,第405页。
③ 朱一新:《无邪堂答问》卷一《答问〈汉书·地理志〉补〈史记〉之缺》,第9页。
④ 谭献:《复堂日记》卷七,第156页。
⑤ 谭献:《复堂日记》卷一,第24页。
⑥ 谭献:《复堂日记》卷七,第156页。
⑦ 谭献:《复堂日记》卷一,第16页。

"《百官》《兵》《刑法》《食货志》皆纲举目张,精粹博大,可为史法"①。从这些批评中,可见谭氏所谓"渐有入处",实已深入肌理了。

上述论述不过呈现了晚清正史批评的冰山一角,然已涉及历史编纂、叙事审美、详略得失、叙事的真实性诸问题,延续了旧史学批评的风格。从这个意义上来说,晚清正史考论为我们提供了观察中国史学发展连续性的一个重要视角。

三　正史考论中的史学批评特点

不同的文献载体,又有着不同的批评特点。与史学批评专文、专书相比,正史考论中的史学批评体现了考证与评论的密切关系,彰显出考证中隐藏的丰富的史学批评思想。

(一)寓批评于考证之中

周寿昌的《汉书注校补》给我们提供了寓批评于考证之中的例证。司马迁在《史记》中论及昆仑山时,写道:

> 《禹本纪》言"河出昆仑。昆仑其高二千五百余里,日月所相避隐为光明也。其上有醴泉、瑶池"。今自张骞使大夏之后也,穷河源,恶睹本纪所谓昆仑者乎?故言九州山川,《尚书》近之矣。至《禹本纪》《山海经》所有怪物,余不敢言之也。②

司马迁对《禹本纪》《山海经》所记神怪之事表示怀疑。所谓"不敢言"实为不相信。而班固则节略《史记》的原文,于《张骞李广利传》中

---

① 谭献:《复堂日记》卷一,第 15 页。
② 司马迁:《史记》卷一百二十三《大宛列传》,中华书局 1982 年版,第 3179 页。

写道:

> 《禹本纪》言河出昆仑,昆仑高二千五百里余,日月所相避隐
> 为光明也。自张骞使大夏之后,穷河原,恶睹所谓昆仑者乎? 故言
> 九州山川,《尚书》近之矣。至《禹本纪》《山经》所有,放哉!①

周寿昌考证史、汉异同,经过文字对勘,发现了班固省略《史记》原文而
出现的差异,在《汉书·张骞李广利传》"恶睹所谓昆仑者"句下,考证
道:"此班氏节《史记》语而误者也。注引邓氏云河原出积石,不出昆
仑,亦迁就班氏此语而云然。无论昆仑载在《禹贡》《尔雅》《山海经》
《水经注》,班班可考,即后世考西域、探河源无不以此山为主名,安得
云无睹也? 检《史记》本文云'恶睹本纪所谓昆仑者也',上文云'其上
有醴泉、瑶池',下文'《禹本纪》《山海经》所有怪物全不敢言之',盖本
纪所述之昆仑即为当时言蓬莱神山、神怪奇方者之所托。汉武求仙,邪
说惑听,故史公于《大宛传》后发此语,隐以规之。今班氏节去'本纪'
二字,几疑昆仑并无此山,并非河原所出,皆误也。"②班固省去了"本
纪"二字,这个"本纪"即司马迁所说的《禹本纪》。周寿昌在考订了史、
汉文字异同外,指出司马迁的本意乃是委婉地批判汉武帝求仙,而班固
的删削有违司马迁本意。周寿昌通过考证,实际上批评了班固及其
《汉书》。这是典型的寓评论于考证之中。

1850 年,曾应阮元之聘,参与编辑《十三经校勘记》的杨文荪,为已
作古的友人梁章钜的《三国志旁证》作序,就谈到了梁章钜凭借考证发
表评论的功夫。杨文荪说:"昔人以陈承祚《三国志》与班、范前后《汉
书》并称三史。盖承祚之书简质有法,实良史才。逮裴世期受诏作注,
复为增广异闻,捃撱繁富。于是讲求史学者,订讹考异,益究心焉。惟

---

① 班固:《汉书》卷六十一《张骞李广利传》,中华书局 1962 年版,第 2705 页。
② 周寿昌:《汉书注校补》卷四十一,徐蜀编:《两汉书文献订补汇编》第一册,第 869 页。

承祚之书间有牴牾,而世期注征引太博,亦不免芜杂之病。"清代中期治《三国志》者代有名家,如何焯、杭世骏、王鸣盛、钱大昕、洪亮吉、潘眉、侯康等人,"或勘误,或补阙,考证精密,读史者咸引以为助",而"空逞议论者,往往泛作史评,不能实事求是"。梁章钜的《三国志旁证》"不沿袭宋人褒贬空谈,而于详略之间,默寓尊蜀抑魏之指,此则兼才学识三长,不减三刘之于两《汉书》,吴缜之于《五代史》,非仅以博洽见称而已"①。这篇序言以考据史学的"实事求是"精神,倡导史学批评不能空论,体现了正史考论中史学批评的特点。

《三国志》以六十五卷书写魏、蜀、吴三国的历史,做到了总揽全局,但史文之简也成为人们批判《三国志》的一个重要方面。徐绍桢在《三国志·魏书·武帝纪》"卓遂杀太后及弘农王"句下,考证道:"据《后汉书》董卓以中平六年九月甲戌废帝为弘农王,丙子杀皇太后。初平元年正月癸酉杀弘农王,均非一时之事。陈承祚因书杀太后而连及弘农王,盖欲省文。然其下又明明系之曰是岁中平六年,则未免失实矣。史家叙录固以简约为宗,然弑主大事亦何可失其岁月? 此实太简之过也。"②这条材料先是从《三国志》与《后汉书》的考证开始,然后指出了《三国志》的讹误,又指出陈寿之误是由于《三国志》文字过简所致。这也再次证明,考证与批评是多么紧密地联系在一起,研究者宜对中国史学批评的这个特点予以足够的重视,避免遗漏重要的内容。

(二) 依附于正史又具有相对独立性

所谓依附于正史,一是指评论者主要根据所评正史的成就或缺失而发表评论。换句话说,晚清史家是在正史范围内开展史学批评活动的。正史的叙事、论赞等引导着史学批评者的思维活动。当遇到正史叙事怪诞、琐碎时,评论者会毫不假借地指摘出来,加以分析,然后发表

---

① 杨文苏:《三国志旁证序》,载梁章钜《三国志旁证》卷首,福建人民出版社2000年版。
② 徐绍桢:《三国志质疑》卷一《魏书·武帝纪》,第45页。

评论。《晋书·五行志》中有不少荒诞不经的记载：

> 刘聪伪建元元年正月,平阳地震,其崇明观陷为池,水赤如血,赤气至天,有赤龙奋迅而去。流星起于牵牛,入紫微,龙形委蛇,其光照地,落于平阳北十里。视之则肉,臭闻于平阳,长三十步,广二十七步。肉旁常有哭声,昼夜不止。数日,聪后刘氏产一蛇一兽,各害人而走。①

这段叙事中的如血赤水、赤龙、人产蛇兽等,稀奇古怪,显然不可信。李慈铭读完后,写道:"'兽'本作'虎'。此事《刘聪载记》亦载之,怪诞不经,理所必无者,岂宜以累信史!"②借助对《晋书·五行志》的批判,李慈铭明确表达了他关于叙事真实性的主张。

当遇到正史叙事精彩处,评论者又会以欣赏的眼光点评一番,得出史书表述的审美理论。如郭嵩焘读到《史记·项羽本纪》中鸿门宴一段时,评点道:"鸿门之宴,写得子房如龙,樊哙如虎,是史公极得意文字。巨鹿之战写得精彩,鸿门之会却处处写得奇绝、陡绝,读之使人心摇目眩。"③这类评论文字在郭嵩焘的《史记札记》中并不少见。如果没有《史记》的精彩叙事,那么,郭嵩焘就无法作出这样的批评。这即是依附于正史的表现。

史学批评专篇和专书一般比较系统,或集中论述某一个问题,或提出若干史学批评的重要范畴,或阐释一套史学理论体系,如《通志·总序》《史略》《史通》《读史纠谬》《文史通义》等。正史考论中的史学批评则大多比较具体且零星。然如若将散落在考证中的点滴评论汇聚起来,抽绎其中的思想认识,则足以窥见一时的史学思潮,能够反映一时

---

① 房玄龄等:《晋书》卷二十八《五行志中》,第866—867页。
② 李慈铭:《晋书札记》卷二,《越缦堂读史札记全编》下册,第623页。
③ 郭嵩焘:《史记札记》卷一,第51页。

期史学理论的水平,显露出史学家关注和思考的重心。当史学批评专篇、专著相对缺乏时,这类史学批评资料与思想就尤为重要了。

依附于正史的第二个意思,是指读者有时离开正史无法准确理解批评家,换句话说,这些史学批评若脱离了正史,也就变成了无根之木。《汉书·艺文志》评论道家:"道家者流,盖出于史官,历记成败存亡祸福古今之道,然后知秉要执本,清虚以自守,卑弱以自持,此君人南面之术也。"①刘光蕡在这个地方指出:"此处所论道不如史公之精。"②这里的"史公"是指司马谈。司马谈在《论六家要旨》说:"道家使人精神专一,动合无形,赡足万物。其为术也,因阴阳之大顺,采儒、墨之善,撮名、法之要,与时迁移,应物变化,立俗施事,无所不宜,指约而易操,事少而功多。"③刘光蕡的这十一个字的评论看似平淡,实则是在比较了班固和司马谈两位史学家后得出来的认识。如果不熟读《论六家要旨》和《汉书·艺文志》,是很难理解刘光蕡的批评的。

依附于正史展开评论是从评论的启动、评论的存在形式上着眼的,并不是说史学批评只是正史的附庸,也不是说这些评论家没有发挥史家的主动性。郭嵩焘评《史记·酷吏列传》就是一例。郭嵩焘说:"史公传《循吏》,皆在春秋之世,其时王政已衰,官司皆失其职,百姓张张焉,日入于非辟而不自知,而有一能举其职者,是即天下所资以为程式者也,故谓之曰'循吏'。至于战国,穷兵黩武,严刑以创其民,而能尽职难矣。然其淫刑以逞,一依于国法行之,即商鞅之录囚,犹国法也,无有极法峻刑播恶以逞其私者,而皆起于汉之盛时,于此可以观世变矣!史公之传《酷吏》,不上及于战国暴秦之时,其旨微哉!"④郭嵩焘并不是就酷吏而论《酷吏列传》,而是从司马迁为什么撰写《循吏列传》《酷吏

---

① 班固:《汉书》卷三十《艺文志》,第 1732 页。
② 刘光蕡:《前汉书艺文志注》,《二十五史补编》第二册,第 1720 页。
③ 司马迁:《史记》卷一百三十《太史公自序》,第 3289 页。
④ 郭嵩焘:《史记札记》卷五下,414 页。

列传》,春秋、战国至秦汉的时代变迁,司马迁的深意等方面展开评论,显然已经摆脱了《史记·酷吏列传》的羁绊,而是有所发挥的。再如《史记·陈涉世家》记陈胜"与人佣耕"时,长叹"燕雀安知鸿鹄之志哉!"后因遇大雨而揭竿起义,掀起了秦末波澜壮阔的农民大起义,然终被"其御庄贾杀以降秦"。郭嵩焘评论:"《陈涉世家》无可纪,史公以一御人庄贾仓卒杀之而推知其无亲;又以陈涉起细微,自立威重,而推其所与佣耕者龌龊猥屑之状,以知其所以不相亲附之由,是史公立意生新处。"[1]郭嵩焘用"龌龊猥屑"来描述陈涉及其他佣耕之人,自不足取。从史学批评的角度来看,这条批评的价值在于,郭嵩焘并不拘泥于评论司马迁为陈涉作世家的是非,而是着意于揣摩司马迁写史的微意。这样的批评已经不是对于文本的简单复述和评价了。

李慈铭的史学批评中也不乏这类事例。《晋书·周虓传》记周虓因母亲被抓而投降于苻坚,"每入见坚,辄箕踞而坐,呼之为氐贼"。李慈铭写道:

> 虓既以母获降坚,虽称不受官位,自必服事于坚,守其臣节,岂敢箕踞而坐,呼为氐贼,斥为羊犬,无礼至斯,自取夷戮。且苻坚雄主,俊乂满朝,虓不过俘获,余何所尊惮,而屡被诟辱至再至三,犹不肯已。虽至愚之人亦不出此。况其始降,仅授以尚书郎,则其轻虓可知。此由周氏仍世贵显,虓既没于秦,其故吏交亲为之造饰语言,诬惑视听,以邀褒赠耳。即其与冲之书,图坚之举,恐亦皆非事实。苻氏既亡,无所质证。而桓冲、谢玄皆为之尽力,故其子兴得以妄言无忌,虽非情理所有,亦从而信之。史官无识,据其家传,遂为实录,历千百年无有觉其谬者,可叹也已![2]

---

[1] 郭嵩焘:《史记札记》卷四,第206页。
[2] 李慈铭:《晋书札记》卷四,《越缦堂读史札记全编》下册,第671页。

李慈铭从《晋书》的一句记载引出了一大段评论。这段评论指出《晋书》所记周虓“箕踞而坐”，呼苻坚为“氐贼”不合情理。更重要的是，李慈铭还分析了为何这种不近情理的事情却会被堂而皇之地写入史册。这类史学批评既是史学发展的内在动力，也是读史和治史的助力。

朱一新也善于在正史考论中展现史学批评的理论魅力。他的学生作完《读〈汉书·艺文志〉》后，朱一新并不纠缠课业的优劣，而是借题发挥：

> 评曰：此考证兼议论题，欲以觇诸生之学识。考证须字字有来历，议论不必如此，而仍须有根据。所谓根据者，平日博考经史，覃思义理，训诂名物，典章制度，无不讲求。倾群言之沥液以出之，而其文亦皆琅然可诵，并非凿空武断以为议论也。此其功视考证之难倍蓰，而学者必不可无此学识。……尤不可无此胸襟，随人脚跟，学人语言，志趣已卑，乌足自立？[①]

这段话讨论了三个问题，一是考证与批评的难易，朱一新认为议论比考据更难。二是评论所需的素养——“平日博考经史，覃思义理，训诂名物，典章制度，无不讲求”。三是评论的原则，即忌讳凿空武断，人云亦云。朱一新所言议论“视考证之难倍蓰”，并不尽然，但他关于评论的理解却有见地。史学家对于“批评”的理论思考，标志着史学批评这门学问从具体实践走向理论构建，是史学批评建设的重要一环。

如前所述，正史考论中的史学批评一般篇幅不长，且比较零碎，但其依据扎实，有心得方评论，故而能于方寸之间高下立判，是非可见。这是其作为史学批评资料的重要特点，需要细致挖掘和整理。

要之，晚清正史考论的史学批评，反映了这一时期旧史学批评家的

① 朱一新：《无邪堂答问》卷一《评读〈汉书·艺文志〉》，第 47 页。

水准。他们对正史的各种评判,至今仍不失为治史的重要资料库和思想源泉。不过,晚清已是传统社会日薄西山之时了,传统的史学批评终究被日益边缘化。不断涌入的外来文化也给晚清的史学批评提供了新的活力,孕育了新的史学批评主体。

第三章
来华传教士与史学批评

　　来华传教士并不是至晚清才出现的,晚明的利玛窦和汤若望便是传教士的先驱,但传教士作为一个特殊群体,甚至是一个阶层符号深刻影响中国的学术、文化、教育、科技、政治、医学等领域却自晚清始。尤其是在 1850 年至 1900 年间的半个世纪里,来华传教士异常活跃,在编译书籍、创办报刊、兴建学堂等方面的成就十分突出。来华传教士在晚清社会和政治上已经成为一股重要的力量,活动范围广泛。英国传教士李提摩太[①]就骄傲地说:"道光季年,耶稣教入华,沿至今日,几于随处有之。"[②]

　　在古代史学批评史上,批评的主体是中国士大夫、史学家。但随着传教士来华,他们在对中国学术进行广泛涉猎和研究的过程中,对史学也作了多方面的批评。因此,来自异域的传教士群体也就成了晚清史学批评的一支生力军。在中国史学批评史上,来华传教士作为史学批评主体,这是晚清独有的现象。

　　传教士在晚清西史东渐中所扮演的角色是无人可以替代的。凭借传教士的演讲、教学、书信、著述等多种史学活动,中国史学走向世界,

---

① 李提摩太(1845—1919),1870 年来华传教,1916 年回国,重要译著有《泰西新史揽要》《百年一觉》《列国变通兴盛记》等。

② 李提摩太:《三十一国志要》,第 7 页,载王锡祺辑《小方壶斋舆地丛钞再补编》,上海著易堂 1897 年刊行。

进入了西方汉学家的视野,其影响所及的空间范围甚至超过了中国本土的史学批评家。由于来自异域,不同的文化与信仰决定了来华传教士与中国史学家在史学批评上不可能完全相同。梳理并评论晚清传教士群体的史学批评,既益于观察晚清史学批评演进的多元途径与图景,也有助于从域外学人的角度思考中西史学的异同。本章意在对传教士史学批评的重要内容和理论贡献加以提炼与评骘,探讨传教士对于晚清史学的贡献。

一　东史西传:对中国史学的理解与误解

在中西史学交流中,并不只是单向的西史东渐。传教士对中国史学的介绍与批评也是一个东史西传的过程。尽管东史西传的范围与影响不如西史东渐,但对于中国史学而言,东史西传的意义并不见得就低于西史东渐。

诚然,认知与理解是学术批评的前提。因此,在讨论来华传教士的史学批评之前,首先要了解传教士对中国历史和史学有无相当的认识。

晚清多数传教士来华志在传播福音,但宗教宣传又须突破语言和文化的障碍。这就不能不研究中国的学问,在知识、思维、习惯等方面,尽量贴近中国的实际情况,努力学习中国的语言文字、文学、历史、文化等。为了传教的便利,他们还需要了解中国的风土人情。传教士虽为宗教情怀而接触中国史学,但他们关于史学的活动,又未必能归入宗教的范畴,其学术性反而更加突出。晚清士大夫和官员有时就称这些传教士为"儒士"。这就是为什么来华传教士还有另外一个重要身份汉学家。翻开汉学史著作,常常会看到李提摩太、理雅各、傅兰雅、丁韪良、卫三畏等传教士的名字。①

---

① 熊文华在《英国汉学史》(学苑出版社 2007 年版)中,便把李提摩太、理雅各、傅兰雅作为重要的汉学家加以浓墨重彩的论述。

（一）在中国语言与历史上的修养

来华传教士学习汉语和中国文化、历史是一项传统。传教士一旦踏上这片国土，便迫切希望认识中国的历史与文化，正如 1841 年《中国丛报》第 1 期上的一篇文章所反问的那样："谁不希望了解中国的全部历史呢？"[①]事实也的确如此，早在 1840 年之前，来华的传教士中已经有像《东西洋考每月统记传》的创办者郭实腊这样的"中国通"了[②]。郭实腊不仅能说普通话，还通晓闽、粤方言，身穿中国服装，还认了一位郭姓华侨做义父，以使自己与中华有一层亲密关系。他了解中国的传统文化、习俗，"能够'像一个中国人'一样在中国人中间活动"[③]。美国第一位来华的新教传教士裨治文[④]，还在轮船上就开始跟随一位曾在英华书院学习过汉语的亨特学习中文了。他来华后又得到了伦敦会传教士马礼逊的指点。三年后，裨治文能够用中文主持宗教仪式，翻译和写作一些小册子。1832 年，裨治文创办了专门向西方介绍中国的《中国丛报》，"鼓励去研究中国的'社会关系''精神形态'和他们的'文学特点'，这一研究很自然就包括了对中国书籍与教育体系的深入考察"[⑤]。《中国丛报》上发表了《唐女皇武则天传》《徐继畬之〈瀛寰志略〉》《中国的国家宗教》《中国印刷史以及中文学习》《中国报刊与中

[①] "Chinese history: its value and character, as viewed and exhibited by native historians; with a notice of the work entitled History Made Easy", *The Chinese Repository*, Vol.10, p.1.

[②] 郭实腊（1803—1851），也译作郭士立，普鲁士人，1831 年首次到达中国，参与起草了《南京条约》的中文稿，创办了中国境内第一份中文报刊——《东西洋考每月统记传》。

[③] 赵晓兰、吴潮：《传教士中文报刊史》，复旦大学出版社 2011 年版，第 58 页。

[④] 裨治文（1801—1861），出生于马萨诸塞州的贝尔切城，1830 年他受美国海外传教部总会的派遣，到达广州，是美国第一位来华的新教传教士，也是为数不多的于鸦片战争前来华的外国传教士。代表作为《美理哥合省国志略》，初版于 1838 年，1844 年在香港再版；修订版于 1846 年在广州出版，题名《亚美理驾合众国志略》；1862 年出版了这部著作的第四版，题为《大美联邦志略》。这部著作对魏源撰写《海国图志》有一定的影响。在政治上，裨治文参与签订了《中美望厦条约》。

[⑤] 雷孜智：《千禧年的感召：美国第一位来华新教传教士裨治文传》，尹文涓译，广西师范大学出版社 2008 年版，第 77 页。

文学习》《中国的语言》《中国人的思维特征》等有关中国历史和文化的文章。

卫三畏①是继裨治文之后最有影响力的美国传教士之一。他的中文名字"三畏"出自《论语·季氏》:"君子有三畏:畏天命,畏大人,畏圣人之言。"卫三畏享誉海外汉学界,他的《中国总论》一经问世,就被视为西方汉学界的权威著作。卫三畏也被认为是美国汉学研究正式确立的标志性人物:"如果将汉学研究限定在大学或学院研究的层面上,那么美国的汉学研究始于 1877 年。这一年 6 月耶鲁大学设立了第一个汉学教授职位。"②这位 1877 年被耶鲁大学聘为该校历史上第一位中国语言与文学教授的不是别人,正是卫三畏。

梳理卫三畏学习汉语、研究中国学问的轨迹,可以帮助我们大致了解传教士群体的中文与历史修养。和那些先行者一样,在抵达中国之前,卫三畏已经开始了解中国。"弗雷泽先生向我谈了不少关于中国的事情(他在广州生活了一年),包括在那里生活的危险、诱惑、享乐、贫困和艰难。"③1833 年 10 月卫三畏到达广州后,立刻找了一位修养很好的中文教师。卫三畏协助裨治文编辑汉学报刊《中国丛报》。"后来随着中文程度的加深,以及阅读能力的提高,他对中国文学和建筑也发生了兴趣。"④卫三畏来到中国的第一年的大部分时间都用来学习中文,后来已能够用中文"说出让人明白的话了"⑤。我们在卫三畏的书信中,常常看到他关于学习中文、了解中国学问、搜集有关中国问题的

① 卫三畏(1812—1884),1833 年到达广州,在中国生活了 43 年。1833—1851 年,他参与编辑《中国丛报》,1855—1876 年,任美国驻华公使馆秘书、代理公使,参与制订《中美天津条约》。1877 年,卫三畏回到美国。卫三畏的代表作是《中国总论》。卫三畏的汉学成就日益引起当今学术界的重视,可参考顾钧的《卫三畏与美国早期汉学》(外语教学与研究出版社 2009 年版)和孔陈焱的《卫三畏与美国汉学研究》(上海辞书出版社 2010 年版)。
② 顾钧:《卫三畏与美国早期汉学》,外语教学与研究出版社 2009 年版,第 2 页。
③ 卫斐列:《卫三畏生平及书信:一位美国来华传教士的心路历程》,顾钧、江莉译,广西师范大学出版社 2004 年版,第 12 页。
④ 同上,第 22 页。
⑤ 同上,第 26 页。

书籍的记录。1839年1月26日他写给父亲的信中说:"我在澳门忙于学习日文和中文,同时还在印刷一篇有关如何学习中文的论文。"①1852年,卫三畏在写给牧师的信中,理直气壮地说"我懂汉语"了②。卫三畏晚年中风,而他恢复语言能力之后,最先说出的不是他的母语,而是中文。

来到中国十二年后,卫三畏对于中国学问已经了解到足以在美国各州发表一系列中国问题讲演。这些演讲稿成为《中国总论》一书的雏形。在《中国总论》中,举凡中国的地理、人口、区划、历史、法律、科教、经史子集、社会制度与生活、宗教、经济、外交、晚清以来的战争等,都成为卫三畏讨论的话题。《中国总论》第十七章《中国的历史与纪年》以三万字的篇幅对中国远古以来至于清朝光绪年间的历史作扼要概括,可见他对中国历史有比较宏观的把握。时人评价"《中国总论》在一代人中独树一帜,并且成为研究中国的学者们的标准参考书,甚至被一些英中教育机构采用为教科书。"③丁韪良盛赞道:"在经过半个世纪之后,该书依然是关于中华帝国的众多经典著作中的最高权威。"④《中国总论》还被译为德文、西班牙文。

卫三畏还编辑了多部供来华传教士学习中文使用的字典、方言词典、语法书、中文教科书,如《拾级大成》《英华韵府历阶》《英华分韵撮要》《汉英韵府》等。尤其是《汉英韵府》,被誉为"关于中国与中国风俗的知识宝库,是许多年来新教与天主教传教士们工作的集大成","在中国与西方各国的交流中将起到良好的作用"⑤。不独卫三畏,艾

---

① 卫斐列:《卫三畏生平及书信:一位美国来华传教士的心路历程》,第56页。
② 同上,第106页。
③ 同上,第296页。
④ 丁韪良:《中国觉醒:国家地理、历史与炮火硝烟中的变革》,沈弘译,世界图书出版公司2010年版,第216页。
⑤ 卫斐列:《卫三畏生平及书信:一位美国来华传教士的心路历程》,第272页。

约瑟①来中国九年后,也用英文撰写了一些有关汉语学习的著作,"俾英人效华言者,知所入门"②。艾约瑟能征引《梁书》《文献通考》《明史》《海国图志》等史籍,撰写《大食大秦国考》③这样的考史论文,也是水到渠成之事。

丁韪良④在华的前五年,也把主要精力用于学习中国的语言文字。1869 年,丁韪良"学土音,习词句,解训诂,讲结构,不数年而音无不正,字无不酌,义无不搜,法无不备"⑤。丁韪良还研读了多部儒家经典——《尚书》《易经》《诗经》《春秋》《周礼》《论语》《大学》《中庸》《孟子》。丁韪良在历史遗迹上抒发的思古幽情,道出了他的历史情怀。

> 要研究中国的历史,就没有比长城顶点更适于放眼远眺了。在烟云似的上古与我们生活的这个多事之秋中间,长城矗立着,它支配着全部不断变幻的历史舞台。尽管它十分巨大,成为地球表面一道独特的地理风景,但是对我们来说,它的重要之处在于它的历史而非规模。一些时候我们的注意力主要集中在当代,但正是在这个独特的地方我们可以给自己一点时间回想过去,远眺未来,把自己关于中国全部历史的一点肤浅印象介绍给读者。⑥

---

① 艾约瑟(1823—1905),1848 年来到中国,曾在墨海书馆协助麦都思工作,与李善兰等合译西学著作。艾约瑟在史学方面的代表作有《欧洲史略》《希腊志略》。
② 《新出书籍》,《六合丛谈》第 1 卷第 10 号,1857 年 10 月 18 日。
③ 《遐迩贯珍》第 2 卷第 10 号,1854 年 10 月 1 日。《遐迩贯珍》原本存世较少。今所据者为日本学者松浦章、内田庆市和沈国威编著的《遐迩贯珍——附解题·索引》,上海辞书出版社 2005 年版。该版本乃影印自英国伦敦大学亚非研究所图书馆藏《遐迩贯珍》全本。
④ 丁韪良(1827—1916),美国长老会传教士,早年学习于印第安纳州立大学,后入新阿尔巴尔神学院学习神学,1850 年来到中国,1916 年病逝于中国,除去回国进修、休养外,他在中国生活了近 60 年。他曾位居晚清文化教育之"显要",任京师同文馆和京师大学堂的西学总教习。
⑤ 四明企真子:《天道溯原·序言》,上海美华书馆 1869 年印行。
⑥ 丁韪良:《花甲忆记:一位美国传教士眼中的晚清帝国》,沈弘等译,广西师范大学出版社 2004 年版,第 172 页。

这是一位传教士关于中国历史的深沉独白。1907 年,丁韪良出版《中国觉醒》(*The Awakening of China*)一书,副标题为"国家地理、历史与炮火硝烟中的变革"。全书第一部分《帝国的全貌》,按照晚清中国的行省区划略述中国地理、各省的风土人情与历史。第二部分《从远古到18 世纪的历史纲要》分十四章讲述中国自神话时代到清朝康乾年间的久远历史。第三部分《正在转变中的中国》实际上是鸦片战争后的当代史,叙述了列强侵华的重要战争、农民起义、近代史上的改革、慈禧与张之洞等晚清人物。贯通起来看,《中国觉醒》是不折不扣的简明中国通史。而这一切,都出于丁韪良的自觉安排与规划:

> 中华帝国的广袤无垠和人口众多在我脑海中唤起了众多的疑问,只有历史才能对这些疑问给出满意的答案。因此,我们便来到了历史的神殿前,但愿它给予的回答不会像德尔斐阿波罗神殿的神谕那样晦涩难懂。①

丁韪良进入中国的历史神殿,勾画了清晰的历史线索,像"导游"一样带领读者,尤其是外国的读者游览了中国悠久的历史以及历史上的重要景观。丁韪良在中国历史上修养深厚,以至于今天的翻译者在译书中也深有感触。《花甲忆记》的译者便这样写道:

> 《花甲忆记》一书的内容非常丰富,作者具有较好的文学素养,有关中外历史、文学经典的引喻随手拈来,书中提到的冷僻人名和地名比比皆是。所以整个翻译过程也是一个学习和研究中外历史、地理和文学的过程。②

---

① 丁韪良:《中国觉醒:国家地理、历史与炮火硝烟中的变革》,第 56 页。
② 丁韪良:《花甲忆记:一位美国传教士眼中的晚清帝国·译后记》,第 330 页。

译者的这段甘苦之言,也从一个侧面反映出丁韪良在中国语言和历史上的修养。来华传教士自称"寓华已久,自忘其为旅客"①,实情虽未必完全如其所言,甚至有投中国士大夫所好之嫌,但耳濡目染,岁月既久,传教士深受中华文化之熏陶是可以想见的。

傅兰雅(1839—1928)出生于英格兰的一个传教士家庭。这个英国传教士家庭对遥远的中国情有独钟。受家庭的影响,傅兰雅从少年时代就开始阅读有关中国的书籍。在同学中间,傅兰雅有一个绰号"傅亲中"。"傅兰雅母亲常为家中做米饭吃,预作日后到中国生活的准备。在西方人眼里,米饭是中国人的主食。"②1861年,傅兰雅到达香港,任圣保罗书院院长,两年后到北京任京师同文馆教习,1865年到上海,任英华书院院长。1868年后,傅兰雅进入江南制造总局翻译馆,在这里工作了28年。傅兰雅在中国生活长达35年,获得清廷授予的三品衔。1896年,傅兰雅回到美国,被聘为伯克利大学东方语言文学教授、系主任,开设了中国史、中国古典文学等课程。我国近代化学奠基人徐寿称赞傅兰雅是"英国之通儒也,来游中国十余年,通晓中国语言文字"③。傅兰雅在伯克利大学的授课时,"介绍的中国三大诗人是李白、杜甫、苏东坡;三大改革家是王安石、朱元璋、康有为。……对中国的妇女、科举、宗教,他都有自己独特的见解"④。传教士还创办了许多中文期刊,"在刚过去的半个世纪里,在每一个主要的传教站点,都有由传教士们发行的中文期刊"⑤。这也足以证明他们在中国文化方面具有了一定水平。理雅各(1815—1897)甚至可以将中国的经书翻译介绍给外国学者。他翻译的《诗经》《论语》《春秋》等书在西方汉学界曾被奉为典范,他在中西文化交流史上以翻译汉文经典而著称于世,对

---

① 林乐知:《全地五大洲女俗通考·林序》,上海华美书局1903年版。
② 熊月之:《西学东渐与晚清社会》(修订版),中国人民大学出版社2011年版,第451页。
③ 徐寿:《格致汇编序》,《格致汇编》第1卷,1876年2月。
④ 熊月之:《西学东渐与晚清社会》(修订版),第459页。
⑤ 丁韪良:《中国觉醒:国家地理、历史与炮火硝烟中的变革》,第222页。

中国古代学术的传播作出了巨大的贡献,即王韬所说的"以中国经籍之精微通之于西国"①,不具备相当的语言功底和学术修养是无法做到的。

晚清来华传教士学习中国的语言和文化,为他们的史学批评活动提供了坚实的基础。

(二) 评骘史学经典,触及理论问题

来华传教士在学习中国传统文化的过程中,自然会对悠久厚重的中国史学加以评论。中国史学给来华传教士的第一个深刻印象,就是史料的浩瀚和连续不断的撰述传统。"浩如烟海的历史文献。它们所记录的无数史实构成了一笔空前绝后的精神财富。印度没有任何东西可与之相比拟。"②上述判断,是丁韪良对中国传统史学的基本认知。

丁韪良《汉学菁华:中国人的精神世界及其影响力》一书第二十章《中国历史研究》是一篇中国史学批评专文。在这一章中,丁韪良一再感慨中国厚重的"二十四史"、官方档案、地方志等等。他用外国人所特有的口吻略带调侃地写道,历代正史"已经够吓人的了,可是对于那些堆积如山,尚未经过炼铁炉内的火焰熔冶的矿石,我们还能说些什么呢? ……假如说以前各朝代所问世的历史著作在多产方面只及现在的一半,那么光是清朝的作品就足以装满海边那位守护神的藏书楼,更别提在二十四个朝代中所问世的所有历史著作了。这还不是全部。要把书单列全的话,我们还要加上无数的地方志。……如果说当哈里发奥马尔点火烧毁亚历山大图书馆时,那儿的手抄本整整燃烧了三个月的话,那么要是把中国的史书一把火烧掉的话,又该烧多长时间呢? 铁木真习惯于把敌人的骷髅头垒成金字塔的形状。我们可以问一下,假如

---

① 王韬:《弢园文录外编》卷八《送西儒理雅各回国序》,辽宁人民出版社 1994 年版,第316 页。
② 丁韪良:《花甲忆记:一位美国传教士眼中的晚清帝国》,第 33 页。

用这些作为往昔枯骨的中国史书来搭建金字塔的话,那么又能建多少座金字塔呢?"①丁韪良认为这些史书对于中国人而言,价值是不言而喻了,"证实了历史对于中国人思想的巨大影响"②。卫三畏则说中国史料经过了认真的整理和汇编,"是亚洲最好的连续不断的史书"③。这些话在今天看来也是站得住脚的。

为了解中国,传教士比较注重钻研先秦经典,并就此发表了许多评论。关于"五经"之首的《尚书》,卫三畏评价它的"道德性是极端完美的;以关心人民福祉为基础,树立了治理的原则",至于其价值,则"包含了中国人心目中一切有价值东西的种子,是他们的政治制度、历史、宗教礼仪的基础,兵法、音乐、天文的依据"④。《春秋》作为"五经"之一,又是中国史学在童年阶段的一部重要史著,也受到了传教士的高度关注:"从中国的神话和编年史中,孔子编纂出了一部信史,他对于罪孽的直笔描述使得诸侯们胆战心惊,生怕自己被推上历史的绞架。"⑤这是讲到了中国先秦史学道德评判的社会功能和《春秋》的社会影响。但卫三畏却批判孔子"只记他认为有必要记述的事实,他个人判定当时君王的卑劣行为,他不修改或隐瞒其中细节,这样的历史不能认为同近代观念确切相符。孔子想将记录的事件传下去,同时为自己身后树立一座纪念碑……为了保证他的代表作永远留传下去,他在编年史中结合进行某些谴责和正直的结论,使这部书作为历史的同时也是道德的教科书"⑥。卫三畏指认《春秋》的道德教育功能与前述丁韪良的论断如出一辙。不同的是,卫三畏对《春秋》的道德属性深表不满:"对《春秋》一书作认真的审视,的确证明令人失望;尽管孟子给予高度评

---

① 丁韪良:《汉学菁华:中国人的精神世界及其影响力》,沈弘等译,世界图书出版公司 2010 年版,第 266 页。
② 丁韪良:《汉学菁华:中国人的精神世界及其影响力》,第 267 页。
③ 卫三畏:《中国总论》,上册,第 470 页。
④ 卫三畏:《中国总论》,上册,第 440 页。
⑤ 丁韪良:《中国觉醒:国家地理、历史与炮火硝烟中的变革》,第 78 页。
⑥ 卫三畏:《中国总论》上册,陈俱译,陈绛校,上海古籍出版社 2005 年版,第 450—451 页。

价,本身又很有声誉,其实不过是历史事件的单调记载,只够一小时的阅读。"①从卫三畏和丁韪良的评论中可以看出,在外国传教士眼中,中国史学的道德宣化功能是非常突出的。这倒也符合中国传统史学的特点。但卫三畏并没有真正认识到《春秋》的史学价值,在这个问题的见识上略逊于他的美国同伴丁韪良。

继孔子与《春秋》之后,司马迁及其《史记》成为传教士评论的又一重点对象。早在1840年,《中国丛报》上便刊出文章,讨论司马迁及其《史记》的得失:

> 司马迁编撰《史记》所采用的方式就成为历代史家编修正史所采取的标准模式……这种分类记述的方式可以将历史叙述与那些会妨碍其进程的琐碎细节区分开来,但是同时又可以保留这些细节。而这些细节对我们判断一个时代的风俗和一个国家的水平是十分重要的。然而,我们又不得不承认,在将本纪、书、列传等分别开来的同时,司马迁是逃避而并不是战胜了历史学这门艺术中最大的困难之一。他所采用的这种历史叙述方式让他的叙述十分无趣且缺少连贯性,也无可避免地产生了很多重复记述,对同一件事情的记述经常会被切分开来,分别位于本纪或者是列传之中,因为同一个事件会有很多不同的人参与。②

批评者认识到了《史记》对中国史学的影响,但对司马迁创立的纪传体却评价不高,认为司马迁的本纪、世家、列传、书、表体例是一种逃避而"不是战胜了历史学这门艺术中最大的困难之一"。如其批评的那样,同一史事当然会有多人参与,在相关人物的篇章中,的确难免会有重

---

① 卫三畏:《中国总论》,上册,第451页。
② "Biographical Notices of Szema Tan, and his son Szema Tseen, Chinese historians", *The Chinese Repository*, Vol.9, p.217.

复。但司马迁在叙事上经过精心的详略处理,各篇相互配合,紧凑地反映历史,这是一些汉学家没有认识到的。批评者还指责《史记》叙事无趣,没有连贯性。这只能说明他对《史记》的研读还不够深入。

丁韪良也对《史记》作过评论,在叙述汉代历史时说:"主管历史作品的缪斯得到了最尊贵的位置。司马迁——中国的希罗多德,就出生在这个时期。作为中国的荣耀,司马迁从国人那里受到的待遇却显示了他们的野蛮。……司马迁最终接受了腐刑的屈辱,以便自己能够活下来,完成手中那纪念碑式的作品———一部比子女更为重要的编年史。"[①]丁韪良称赞司马迁是中国的希罗多德,所谓"主管历史作品的缪斯得到了最尊贵的位置"相当于说史学的地位在西汉得到了确立,对《史记》的成就予以肯定。卫三畏则称《史记》"这一巨著,像希腊希罗多德的缪斯一样,形成了中国信史的开端。作者记述了历代帝王的世系,在位时期发生的大事,以及有关音乐、天文、宗教仪式、衡量制、公共事务等的细节和论文……《史记》分为五部分,其编排方式为后世史家提供了范例,但只有少数人能在叙事生动或取材严谨上和他媲美"[②]。这些评论并无特别之处,甚至可以说是史学常识。然而,假如注意到这些话出自一百多年前的传教士,就会觉得不应等闲视之。如果我们进而联想到这些文字曾作为卫三畏在美国各地的演讲稿,就会认识到这些批评在很大程度上塑造了中国史学在域外的最初形象。

对于《史记》以后的中国史书,传教士也有不少批评,如称《资治通鉴》是"中国学者所著最简要明晰的史书"[③]。有些出人预料的是,他们对多达348卷的制度通史《文献通考》表现出了浓厚的兴趣,称赞它"是最广泛、最深刻的著作"[④]。有些批评也触及了《文献通考》的特点

---

① 丁韪良:《中国觉醒:国家地理、历史与炮火硝烟中的变革》,第93页。
② 卫三畏:《中国总论》,上册,第470页。
③ 卫三畏:《中国总论》,上册,第470页。
④ 卫三畏:《中国总论》,上册,第474页。

和价值：

> 马端临主要的贡献在于他所编写的《文献通考》一书，这本书的编撰花费了他二十年的时间，他放在此书开头的序言，是一篇理论和批评的杰作。马端临在序言中公允地考察和评价了那些在他之前做了和他一样的工作的学者们，同时也阐明了自己从事这项编撰工作的动机。①

这是注意到了马端临《文献通考·自序》的史学批评方法。②《文献通考》继《通典》而作，在内容和节目的编纂上后来者居上。这也引起了汉学家的重视："此书中蕴含的逻辑安排却是其他学术汇编里所不含有的。事实上，马端临按照不同的主题，编撰浓缩了大量的内容，这些内容来自各种各样的相关事迹、记忆以及著作。他尽可能的保存原始作者的本意，甚至比那些最准确和细致的传记都做得还好。"③上述对于《文献通考》的评述涉及制度史编纂问题，是有见地的。

魏源的《海国图志》是晚清国人认识世界史地的重要著作。需要注意的是，早在1847年9月，《中国丛报》上便刊文评价《海国图志》："我们可以视这项工作为外国政治、历史、数据、宗教各项事物的消化总结，它是中国有文献记载以来任何东西都无法与之相比的一套资料汇编。林则徐在广州的时候，他仔细收集了所有外国人用中文出版的东西，并且用这些东西来尽力向人们阐明未知的领域。"④除了"它是中国有文献记载以来任何东西都无法与之相比的"一语太过夸张之外，

---

① "Ma Twanlin, the Chinese historian, with a brief notice of his writings", *The Chinese Repository*, Vol.9, p.143.

② 参见瞿林东：《中国古代史学批评纵横》，中华书局1994年版，第136—138页。

③ "Ma Twanlin, the Chinese historian, with a brief notice of his writings", *The Chinese Repository*, Vol.9, p.144.

④ "Hai Kwoh Tu Chi, Statistical notices of the ocean Kingdom with maps, in fifty books", *The Chinese Repository*, Vol.16, p.417.

这个评论大体是符合事实的。正如文章所言的那样,"有关历史、传说的内容以及其他的错误也都充斥在书中。尽管我们会觉得书中的这些错误很好笑,"但是,"这都是一个好的事物的开端。"①对于《海国图志》这样一部在西史东渐背景下编纂的史书,传教士也及时地将之介绍给了英语世界,这是 19 世纪 40 年代西史东渐和东史西传相互影响、中外史学互相关注的有力证据。

传教士还从评价中国史学史上的典型案例出发,形成了有关中国史学的理论认识。丁韪良说先秦"中国的史官就像古罗马的监察官那样,既严厉又死板"②。在转述了春秋时期著名的"崔杼弑其君"事件后,丁韪良写道:"这个事件的记载被流传了下来,以作为古代史官坚贞不屈,以及他们的叙述因此可信的一个证明。"③丁韪良进而论直书与曲笔的问题:"对于中国的史官来说,恐惧和奉承这两种影响要比任何其他因素都更容易使他们的指针偏离电极。为了避免这两种错误的根源,《起居注》被锁入一个铁柜,直到在位的君王死后才能够打开。然而这一条款并不总是有效的。奉承话对于活着的君王来说,也许会显得刺耳和令人厌恶,但是对于哀悼已故皇帝的亲属们来说,则会显得像音乐般动听悦耳。"④这一评论把批判的锋芒直指君王,形象地揭示了古代皇权之于史书编纂的影响。再如关于正史与野史的关系及价值、后代史家对于历史的重构,丁韪良也作过评论:

> 正史总是通过跟野史进行校勘来加以订正的,后者总是在一个王朝的太阳落下之后才像一群萤火虫般地冒出来,并用它们的荧光来照亮这个时期的。

---

① "Hai Kwoh Tu Chi, Statistical notices of the ocean Kingdom with maps, in fifty books", *The Chinese Repository*, Vol.16, p.424.
② 丁韪良:《汉学菁华:中国人的精神世界及其影响力》,第 263 页。
③ 同上,第 264 页。
④ 同上,第 264 页。

　　除了这些普通的安排之外,还有一种澄清历史之源流的特别
措施。它包括在经历了很长的间隙之后,又(当作"有"——引者
按)肩负神圣使命的圣贤者来拨乱反正,修改前几个世纪的编年
史,并且张贴一个朝代的末日审判书。有四位这样的圣贤已经出
现,他们分别是:公元前 6 世纪的孔子,公元前 2 世纪的司马迁,
11 世纪的司马光,一个世纪以后的朱夫子。[①]

中国古代有为前朝修史的传统,在修史过程中,常涉及正闰之争、是非
判断、帝王治统等,这里面既有学术原因,也有政治上的考虑。这就是
传教士所说的"澄清历史之源流"和"拨乱反正"。这些话出自异邦传
教士之口,倒有几分语出惊人。

(三) 批判旧史书以帝王为中心,缺乏历史哲学

　　在卫三畏看来,"中国的史书一般就是这样写的:皇帝及其大臣塞
满了整个历史的视野;极少记载人民的状况、习惯、工艺或行业"[②]。丁
韪良指出中国人"在得到和传递历史记载时所采取的谨慎态度证明了
一种自豪感,即他们民族生活的潮流足够强大,不会被时间的流沙所吞
没。这种历史记载虽然也扩展到人民,但却是从帝王们开始,并以他们
为中心的"[③]。这一说法,在 19 世纪末 20 世纪初被新史家发展为"君
史"说。在梁启超的时代,卫三畏的《中国总论》和丁韪良的《汉学菁
华》尚未翻译为中文,很难判定梁启超是否受到卫三畏或丁韪良的影
响。但至少可以说,在对旧史学这一"缺陷"的认识上,外国传教士和
中国新史学家出现了惊人的相似。

　　关于中国史学的叙事艺术,丁韪良的判断是"中国的历史往往停

① 丁韪良:《汉学菁华:中国人的精神世界及其影响力》,第 265 页。
② 卫三畏:《中国总论》,下册,第 688 页。
③ 丁韪良:《汉学菁华:中国人的精神世界及其影响力》,第 262 页。

留在一种尚未发展完整的阶段,这就跟中国其他许多发源于古代的高雅艺术一样,它们发展到了一定的阶段就永远停滞不前了"①。关于中国史学的叙事艺术,丁韪良也表示质疑:"在西方,历史之父,或是他的编辑们,在其不朽著作的好几个部分都以缪斯的名字来打头,以表明贯穿于全书写作过程中有关美的概念,以及对历史这门'保存艺术的艺术'的祝圣仪式全都归功于九位神圣缪斯的提携。在中国,历史的概念就是对于事实的简单记载,并非把它视为艺术作品。"②中国的历史学就像一个垂暮老人"对于遥遥无期的生活过程中所发生的变化保存一个单调的记录"③。丁韪良把中西史学的差异归纳为,西方史学贯穿着"美"的观念,是艺术作品;而中国史学只是单一的记载,缺乏艺术性。这个论点对西方史学的评价或许得体,但对中国史学的批评却无法成立。实际上,先秦时期的中国史家已注重史文表述,《左传·襄公二十五年》中"言之无文,行而不远"的思想不断发展,至唐代,刘知幾已系统讨论"史之称美"等技巧问题④。清代史学批评大师章学诚提出"良史莫不工文"⑤。传教士批驳中国史书只是"事实的简单记载"实不公允。

传教士的批判笔触并未就此停止,相反,他们把这种对于中国史学的偏见与误解发挥得淋漓尽致。对中国史家的历史哲学,丁韪良作了近乎完全否定的评论:

中国人有的是编年史家,而非历史学家。他们的编年史使用典雅的语言写成,并且对于书中的人物和事件有众多眼光敏锐的

① 丁韪良:《汉学菁华:中国人的精神世界及其影响力》,第268页。这里丁韪良所使用的"历史"即今天所说的"史学"。类似的情况在其他传教士的著作言论中也不同程度地存在。
② 丁韪良:《汉学菁华:中国人的精神世界及其影响力》,第261页。
③ 丁韪良:《汉学菁华:中国人的精神世界及其影响力》,第262页。
④ 刘知幾著、浦起龙通释:《史通通释》卷六《叙事》,第165页。
⑤ 章学诚著、叶瑛校注:《文史通义校注》卷三《史德》,第220页。

批评。然而他们的历史文献就整体而言,缺乏一种所谓的历史哲学。他们没有黑格尔,后者在构建了宇宙体系之后,用他的原则来解释了人类进步的法则;他们没有吉本或孟德斯鸠来追溯一个古老文明的衰败过程;他们没有基佐或莱基来描述一个新兴文明的崛起。他们甚至没有修昔底德和塔西佗,来由表及里地分析和描绘一个时代的全景画面。理由是很明显的。不必假定中国人从本质上来说就缺乏哲学思维的能力,我们发现一个足以解释这种现象的理由就是中国人圣贤中最伟大的一个给他们树立了一个不好的榜样。……他们每天记的是日记,但以为自己是在写历史。有那么多支笔在勤勉地作记录是收集史料很好的一种方法,然而那些史料需要经过一种跟任何中国作者的做法都不尽相同的详尽阐释,才能够成为按西方标准所能够接受的历史。①

传教士得出这样的批评,是因为他们的批评标准完全是西方的,是以西方的审美和历史哲学衡评中国史学:"在对这些作品进行批评时,西方的价值标准与中国人的价值标准是截然不同的,其差别就如面值一英镑的金币与中国本地铸造的铜钱那么大。英国金币的铸造者是像培根勋爵那样的人物。"②但无论如何,对于上述批驳,中国史家是无法坦然接受的。对一位传教士而言,以西方的标准来评判中国史学的优劣,虽可以理解,但他的评判倘若并不符合中国史学的实际情况,则只能归结于两点,如果不是对中国史学的有意贬低,就是对中国史学的精髓还缺乏足够深刻的认识。中国史学家有本民族特色的历史哲学,"究天人之际、通古今之变,成一家之言"③,"原始察终,见盛观衰"④,就是中国

① 丁韪良:《汉学菁华:中国人的精神世界及其影响力》,第 267—268 页。
② 丁韪良:《汉学菁华:中国人的精神世界及其影响力》,第 267 页。
③ 班固:《汉书》卷六十二《司马迁传》,第 2735 页。
④ 司马迁:《史记》卷一百三十《太史公自序》,第 3319 页。

古代的历史哲学。章学诚的"古人未尝离事而言理"①就是中国古代历史哲学的特点。至于人类进步的法则、文明兴衰的过程和全景历史的书写,在先秦诸子的史论、"二十四史"和《资治通鉴》、"九通"里也有大量记载。

在传教士眼中,只有能够装进西方历史哲学框架里,才算是合格的、真正的史学,他们极力推奉黑格尔、吉本、塔西佗等人为标尺,这多少透露出传教士的西方文化优越心理和将本国的价值观念、学术理论强加于中国的倾向。至于丁韪良说中国只有编年史家②,而没有历史学家,更难令中国史家信服。虽然,中国史学界也曾一度认为中国史学只重叙事,对本国史学的理论特点、表现形式和成就缺乏足够的认识和自信:"不少同行认为,中国古代史学长于记述而理论缺乏。"③但这种情况在近年已有所转变。

丁韪良又批评中国史学琐碎而忽略历史演进的法则:

> 中国的编年史家就是这样,他们专注于按时间的顺序把发生的事件都加以分门别类,但却没有注意到贯穿于整个民族和漫长世纪的巨大运动潮流。他们记录每天发生的琐碎事件,这样的历史就像是天文学中每天记录对于星辰的观察。成千上万个勤勉的天文观察家所记录的观察显然都是徒劳无益的,可是当开普勒的眼睛扫过这大量记录下来的事实之后,便从中演绎出了行星的椭圆形轨迹。我们难道不能指望有某位大师级人物将能够从这堆积如山、杂乱无章的事实中间找出某种起支配作用的法则吗?

> 能够为中国做到这一点的将会是一位本地人,然而除了要具

---

① 章学诚著、叶瑛校注:《文史通义校注》卷一《易教上》,第1页。
② 丁韪良所说的编年史和编年史家并非我们所说的编年之意,而是指按时间顺序编排史料的人,算不上真正的史学家。在文中,丁韪良用"中国的编年史家"称谓中国史官和史学家,实际上有否定的意味。
③ 瞿林东:《中国史学的理论遗产》,第30页。

备翰林的文化知识之外,他还必须要受过西方大学的专业训练。
在本地学校训练出来的历史研究者是目光短浅的,他们可以用微
观的洞察力来分析某个特定的事件和人物性格,但是他们完全不
能够具有广博的综合能力。①

丁韪良坚持历史撰述要关注潮流大势,"找出某种起支配作用的法则"
是有见地的。但他对中国史学的具体批判却需要商榷。中国史学自
《春秋》而下,不断发展,至《左传》《史记》而进一步确立。此后的两千
多年间,编年体、纪传体和纪事本末体三足鼎立,构成中国史书之叙事
的主流体裁。中国史学家并非不注意"贯穿于整个民族和漫长世纪的
巨大运动潮流",难道能够认为司马迁的《史记》和司马光在《资治通
鉴》只是把"琐碎"的事件按时间顺序加以分类吗?难道司马迁没有在
春秋战国至于秦汉之际的"杂乱无章的事实"中探索历史演进之"势"
吗?难道司马光没有注意到三家分晋至唐末五代的历史运动潮流吗?
答案显然是否定的。另外,丁韪良站在西方文化优越论的立场上认为
理想的史家应接受西方大学的训练,而中国土生土长的史家便"目光
短浅",不具备"广博的综合能力"。事实上,接受了西方大学训练的史
家未必就目光远大,能力超群,中国自己培养出来的史学家也不乏具备
卓越的历史眼光,能够贯通综合地考察历史者。

　　有意思的是,晚清来华传教士又不约而同地呼吁西方学术界加强
对中国历史与文化的研究。丁韪良预测中西史学交流与相互影响的态
势:"我们可以轻易地预见,两个文明之间的互相影响将来会远比过去
大得多。当中国在一两个世纪之内开发出广袤国土上的自然资源,并
用现代科学把自己全副武装起来,跻身于世界上三四个最强大的国家
之后,难道你认为全世界还会继续对它过去的历史无动于衷吗?不仅

---

① 丁韪良:《汉学菁华:中国人的精神世界及其影响力》,第268页。

人们会认为了解中国历史对于文科教育是必不可少的——乘我现在正灵感附身,我还要预言——中国的语言和文学也将成为西方各大学的研究科目。"①"对于那些掌握了中文,并且有闲暇去探索中国社会源泉的人,我可以向他们推荐中国历史研究,因为它既吸引人,又令人颇受教益。"②丁韪良还是较早提出研究晚清中国与列强的战争史的传教士:"假如能够简要地叙述一下这些战争的来龙去脉,对读者来说将会有很大的便利。因为这种叙述不仅能使他们警惕各种似是而非的说法,而且也能够提供一部关于中国对外交往的现代历史教材。"③丁韪良既谈中国史学的过去,又言中国史学的将来,引人深思。卫三畏也倡导西方汉学家加强对中国历史的研究:"中国历史是个吸引人的课题,学者可以毕生致力其中,阐释大量的历史文献。"④"这里有广阔的领域向吉朋或尼布尔这样的历史家敞开着。"⑤卫三畏还谈到了翻译中国史学典籍的问题,包括《左传》《汉书》《魏书》《资治通鉴》等⑥。时至今日,丁韪良和卫三畏当初的预言业已应验。

一百多年后,我们再来咀嚼来华传教士关于中国古代史学的这些批评,深感中西方学者对于史学认知存在的差异,是需要中国史学家通过认真研究和挖掘中国史学的理论形态及其特点来消弭的。

(四) 具体批评中的硬伤

上面我们讨论过传教士到中国后,经过多方面的学习,已具有一定的中文与历史修养,但是他们毕竟不能与本土史家相比。传教士的史学批评中也有经不起推敲和追问的地方。

---

① 丁韪良:《汉学菁华:中国人的精神世界及其影响力》,第272页。
② 丁韪良:《汉学菁华:中国人的精神世界及其影响力》,第274页。
③ 丁韪良:《中国觉醒:国家地理、历史与炮火硝烟中的变革》,第121页。
④ 卫三畏:《中国总论·修订版序》,第2页。
⑤ 卫三畏:《中国总论》,下册,第674页。按:这里所说的吉朋,即英国著名历史学家吉本,代表作是《罗马帝国衰亡史》。尼布尔是德国历史学家,代表作为《罗马史》。
⑥ 卫三畏:《中国总论》,上册,第473页。

《中国丛报》上的文章就称司马迁把自己编撰的史书"命名为《史记》或者'历史的记忆'"①。其实,司马迁不曾用《史记》称呼自己的著作。司马迁为太史公,所撰即为《太史公书》,改称《史记》是东汉时的事情了。至于"历史的记忆"与司马迁的本意也相去甚远。

再来看传教士们关于《三国志》的批评。还是《中国丛报》的一篇文章,称:

> 《三国志》也就是"三个国家的历史",这是中国写得最好的故事之一。如果再考虑到这是 600 年前的作品的话,那我们可以说它的水平即使不在 13 世纪任何一本英文小说之上,那也是与 13 世纪以及之后很长一段时间内的任何一本英文小说不相上下的。②

文章认为《三国志》是 600 年前即 13 世纪的作品,并称《三国志》是"one of the best written Chinese tales",又将《三国志》与 13 世纪的英文小说比较,再结合文中对诸葛亮事迹的描述具有鲜明的文学色彩,可见作者把《三国演义》视为《三国志》了。而这两部书实有本质的区别,前者是正史,后者则是将历史演义为小说,它们分属于历史与文学两个不同的学科。

对《三国志》的这种误解并不限于《中国丛报》。卫三畏对陈寿撰写《三国志》的时间和《三国志》的记事、性质也把握不准。"中国文学中没有几部著作比陈寿在公元 350 年左右写的历史小说《三国志》更受人欢迎;故事的发生地点在中国北部,年代在公元 170 年到 317 年之

---

① "Biographical Notices of Szema Tan, and his son Szema Tseen, Chinese historians", *The Chinese Repository*, Vol.9, p.216.

② "Notices of Kungming, one of the heroes of the San Kwoh Chi", *The Chinese Repository*, Vol. 12, pp.126‑127.

间。"①要知道,陈寿于公元 297 年去世,怎么会在 350 年左右撰写《三国志》呢? 陈寿编撰《三国志》的时间在 280 年至 290 年之间,卫三畏的说法明显是错误的。《三国志》主要记载魏、蜀、吴三个政权的历史,从地域上看,也不仅限于中国北部,蜀国已经是中国西南部了。所谓"故事的发生地点在中国北部"也就不攻自破了。再说《三国志》的叙事断限,陈寿是经过深思熟虑的,全书起于东汉灵帝光和末年(184)黄巾起义,止于西晋灭吴(280),也并非如卫三畏所论的 170 年至 317 年。317 年,东晋建立。陈寿又怎能未卜先知,写出他卒后 20 年的史事呢!另外,卫三畏称《三国志》为历史小说也不准确。在中国史学家的观念里,《三国志》位列"前四史",与《三国演义》从来都不能混为一谈。

类似的错误还见于卫三畏关于《资治通鉴》的介绍。卫三畏称《资治通鉴》记载历史的起止年代是"始于晋末终于宋初(公元 313 至 960)"②。众所周知,《资治通鉴》记事起于周威烈王二十三年(前 403)的"三家分晋"。卫三畏把春秋时期的晋国与魏晋时期的西晋混为一谈,硬生生地把《资治通鉴》叙事起点推迟了七百多年。

传教士对于中国史学的误解,主要原因有二。一是相对于博大精深的中国史学而言,传教士的知识和学养还不足以担负起独立批评中国史学的重任。传教士的这类误解是可以理解的,也不宜苛求。二是即便熟读中国经史,但由于立场和标准的不同,尤其是西方文化优势心理作祟,也会得出偏见。这种情况在传教士的史学批评中较为突出。比如林乐知引述"熟谙华文,精通经训"的花之安关于中国史书的批评,并加以引申,说:"花君尝论中国历代之史,其所结之果,皆足表明儒教之力弱,不足以正人心。照主耶稣之训,观其果知其树。故观中国皇家历朝之史乘,即可明证其教化之恶劣矣。花君素具爱华之热肠,其

---

① 卫三畏:《中国总论》,上册,第 471 页。
② 卫三畏:《中国总论》,上册,第 470 页。

于中国经史,深知熟悉,故能言之亲切而有味也。"①这里面显然有扬西
方耶稣教抑中国儒家之意,凡此皆需要今天的史学研究者认真检讨。

史学批评是一项主体性很强的学术活动。一般而言,批评者总是
根据自己的价值观、学术素养、爱好甚至门户之见对史学作品、史学思
想、史学现象等进行评论。在学术理念、知识储备诸方面,传教士与中
国传统士大夫都有较大差别。也正因此,传教士这一特殊群体在晚清
史学批评界发出了不同的声音,带有鲜明的近代气息,在传统史学转型
的大语境中尤为引人瞩目。传教士对中国史学的评论,可谓理解与误
解参半,批判与赞扬并存,有些论断能道国人所未及。理解与赞扬固然
增强了中国史学家的自信心,误解与批判也自当引起反思与追问。

二　西史东渐: 开西方史学批评的先河

将西方科技、文化、国情与政治制度等介绍给晚清士大夫,是传教
士普遍采用的一种传教方式,从晚明利玛窦的"学问传教"开始就形成
了这个传统。1853 年由传教士麦都思创办的中文报刊《遐迩贯珍》,由
始至终都非常注意绍介西方文明与西方国家的历史地理②。晚清士大
夫也称道《遐迩贯珍》是"吾儒稽域外,赖尔作南针"③。1887 年由传教
士创办的广学会,宗旨就是向中国官员和士大夫传播西方文明。在西
学东渐的大潮中,西方史学也第一次真正进入了中国史学批评史。

在晚清西方史学输入中国的行程中,传教士创办的报刊起到了

---

① 林乐知、任保罗:《全地五大洲女俗通考》第十集《中国与各国比较女俗考》卷之上,上海华
美书局 1903 年版。
② 如该刊上的《英国政治制度》(《遐迩贯珍》第 1 卷第 3 号)、《阿歪希岛纪略》(即夏威夷
岛,《遐迩贯珍》第 1 卷第 4 号)、《花旗国政治制度》(《遐迩贯珍》第 2 卷第 2 号)、《佛国烈
女若晏记略》(即圣女贞德的传记,《遐迩贯珍》第 3 卷第 5 号)、《英伦国史总略》(《遐迩
贯珍》第 3 卷第 9 号)诸文。
③ 章东耘:《题词》,《遐迩贯珍》第 1 卷第 1 号卷首,1853 年 8 月。

重要作用。来华传教士对报刊价值有深刻的体认:"在书史之外,可以扩见闻以新耳目者,则莫如新闻纸。新闻纸之设,上自朝廷政事,下及黎庶杂事,与夫各国之近事、各处之教事,凡有关于世道人心、身心言行之益者,靡不毕登。"至于报纸与史学的关系,也非常密切,所谓"公是公非,秉笔寓劝惩之意;无毁无誉,持论操月旦之评。是故载笔者,非具良史之才,不能膺作新闻纸之任也"①。在晚清报刊史上具有较高知名度的英国传教士艾约瑟在评论西方史学方面走在了时代前列。

(一)艾约瑟与丁韪良对西方史学名家的评述

艾约瑟为《六合丛谈》的"西学说"栏目撰稿,发表了一系列介绍西方科学和人文传统的文章,其中的《黑陆独都传》《士居提代传》均是优秀的史学批评专文。艾约瑟所称的黑陆独都即希罗多德(Herodotus,约前484—前425),士居提代即修昔底德(Thucydides,约前460—前396)。"艾约瑟正是最早将两位西方古典史学巨人介绍给中国的西方传教士。"②

希罗多德被称为西方史学之父,在西方史学史上具有崇高的地位。他的《历史》以希波战争为主线,展示了古代西方世界的广阔画面。他在历史编纂学上开创一代新风,在历史文学上也颇得研究者的好评,"从希罗多德撰写《历史》开始,希腊人第一次学到了写作真正历史的艺术。在西方史学史中,《历史》这部巨著成了后世把历史真实性与文学艺术性相结合的最早的一个范例。"③而中国史家对希罗多德的认知,则要追溯到艾约瑟的《黑陆独都传》。该文开门见山地写道:"黑陆独都者,希腊作史之祖也。"艾约瑟不仅介绍了希罗多德的生平见识、

① 花之安:《自西徂东》,上海书店2002年版,第178页。
② 邹振环:《西方传教士与晚清西史东渐》,上海古籍出版社2007年版,第250页。
③ 张广智主著:《西方史学史》,复旦大学出版社2000年版,第17页。

修史概况、《历史》的内容、希罗多德的行迹,谓其"足迹所至,手笔甚勤,凡有纪载,委曲详尽,实事求是,古来作史者,此为第一",还对希罗多德在撰史上的创造给予高度评价:"考希国古籍风谣之类多,纪事之体少,国家兵刑大事,皆以诗歌写之。彼始改用纪事体,纪战事入以他事,为之证佐。"他也指出希罗多德作史的不足,"喜书敬鬼神之事,较他史尤多"。艾约瑟对希罗多德的史学有深刻的见解,这在文章末段得到了集中表达:

> 其书细大不遗,而国家大事,辄郑重书之,褒贬之法甚公。第过信人言耳。自重其事,故多历年所,始克成书。昔有议其党誉雅典人者。然雅人与希人战,先登陷阵,为国忘躯,以卫希境,其事诚然。读其书者,当区见闻为二。彼亦注明传闻之事,己未深信。希国故事,彼仅据一家言,未遑他引。惟于其所目睹者,言之详且确也。至今有至埃及、希腊、亚西亚诸国者,考之尤信。若其用笔,喜仿古法,水到渠成,自在流出,绝无斧凿痕迹。希腊腊顶载籍极博,惟此书不务艰深,达意而止,谐谑间作,天真烂漫,如婴儿语,故人多喜读之。①

艾约瑟对希罗多德及其《历史》的叙事功力、历史褒贬、史料采择、信史精神逐一评点。所谓"水到渠成,自在流出","天真烂漫,如婴儿语",是对希罗多德表述技艺的高度概括,深得要旨。尽管在艾约瑟之前,《东西洋考每月统记传》上已提及希罗多德和修昔底德等人,说:"超群卓异之史者,系希啰多都、都基帝底",以及利味(李维)、大

---

① 艾约瑟:《黑陆独都传》,《六合丛谈》第2卷第2号,1858年6月11日。

西多(塔西佗)。① 但《东西洋考每月统记传》并未对这些西方史学家的史学活动作具体介绍,故而只能说是"提及",还算不上真正的批评。而艾约瑟的文章则系统评论希罗多德的史学成就,让晚清中国史学家开始认识了西方史学。

《士居提代传》篇幅稍短于《黑陆独都传》,传主修昔底德的名字同希罗多德一样早已镌刻在西方史学的丰碑上。艾约瑟对修昔底德的评论同样十分精彩。他写道:

> 士居提代者,雅典国人,希腊作史名家也……其作史也,出于耳闻目见,恒坐德拉基大树下成是书。凡八卷,前七卷中,载卿士议政、将帅誓师之辞,第八卷无之。有疑其文劣,非出一手者,或云其女续成之。首卷论两国战争为希腊一大事。其旨以兵刑得失为国家治乱之原。自云此大手笔,千古不朽。雅典财富力强,士巴大患之,乃战。故特著雅典所以渐兴之论,战前文告往来,并记彼力格里劝雅人勿与士和之语。实事求是,考据年月甚详。笔法谨严,务文简而事赅。先采之备,后择之精,经营意匠,未尝自言。此八卷书,使他人为之,且数十巨册矣。其可贵而垂远在此。又道理明通,俾人人知所观感。如论雅典疾疫事,雅人以兵船攻破西西里之叙拉古事是也。史家文笔往往好以己意出奇,士居提代亦然。字字遒炼,力破余地,为希腊群籍中难读之书,日久且莫识其文所在。近泰西诸国翻译此书者颇多。②

文中所说"士巴大"今译"斯巴达"。修昔底德所撰《伯罗奔尼撒战争

---

① 《东西洋考每月统记传》丁酉(1837)二月号《经书》,中华书局1997年版,第204页下。《东西洋考每月统记传》1833年创刊于广州,1838年停刊,是中国境内最早的中文期刊。黄时鉴据哈佛—燕京学社图书馆所藏版本整理、影印出版。
② 艾约瑟:《士居提代传》,《六合丛谈》第1卷第12号,1857年12月16日。

史》记述了公元前5世纪雅典与斯巴达之间的战争。后人惯称修昔底德为"政治史之父",艾约瑟说修昔底德作史,"以兵刑得失为国家治乱之原",切中肯綮,一语道出了修昔底德史学的精神。

众所周知,希罗多德和修昔底德的史学深受荷马史诗的影响。值得注意的是,艾约瑟在为希罗多德和修昔底德作传之前,已为荷马作传。他说:"和马(即荷马——引者)善作诗,其诗为希腊群籍之祖。"至于荷马史诗的两种风格,艾约瑟也有精妙的比喻,"以利亚诗(即《伊利亚特》——引者)金戈铁马,笔势粗豪。阿陀赛亚诗(即《奥德赛》——引者)玉帛衣冠,文法秀润"①。艾约瑟深谙西方史学,他对于荷马史诗的这一评价至今仍可供研究者参考。从荷马到希罗多德再到修昔底德,正是西方史学由萌芽到确立的关键时期,是西方史学源头上的三座里程碑。艾约瑟在19世纪50年代对荷马、希罗多德、修昔底德的评介,也同样是那个时代介绍、批评西方史学名家的一座里程碑。

除了对希罗多德、修昔底德这两位西方古典时代最伟大的史学家作专文介绍外,艾约瑟还评介过赛挪芬(即色诺芬)②和伯路大孤(即普鲁塔克)③。在另一篇看似与史学无关的《罗马诗人略说》中,艾约瑟集中评点了撒路斯提乌斯、恺撒、李维、塔西佗四大罗马史家。文中写道:

> 作史记者曰萨庐斯底,与希腊史体例略异,不特纪事,兼之穷理。西人史中穷理之学自此始也。后来作史,亦多仿之,所载皆国家经济有用之学。惟文法颇奇拙,诘屈聱牙。该撒学问优通,文法精炼,而少穷理之思。盖欲记载得真,不愿以己学见长。又有利未乌斯著史数十卷,甲于罗马史家,今所存者为三分之二。检出宜载之事,登之于史,识见特高,文亦美备,论理学与国家政度,无不一

---

① 艾约瑟:《和马传》,《六合丛谈》第1卷第12号,1857年12月16日。
② 艾约瑟:《欧洲史略》卷二《希腊著述经史之士》,《西学启蒙十六种》之一,1898年石印本。
③ 艾约瑟:《西学略述》卷六《史学考原》,总税务司署1886年印本。

一精确。又越百年,罗马文风略衰,时有答吉都斯,依萨卢史法,深究当时诸事本末,以褒善贬恶,道人之情性。其文理古奥,特未清晰,然咏疆场事,能感动人心,同于目睹。①

由于译名不一的缘故,文中提到的史学家似不为人们知晓。实际上,艾约瑟笔端所及皆是罗马史学的重要人物。"萨卢斯底"今译萨鲁斯特或撒路斯提乌斯,他的《喀提林阴谋》和《朱古达战争》是公认的传世之作。至于他在罗马史学史上承上启下的地位,研究者也指出:"从史学的源流来看,撒路斯提乌斯继承了老伽图的传统,但他并不是对前人的一味模仿,而是有所发展,不仅是撰史的语言文字,而且更体现在罗马的政治史学的传统的奠基上。"②艾约瑟从"萨卢斯底"开始论述罗马史学,并指出他的史学与希腊史学不同,记事与穷理兼备,成为后世典范,洵非虚言。"该撒"即恺撒,是古罗马时代享有盛誉的政治家、军事家和史学家,他的《高卢战记》流传至今。"利未乌斯"(Titus Livius,全名提图斯·李维乌斯)今译为李维,撰有《建城以来史》,"以雄辩和坦率而享最高盛名"③。艾约瑟对他"甲于罗马史家"的评价一点也不夸张。根据艾约瑟的表述,他所称的"答吉都斯"当是指以《编年史》而闻名于世的塔西陀。今人认为塔西陀"注重描写人物的心理,擅长性格的分析",虽然"人物复杂的内心有时在他判别分明的道德评语中显得有些生硬",但却"有助于为读者提供一些道德教益"④。稍加比较就会发现,这与艾约瑟关于塔西陀史学风格"褒善贬恶,道人之情性"的评价多么暗合。关于塔西陀的文风,研究者认为"他的文字往往简洁到晦涩,读者只能联系上下文对其含义加以揣摩"⑤,这也与艾约瑟所批评

① 艾约瑟:《罗马诗人略说》,《六合丛谈》第 1 卷第 4 号,1857 年 4 月 24 日。
② 张广智主编:《西方史学史》,第 43 页。
③ 塔西陀:《编年史》上,王以铸、崔妙因译,商务印书馆 1981 年版,第 225 页。
④ 吴晓群:《西方史学通史》第二卷,复旦大学出版社 2011 年版,第 209、210 页。
⑤ 《关于塔西陀》,载《编年史》卷首,王以铸、崔妙因译,第 25 页。

的"文理古奥,特未清晰"十分相似。当然,我们不能据此认为,中国的
西方史学史研究还停留在艾约瑟的时代,它只能说明艾约瑟史学批评
的确具有很高的学术价值,尽管时光流逝,仍闪耀着批评的光泽。上述
有关撒路斯提乌斯、恺撒、李维、塔西佗的批评,虽仅二百余字,但或许
是晚清最早关于罗马史学名家的系统点评,这对于 160 年前的晚清史
学界来说,无疑是新鲜的史学知识和迫切需要的思想资源。

仅就上面的内容来看,艾约瑟对西方史学的评介已经非常了不起
了,更何况他的批评并不限于上述的内容。艾约瑟在《西学略述》中高
屋建瓴地梳理了古代西方史学的源头与近代西方史学的面貌,写道:
"上古希腊无史,惟多著名演说故事之人,皆口述往古诸事,俾人听记,
乃有数人相继而起,创著国史,荣名至今。泰西后学仰而师之,如今中
国文人之俯首于班、马也。其史例于详记希腊一国外,至与希腊邻境之
敌国友邦,亦略将其风土、君民诸大端备行收载。"①《英文诸史》一目对
西方近代以来的重要历史著作和史学家的介绍十分精彩:"凡以英文
著史之人,计其间之杰出者甚多。如英人休摩所著英史,则叙载清真兼
之雅正。基本所著后罗马史则器度雍容,亦复华丽。近又有马高来者,
其所著之后英史,则字句警炼,几于突逾前人矣。"美国史家中,艾约瑟
也有点评:"班哥罗夫著有《美史》,摩德利著有《和兰开关记》,皆能详
明通博,不愧作家。兹考摩、班二公所著之史,概于民主之国三复其政
治焉。"②艾约瑟所说的"休摩"今译为"休谟";"基本"即 18 世纪西方
负有盛名的史学家"爱德华·吉本",他的《罗马帝国衰亡史》至今仍不
失为西方史学经典。休谟是苏格兰历史学派的创始人,在英国史方面
著述丰富。艾约瑟在文中所说的"休摩所著英史"可能是指休谟的代
表作《自恺撒入侵至 1688 年革命的英国史》,简称《英国史》。该书在
休谟生前"就被奉为经典著作,有 7 个版本在流传。在休谟去世后直

---

① 艾约瑟:《西学略述》卷六《史学考原》。
② 艾约瑟:《西学略述》卷六《英文诸史》。

到 20 世纪早期,又出了 175 个版本"①。艾约瑟在近代英文史家中首推休谟,是恰当的。艾约瑟对上述西方史家的文笔和宗旨进行精炼的评论,着重对古代西方史学和近代欧美史学进行评述,这样的安排显然是经过深思熟虑的。即便在一百多年后,艾约瑟的许多论述也并不过时。

艾约瑟翻译自克埃顿的《罗马志略》一书,"是目前我们所知的汉文文献中最早的一部简明的罗马通史,也最早将罗马史学中的历史连续性的观念带给了中国人"②。书中也涉及对罗马史学的一些零星介绍,如马可·都留·基该罗(今译西塞罗)长于口才,"其书于史家有大益,能借将罗马彼时之情形,道之详细也"③。艾约瑟的《西学略述》书首有李鸿章、曾纪泽作序,在当时颇有影响。《西学略述》和《罗马志略》后又收入《西学启蒙十六种》中,传播更为广泛。艾约瑟的史学批评见解也随之流布于晚清史学界。

作为一名英国传教士,艾约瑟对于本国史学自然格外关注。《英国新史略论》一文的题目看似专论英国史学家弗娄得④:"英国夙尚史学,撰史之家不少。今名之最著者惟一人,厥名弗娄得。"但艾约瑟似乎并不满足于专论弗娄得一人。就是说,文中关于弗娄得及其撰述的评价比重较小,相反,艾约瑟主要是借此表达了他对于史学的三层思考。

第一,关于史学的彰善瘅恶之义。"著书者当潜研精思,实事求是,其体例贵乎词严义正,恺切详明,贵仁义贱凶暴,亦如中国之《春秋左氏传》尊王贱霸褒贬善恶之意,方克邀誉于国人,流传于后世。"这话

---

① 李勇:《西方史学通史》第四卷,复旦大学出版社 2011 年版,第 272 页。
② 邹振环:《西方传教士与晚清西史东渐》,第 246 页。
③ 艾约瑟:《罗马志略》卷八《罗马著名诸家》,《西学启蒙十六种》之一,1898 年石印本。
④ 弗娄得(Froude,1818—1894),今译弗劳德,英国近代著名史学家,代表作为 12 卷本的《英国史》。《英国史》"详尽记叙了 1529 年至 1588 年这 60 年中的英国,迄今为止,它都是有关这一时期一部不可多得的好书"。(张广智主著:《西方史学史》,第 193 页)

听起来与旧史家经常念及的教化没有什么区别,但此处的相同倒是非常重要,因为这不是简单的重复,而是意味着中西史家在史学功能上的一次共识。

第二,关于史书叙事当"君相"与"民情"并重。"史家之要在于纲领清楚,脉络分明。论君相不得同于庶民,论庶民不得同于百物,必各有体裁乃可。至专详于君相不详于庶民固不可,专详于军旅战阵之事不详于风土民情亦不可,专论律法征伐民数贸易及教门之事皆不可。须一切周详全备。"对于19世纪50年代的晚清史学界来说,艾约瑟的这一认识对后来新史家倡导"民史"、批判"君史"具有导引先路之意义。

第三,关于史家叙事的才干。"善于刻画形容,论人如现在目前,论事如身历其境。纪战阵之事,人读之如亲在行间,睹其锋镝交冲之势;纪国家之事,读之如身莅朝省操建白论议之权者,方称能事。然亦在其人之用笔何如。譬纪恶人之事,形容竟如虎狼,毫无人意,则有识见人皆不喜,盖嫌其笔之不伦也。故撰史须胸襟高朗,广博见闻之人。则其落笔必雄奇超妙,而要其大体则不离于真且正。斯乃可谓良史之才,如中国廿三史中司马迁之《史记》、班固之《前汉书》。后之撰者皆不如之,以其才力识见均远不逮故也。"[1]这段批评并不是只顾谈论审美感受,相反,艾约瑟非常理性地指出,史家叙事要有分寸,不能为了逞一时之快而失了"真且正",而这说到底取决于史家的胸襟见识。

综上,我们不得不承认,艾约瑟是位了不起的传教士批评家。他从中国传统史家所强调的事、文、义或者说事实、褒贬、文采三要素来评价史学。艾约瑟通过这样的论述,既有效消除了晚清史家对于西方史学的文化隔膜,也加强了中西史学沟通的可能性。今天来看,我们说艾约瑟的相关批评为晚清史家认识和研究西方史学打开了一扇窗,大概是

---

[1] 以上引文皆见艾约瑟:《英国新史略论》,《格致汇编》第2年第8卷,1877年9月。

可以成立的。

1872 年 8 月,丁韪良和艾约瑟主编的《中西闻见录》创刊,这是北京第一份近代中文报刊。《中西闻见录》比较注重向中国人介绍西方的学术文化,如该刊第 10 号上介绍了法国汉学家儒莲。从史学批评的角度来看,1874 年,丁韪良在《中西闻见录》上发表的一篇《法国近事·耆儒著史》是不能不提的。这是晚清关于法国近代著名史学家基佐较早的评论:

> 法国有名士吉琐者,今年八旬有八,生平著作甚夥,而尤邃于史,年登大耋,弗倦于勤,若不知其老者。现在编纂各国历代通鉴,自以卷帙浩繁,功难速就,愿天更假年五十,以卒其业云。按吉琐少孤,未五岁值国难,父为伪官戕杀,幸赖贤母携之逃往瑞士,尽心教养,至十八岁学业大成,乃奉母归法。出其著述,争传诵之,于是名振一时。迨登仕版,历居显要,所在有声。嘉庆末年,擢吏部尚书,后为管理学校大臣,年才三十八。道光二十七年,拜首相,次年国难又作,君出亡,琐公亦避居于英。数年后乱平,始得旋里,遂决意不复出。日以编史为事,至今精力犹未少衰。各国闻其有名山之作,无不翘盼先睹为快。[1]

文中所说的"吉琐"今译为基佐(1787—1874),史学代表作有《欧洲文明史》《法国文明史》。这篇文字对基佐的生平、经历和历史撰述及其影响加以评述,是有关晚清西方史学批评史的重要资料。在这篇绍介发表约三个月后,基佐病逝。丁韪良又作了追踪报道和评论:"法国前朝宰相吉琐病卒,享年八十有八。按吉公学问渊深,著述宏富,甲于泰西。生平立品,亦极端方,遐迩钦佩。前录二十三号内已论及之,故不

---

[1] 丁韪良:《法国近事》,《中西闻见录》第 23 号,1874 年 6 月。

复赘,今以年近考终,迹其品学,足堪与先贤并驾。"①《中西闻见录》每期印行一千份左右,读者主要是官绅、知识分子。郭嵩焘对《中西闻见录》传播西学的作用评价很高,甚至把丁韪良视为继利玛窦和伟烈亚力之后的第三人:"自明季利玛窦倡西学于中国,近伟勒亚力所著书尤精。冠西遂讲明而传习之。三人者相望数百年,号为博览,而冠西之功尤伟矣。"②"冠西"即丁韪良。由郭嵩焘所论可见丁韪良及《中西闻见录》在晚清的影响。晚清中国史家正是通过丁韪良的连续报道知道了基佐这位法国史学家。时至今日,基佐在中国史学界已为人们所熟知,但对于晚清史学界来说,这些评介却是非常重要的。

(二)慕维廉与李提摩太关于西方史学的介绍

1856年,慕维廉编译的《大英国志》出版③,被誉为"言简意赅,纪述兴废,网罗事迹,无一挂漏,诚良史也。是亦留心经世之学者,所急欲览者也"④。在《大英国志·凡例》中,慕维廉评论了中西两种史学范式的差异,说:"英史体例与中国不同,中国设立史官及起居、实录,易代修史,具有章程。泰西诸国无史官,士民皆得纪载国事。"这是从中西修史制度来谈二者的差异。他又说:"中国两汉以后,易一代始修前代之史。二十一史,人异世殊,各自成部。英志则立国以来,遥遥二千年,共成一史,列代兴亡之故,自古迄今,了如指掌。""中国史记,列传用纪事体较详,本纪用编年体较略。英史有本纪而无列传,一代政教兵刑事无大小,悉统于纪。体例既异,文字遂繁。""英史记载首重法律。""耶

---

① 丁韪良:《法国近事》,《中西闻见录》第27号,1874年11月。
② 郭嵩焘:《郭嵩焘诗文集》卷六《丁冠西〈中西闻见录选编〉序》,第68页。
③ 据慕维廉自述,《大英国志》系依照英国人托马斯·米尔纳的《英格兰史》编译而成,在晚清史学界流传广泛,出现了多种版本。关于慕维廉及其《大英国志》的详细情况,可参见邹振环:《西方传士与晚清西史东渐》,第125—148页。
④《杂纪》,《六合丛谈》第1卷第2号,1857年2月24日。这类文字未署名,一般认为出自主编伟烈亚力之手。

稣为政教之主,泰西各国王者即位不改元,皆以耶稣编年,英史亦然,与中国史官纪事用时王年号者异矣。"①中国古代确有易代修史的传统,历代正史中的本纪实质是帝王编年,以叙一朝大势,列传则比较详尽,本纪与列传相互配合。这些对于晚清史家来说,自然如数家珍。重要的是,慕维廉通过比较,指出了西方史学不同于中国史学的地方,向晚清史家描画了西方史学的形象:不设史官,政府对修史的约束力很小,所谓"士民皆得纪载国事";没有修前朝史的传统,重视通史,没有列传体例,耶稣纪年等等。这就拓宽了中国史家的学术视野,推动了晚清史学的演进。

当然,作为传教士史学家,慕维廉的史学思想又时刻笼罩在上帝的光环之下:"史册所载天道微而显,上帝以定律治人,鉴其善恶降以罪福,天下人人能博稽载籍,感发天良,悔过迁善,斯为要理。"②

李提摩太在引进西方史学方面的贡献,也可以称得上是出乎其类、拔乎其萃。李提摩太翻译师丹俪的《史学列传小叙》即是一篇关于西方史学理论的大文章。文中写道:"天下得失之林,莫史乘若也。凡自命操董狐之直笔者,必先明乎作史之体裁,然后发为文章,尽汰浮华,独唠古藏,而其提要钩元之语,遂允为信今传后之书。"西方史家"兴酣落笔之始,亦未尝不自疑也。乃泛求乎当日之诗文,片楮零缣,珍同珙璧",经过考证乃得历史真相。"西方古语有之,曰:明文无证,信史无征。今特反言以决之曰:既证明文,允推信史。"而"潜心作史者,如大司寇之决狱,必也两造具备,师听五辞,曲直是非,万目如电,然后笔之简册,而不徒恃一二人之私意,骤定谳词也。"总之,"善作史评者,皆言史家有四善焉。"一是"现在之新知未可恃,过去之陈迹有可凭"。二是"当时据臆见而徇私情,后人凭众论而伸公道"。三是"记事有正文,亦有余意,正如画家之烘云托月,文家之借宾定主,然断不因余意而忘正

①　慕维廉:《大英国志·凡例》,湖南新学书局 1897 年刊本。
②　慕维廉:《大英国志·序》。

文"。四是"信史非清册也,宜详宜略,物来毕照,读者始觉有意味,即可期益其神智"。^① 在晚清史家对西方史学知之不多的时代,这些关于西方史学的评论确有增广见闻,沟通中西,促发中国史家思想的作用。

李提摩太译介西史还富有强烈的以史资政色彩,非常注重考察西方史学的政治功能,这也与纯学术的史学批评家异趣。李提摩太评论英国人马恳西的《泰西新史揽要》"为暗室之孤灯,迷津之片筏,详而译之,质而言之,又实救民之良药,保国之坚壁,疗贫之宝玉,而中华新世界之初桄也"^②。所谓"良药""保国""疗贫"实在是那个时代有识之士共同的政治愿望。李提摩太编译西史的动机是借此触动晚清士大夫,以西方史学来影响中国政治。他甚至恳请光绪皇帝,在科举考试中,"必就西史命题条对",官吏考评也要读这部《泰西新史揽要》^③。李提摩太将该书译入中国,一时洛阳纸贵。梁启超等人也大力推介。《泰西新史揽要》"是晚清所有翻译西方历史书籍中销售量最大、影响最广的一部"^④,首印 30 000 册很快售罄,在杭州、四川等地也不断翻版。该书还被时务学堂作为重要书目,要求精读^⑤。这部书还引起了清廷高层的关注,张之洞就买了 100 册《泰西新史揽要》送给在京的官员。该书影响所及恐怕已超出了李提摩太的预期。这也并非没有原因。"强烈的现实性,丰富的知识性,加上脉络清晰,译笔简练,具有一定的可读性。这几个因素集合在一起,使得《泰西新史揽要》在中国知识分子中,有广阔的阅读市场。对于不太熟悉世界大势的士大夫来说,它是一部开阔眼界的新书。对于正在寻求御侮救国之路的志士仁人来说,它是一部启蒙教科书。"^⑥从这个意义上说,李提摩太无疑是一个具有政

---

① 师丹俪撰,李提摩太译:《史学列传小叙》,蔡尔康述,《万国公报》第 124 期,1899 年 5 月。
② 李提摩太:《泰西新史揽要·译本序》,上海书店 2002 年版,第 1 页。
③ 李提摩太:《泰西新史揽要·译本序》,第 3 页。
④ 熊月之:《西学东渐与晚清社会》(修订版),第 475 页。
⑤《时务学堂功课详细章程》附《第一年读书分月课程表》,《湘报》第 102 号,1898 年 7 月 4 日。
⑥ 熊月之:《西学东渐与晚清社会》(修订版),第 477—478 页。

治眼光的引进和传播西方史学思想的批评家。李提摩太还撰有《列国变通兴盛记》四卷,包括《俄罗斯变通兴盛记》《日本变通兴盛记》《印度变通兴盛记》《缅甸安南变通兴盛记》。李提摩太并没有遮掩他的政治目的,相反,他在书首就把这层意思讲得很明白:"爰取邻于中国之俄罗斯、印度、日本、缅甸、安南诸国杂史,而撮其改弦更张之纲领,举其民生休戚之端倪,排日纪撰,录诸报纸。深冀明哲之大吏,俯采刍荛,以为河海泰山之助。"[①]这些评论体现出史学与政治的密切关联,是史学批评沟通史学与社会的重要反映。

史学批评是史学的深刻自省。中国史学的这种自省长期以来是在我国史学内部寻找坐标的,但自晚清传教士开始,中国史学有了一个新的参照物——西方史学。在晚清西史东渐的大潮中,中国士大夫是被动接受者,而传教士却是发起者、传播者。中国史家对于西方史学理论的认知,一定程度上取决于传教士给史学界输入了什么。如果这个说法成立的话,那么艾约瑟、丁韪良、李提摩太等传教士的史学批评活动,自然在晚清史学批评史上占有举足轻重的地位。

三 花之安在史学批评上的理论构建

晚清来华传教士中不乏在史学批评理论上有所建树的人物,德国传教士花之安[②]便是这其中突出的一位。和丁韪良、卫三畏等传教士相比,花之安在政治上少有作为,但他勤于撰述,具有史才,时人称他"以潘、陆之才,班、马之笔,又助之以史迁之游览","出经入史,本本原

---

① 李提摩太:《列国变通兴盛记·弁言》,广学会 1894 年铅印本。
② 花之安(1839—1899),1865 年来到中国,直到去世,在中国传教生活了 35 年。代表作《自西徂东》先在 1879—1883 年的《万国公报》上连载,单行本初版于 1884 年。花之安还撰有《德国学校论略》,经李善兰作序推介(载于《中西闻见录》第 21 号,1874 年 4 月),在晚清有一定的影响。

原"①,多少有些奉承和吹捧的意思,但花之安的确凭借《自西徂东》一书奠定了他在晚清汉学家中不可撼动的地位。

《自西徂东》的英文名为"*Civilization, Chinese and Christian*",译为"文明,中国与基督教"。《自西徂东》的书名源于《诗经·大雅·桑柔》中的"自西徂东,靡所定处",意为自西方到了东方,也没有一处定居的地方。对于来自异域的传教士来说,取此书名倒也形象。但该书并不是要描述异邦人在中国生活的颠沛流离之苦,而旨在谈论、比较中西两大文明体系。全书分仁、义、礼、智、信五部分七十三章,编纂特点鲜明,内容也多言之有物。花之安撰写《自西徂东》时,已在中国生活了近二十年,亲眼目睹了中国政治、经济、文化的变迁。"《自西徂东》之书何为而作也?欲有以警醒中国之人也。"②花之安认为晚清士大夫只知学习西方的先进科技,却没有理解西方文明的根底。该书虽有意引导中国士大夫接纳耶稣,信奉上帝,研读《圣经》,偏于向中国输入西方文明,所谓"为学者,莫贵于信耶稣之真理矣"③。但该书中仍有不少篇章属于学术讨论,如智集的第四十五章《学贵精通》、第四十六章《经学体要》、第四十七章《史学琐谈》、第四十八章《子学探原》、第五十一章《博学有方》等。其中尤可注意者为《史学琐谈》。"琐谈"二字标明了该文作为一篇史学批评文章的学术品格。

花之安以出人意表的开阔视野纵论古今中外的史学,对中国传统史学的点评也较为精到,能比较深刻地讨论中国史学,实在难得。他不太关注某一史书或史家的个案品评,而比较注重史学批评理论的阐发。这样的史学批评更能够给人以启示。

首先,花之安阐述了史学批评的作用,认为史学发展离不开史学批评。他对中国传统史学的社会功能和史学起源、流变评述道:"儒者居

---

① 王炳堃:《送花之安牧师归国序》,《万国公报》第9年第421卷,1877年1月6日。
② 花之安:《自西徂东·自序》。
③ 花之安:《自西徂东》,第151页。

今稽古，将欲讨论得失，明别是非，其不得舍史事而别求简帙也明矣。粤自虞廷立太史之官，于是纪月纪年，凭褒贬于一字，载言载笔，纪实行而成书，此史学之所由来也。"在回顾中国史学简史的部分，他提到了《春秋》《史记》、谯周的《古史考》、马总的《通历》《通鉴外纪》等，又强调考订的重要性，所谓"非实心考订，则莫晰其详细"。至于"批评"的意义，花之安从两个方面进行了概括，一是对于古代史书，要仔细考辨，若没有批评的眼光，"安能不为古人所欺？""不复辨其是非，则已浅"①。二是以《新唐书》与《旧唐书》和《新五代史》与《旧五代史》为例，阐述了相近史书间的批评与改进之道，"作史之难也，即同时之作，犹有辨论之者，以其识未周详也"。《旧唐书》不能令人满意，故有北宋官修《新唐书》之举。《旧五代史》修成后，欧阳修也有所批评，"自抒意旨，遍经笔削，为《新五代史》，其中不无同异，而文法较详明焉"②。史书改作中的批评是显而易见的。从中国史学进程上来看，史学的发展和延续的确总是与史学批评结伴而行。

其次，花之安对批评家的心术和史识提出了很高的要求。他说："史之沿革，要在持衡考镜，如听讼者之公心默审，委婉曲折，务求其实而辨其讹，乃不至圆囵也。若徒泥执臆见，则不参互众说以定厥是非，亦安贵兼收博采为哉？"花之安所说的"持衡""公心""默审""曲折""参互""兼收"均是关乎批评家眼界和修养的重要问题，而"求实""辨讹"尤为史学批评的应有之义。这些是花之安从事史学批评的一大心得。

再次，花之安提出了史学批评的四个原则。

第一个原则是"论史要在探其全"。根据花之安的语境，这里的"史"不是史事而是史书与史学。关于这一原则，花之安是这样阐释的：

① 花之安：《自西徂东》，第157页。
② 花之安：《自西徂东》，第157—158页。

　　且史之作,为人情风化之所关,综全史以考征之,则古人虽邈,
不啻如见其心,如睹其事。而史与人两相感,复两相通矣,其或更
有考订未真、记载未备者,亦可触类引伸,而补史之缺略,故论史要
在探其全。如班固之《前汉书》,则较司马迁之《史记》为征实;而
荀悦所纂之《汉记》(当作"纪"——引者),则又较班固为条晰。
盖愈求则愈精,事固有然者也。

　　这段话中至少有三层意思需要注意。一是他对史学"人情风化之所
关"的界定,以及"古人虽邈"却可以通过史书"如见其心""如睹其事"
的论述,与刘勰所说的"开辟草昧,岁纪绵邈,居今识古,其载籍乎?"①
在认识上是相通的。我们这样说,无意于指认花之安的思想源头,倘若
如此则难免鲁莽草率,因为两种相似的说法并不能据此认定后者一定
源自前者。我们只能说,这样的中外与古今之间的思想连通,是一个不
折不扣的事实。他们都道出了史书的一个重要功能。二是他承认史与
人是"相感""相通"的,并没有把史家从史书中完全抽离出来,而是强
调作史者、读史者与史书之间在思想和情感上的联系,这是一个重要的
认识。三是提出史学批评应注意史书"考订未真"和"记载未备"的情
况,尤其要做到"触类引伸",这就是说批评不能就事论事,而应作顺理
成章的升华。这也符合史学批评的精神,颇有中国传统史学批评之风
骨。从他的解释来看,所谓"探其全"并不单单是史料全面或记述完
整,而是上述意思的综合。

　　第二个原则是"论史又贵审其源"。对此,花之安作了说明:"儒教
之源归五经,墨子亦归五经。若不辨其如何用意,如何宗旨,则邪正之
途混矣。""邪正之途"虽未必,但批评家追溯思想源出,再来评论学说
之用意与宗旨,则能不忘所本,不作无根之论。

---

① 刘勰著、周振甫注:《文心雕龙注释·史传》,人民文学出版社 1981 年版,第 169 页。

第三个原则是"论史又贵察其派之同异"。花之安以《春秋》三传为例,写道:"鲁之《春秋》,有《公羊》《谷梁》《左氏》三传,而二百年所记之事各有不同,惟《左氏》较为详明。盖才能、心性各有不同,故辨论亦有不同也。"中国传统学术流派纷繁,诸家思想歧异,倘若批评家不关照到这些问题,其批评势必拘执一隅,鲜能通达。

第四个原则是"论史尤贵考求古迹"。具体来说,"上古之碑记、器皿、古物留传,皆可资吾考据。此皆足以广见闻而资博识也。"紧接着,花之安写道:"盖史册之留传,其关于世道人心非浅。如或是非失实,善恶混淆,则登诸史册,实足贻误千古矣。"至于"人品之不齐""人事之多变""千古之运会"历历在目,"考古者苟不由末而求本,亦曷见天道之昭明,益我智慧乎?"①史学要发挥教化人心的作用,就不能任由是非不实的史书流传,这就需要批评家的鉴别和审定。综上,花之安关于史学批评理论的阐述,是晚清史学批评史上不能不提的一笔。

花之安还具有呼应晚清中国史学发展的自觉意识。花之安说:"泰西号称博史者,通各国之史,在秉国之均者,尤为不能忽略。"不仅如此,"考察时史,尤为当务之急"②。他倡导中国史家加强世界史和当代史的研究。这反映出花之安作为一名传教士所具有的世界眼光。这种倾向在当时的传教士中并不罕见,如李佳白就说:"学问之途,大矣广矣。而其要则不外事与理两端。何则?事之要者莫备于史鉴。不独本国之史鉴宜知也,各国之史鉴亦宜知。"③鸦片战争后,魏源、王韬、黄遵宪等有见识的中国史学家开始了世界史的撰述与研究。可见,花之安关于加强世界史研究的想法与晚清中国史学的实践是一致的。如果我们结合晚清传教士所创办的报刊上大量介绍世界历史、时事、政治、思想学说的情况,则可以看出,传教士这种引导中国史学的意图与他们

---

① 以上引文皆见花之安:《自西徂东》,第158页。
② 花之安:《自西徂东》,第159页。
③ 李佳白:《创设学校议》,《万国公报》第84册,1896年1月。

的史学实践也是一致的。但花之安的愿望毕竟过于理想化,他以为只要各国信奉耶稣,掌握教理,感化世人,就能够世界和平,中国富强。这又是不符合事实,甚至是昧于世界大势的。

《自西徂东》"销售甚广,在广学会接收和重印之后更是广为流传"①。在1893年的恩科秋试中,传教士还把《自西徂东》免费分发给各省前来应试的士子。通过赠阅、销售等渠道,《自西徂东》得以广泛传播。花之安关于史学批评的上述思考也自然地随着《自西徂东》的流传而进入晚清史学界。

传教士对于中国史学的各种批评,或肯定或驳斥,有真知也有误读,均引发了中国史学家的思考,进而成为中国史学近代转型的催化剂。传教士引入的西方史学也为中国史学的革故鼎新带来了活力。由于视角、立场、知识结构和文化背景的差异,从域外看中国,恰恰为晚清史学的自省提供了另一种可能,为20世纪初年的"史界革命"作了思想上的启蒙准备。他们提出的中国传统史学缺乏历史哲学、历史叙事中帝王与民众的关系、中西史学比较等问题,成为此后相当长时期内中国史学界的重要理论课题。晚清来华传教士的史学批评之价值与意义即在于此。

---

① 苏慧廉:《李提摩太在中国》,关志远等译,广西师范大学出版社2007年版,第164—165页。

第四章

近代报刊与史学批评

　　在中国,近代意义上的报刊是在鸦片战争后才获得大发展的。19
世纪后半期,在中国境内出版或出版地虽不在中国但在中国境内发行、
流传的报刊如雨后春笋般涌现,成为中国近代政治、经济、教育、文化、
学术诸领域的一面镜子与旗帜,既反映了上述领域的发展,也引领着时
代的潮流。报刊作为新生事物,以其特有的媒介优势在传播知识、启迪
民智方面扮演着举足轻重的角色。

　　关于报刊与学术的关系,康有为作过专门的论述:"昔之学,尊古
而守旧,故其学在读书;今之学,贵通今而知新,故其学贵阅报。"①康有
为的话虽言之过甚,但也道出了报刊对于晚清知识分子为学的重要性。
至于近代报刊之于晚清史学批评的意义②,一言以蔽之,它是晚清史学
批评史上的新载体,是晚清史学批评的重要阵地,在催化批评与反批评
的交锋、传播批评的声音方面发挥着重要作用。中国古代史学批评除
了专书如《史通》《文史通义》外,更多的是以零碎的形态散落在文集、
笔记、序跋和书札之中,尽管这些文献也大多刊刻传世,但相较于报刊

---

① 康有为:《日本书目志》卷四《图史门·类书》小序,载姜义华、张荣华编校《康有为全集》
　第三集,中国人民大学出版社 2007 年版,第 326 页。
② 本章主要论述由晚清中国知识分子创办的报刊与史学批评的关系,至于来华传教士创办
　的报刊尽管在近代报刊史上占有重要的地位,但因为已经在第三章中论及,故不再重复。

而言,仍是比较封闭和滞后的,流传也比较缓慢。这大大制约了人们对于中国传统史学理论与史学批评的挖掘。这种情况到了晚清报刊的大量涌现时有了根本性的转变。

一　新型史学批评阵地

晚清报刊上的史学批评文献,大致分为商榷型专文、新书介绍和史书广告三种类型。这三种类型的史学批评各有特色,共同营造了史学批评的新风尚。

(一)商榷型专文:学术论战的重要武器

清末史学批评史上的重要论著大多首发于报刊,并经由报刊在知识分子群体中广泛传播。史学家们在报刊上发表见解,展开评论,由此打破了中国古代史学批评固有的形式。在晚清以报刊为主阵地发表史学批评专文方面,梁启超无疑是最有影响力的一位了。1901 年 9 月,他在《清议报》①第九十册和九十一册上连载《中国史叙论》。1902 年,他又以"中国之新民"为笔名在《新民丛报》②创刊号"史传"栏目上刊出了他的《新史学》第一章《中国之旧史》,后续内容陆续连载,影响巨大。

在晚清报刊中,刊发史学批评类文章的不在少数。许多报刊专设"史学"栏目。它们或刊登国外史学动态,如《知新报》绍介西方大学教授史学的不同派别,一派重视教授古史,一派则重近代史,并评价道:"古事可为今鉴,设无古事之弊,焉知今事之利。若能知古今利弊沿

①《清议报》是戊戌变法失败后由维新派创办的重要刊物,1898 年 12 月 23 日在日本横滨出版,旬刊,实际主持者为梁启超,1901 年 12 月 21 日停刊,共出版了 100 期。
②《新民丛报》于 1902 年 2 月创刊,半月刊,至 1907 年 11 月停刊,前后出版 96 期,是晚清最后十年间影响最大的报刊之一。

革,庶可设善法,弭患于将来。大约以今学为依归,以古学为辅佐,则得中之道也。"①或记录中国史家的治史心得,如陆绍明在《国粹学报》上发表的关于旧史学的一系列评论。除了以上两类外,还有一种商榷型专文。此类文章几乎涵括了晚清史学界最紧要的问题,是晚清史学批评史上最重要的文献。

晚清报刊上的商榷型专文,既有专论中国传统史学的,也有评论晚清史学的,内容广泛,思想角力。它们主要刊载于《国粹学报》《新民丛报》《政艺通报》等期刊上,这些文章不仅在当时是一流的作品,即便在今天看来,也是能反映一时代学术思想的佳作。

参与清末史学论战的史家大多具有报人身份,或与报刊具有密切关系。梁启超是《新民丛报》的主编、《时务报》的主笔、《知新报》的撰述、《清议报》的实际主持者。陈黻宸主持《新世界学报》的工作。马叙伦是《新世界学报》《东方杂志》的编辑。邓实和马叙伦先后担任过《政艺通报》的主编。黄节和邓实又共同创办了《国粹学报》。这些人深谙报刊的撰稿、编辑与发行,善于发挥报刊的媒体优势。如果没有报刊的介入,这些商榷型专文是不可能以这样的方式快捷且公开地呈现于史学界的。在争论中,双方你来我往,批评之后紧跟着的是反批评,将问题的讨论不断引向深入。这是晚清以前的史学批评史上难以见到的景象。

作为一种批评的文献类型,商榷型专文具有以下两个特点。

第一,商榷型专文一般比较专门化,学术价值也较高。不论是晚清史学家自撰,还是译作,大多论点鲜明,选题往往便是史学批评上的一个重要主张。

①《欧土史学派别》,《知新报》第74册,1898年12月13日。

附表 1：晚清报刊上的商榷型文献举要

篇　　名	作者、译者	报　　刊	日　期　卷　数
《中国史叙论》	任公	《清议报》	第 90 册，1901 年 9 月 3 日；第 91 册，1901 年 9 月 13 日
《新史学》	中国之新民	《新民丛报》	第 1 号，1902 年 2 月 8 日；第 3 号，3 月 10 日；第 11 号，7 月 5 日；第 14 号，8 月 18 日；第 20 号，11 月 14 日
《史学通论》	邓实	《政艺通报》①	第 12 期，1902 年 8 月 18 日；第 13 期，9 月 2 日
《论中国亟宜编辑民史以开民智》	樵隐拟稿	《政艺通报》	第 17 期，1902 年 10 月 16 日
《独史》	陈黻宸	《新世界学报》	第 2 期，1902 年 9 月 16 日
《中国无史辨》	马叙伦	《新世界学报》	第 5 期，1902 年 10 月 31 日；第 9 号，12 月 30 日
《史学之根本条件》	无	《汉声》	第 6 期，1903 年 7 月 24 日；第 7、8 期，9 月 21 日
《论历史为如何之学科》	无	《湖北学报》	第 2 集第 8 册，1904 年 5 月 10 日
《新史篇》	无畏	《警钟日报》②	1904 年 8 月 2 日
《论史学之变迁》	陆绍明	《国粹学报》	第 10 期，1905 年 11 月 16 日

---

① 《政艺通报》于 1902 年 2 月创刊于上海，邓实、马叙伦先后担任该报主编，宣传国粹主义。初为半月刊，1908 年 2 月后改为月刊。该报上篇论政，中篇评史，下篇言艺，1908 年停刊，共出版 146 期。
② 《警钟日报》的前身为《俄事警闻》，1903 年 12 月 5 日创办于上海，1904 年 2 月 26 日改名为《警钟日报》。蔡元培、汪允宗先后任主编，主要撰稿人包括刘师培、柳亚子、陈去病等人。该报出版至 1905 年 3 月 25 日，共计 338 期。

篇　名	作者、译者	报　刊	日　期　卷　数
《史学稗论》	陆绍明	《国粹学报》	第 11 期,1905 年 12 月 16 日;第 14 期,1906 年 3 月 14 日;第 15 期,1906 年 4 月 13 日;第 16 期,1906 年 5 月 13 日
《史学通义》	吴仲遥	《四川教育官报》	丁未第 9 册,1907 年 10 月;丁未第 10 册,11 月;丁未第 11 册,12 月
《史学刍论》	蛤笑	《东方杂志》	第 5 年第 6 期,1908 年 7 月 23 日

第二,商榷型专文多放眼于整个中国史学,个案研究所占比重不大,代表了晚清史家对于破除旧史学、建设新史学的总体看法。

商榷型专文多出自史学精英之手,它塑造了晚清史学批评史的主要脉络,也从思想和实践两个层面上引领了史学革命的风潮。清季不论是对旧史学的批判,还是对新史学的质疑,都是由商榷型专文扮演主角而演出的精彩的学术论战。晚清史学界的这些论战也都是以报刊为主阵地、以互相商榷为重要形式开展的。

商榷型专文的出现,昭示着晚清史学批评的繁荣,对于开启史学变革的大门,具有不可忽视的作用。除却商榷型专文外,晚清报刊中还有两种重要的史学批评资料需要我们关注,即报刊上的书籍广告和新书介绍。

(二) 史书广告: 被忽略的史学批评资料库

清季,现代意义上的广告虽尚处于滥觞,内容却已是五花八门、包罗万象,举凡医药、乐器、食品、服装、日用百货、交通工具等均在广告之列,而书籍则是其中较为常见的一种。一些出版社通过在报刊上做广告来宣传图书的优点,以刺激读书人的购买欲。广告的直接目的虽是为了营销,但既然要广而告之,就不能不围绕对象的内容、价值作一番评论,故而史书广告在商业包装之下仍透露出了较强的史学批评信息。可以说,其时"无关紧要"的广告随着时间的流逝已成为研究学术史、阅读史的资料。广告词注重通俗易懂和短小精炼,受众面也更广泛,是史学常识与史学思想在一般知识阶层中的延伸与扩张。从笔者目前所翻阅的报刊来看,史书广告的数量比较可观,可视为一座丰富的史学批评资料库。以往史学界对于广告词的史学批评价值关注得还不够充分①,故这里有专门论述的必要。

不同类型的报刊上登载的史书广告表现出多样的倾向。综合类刊物上的史书广告内容一般比较庞杂,但较重视学术性。如《东方杂志》②第 1 期上刊登的商务印书馆出版的书籍广告,其中"历史类教科书"有《普通新历史》《清史揽要》《西洋历史教科书》三种,"历史类"有《世界近世史》《欧洲最近政治史》《泰西民族文明史》《罗马史》等十四种。这些广告评骘的对象有中国历史,也包括世界历史;有政治史,也涵盖经济史、历史哲学;既有外国学人的撰述,也不乏中国史家的著作。《泰西民族文明史》一书的广告词为:"是书用普通历史体例,而特详于政治体制、宗教风俗、实业文艺诸端。盖惟此可以觇文明之真相也。全书译笔精审,词意明晰,毫无东文艰涩之习。"③这几句话对《泰西民族文明史》的体例、内容、文明史特质和文风都作了评价。这则广告到底出自何人之手,现在恐难以查考了,但从广告内容来看,绝非史学门外汉可以捉刀。《东方杂志》较长时期内保持了为商务印书馆出版的书籍作广告宣传的特色,并且历史类书籍一直是其中比较重要的对象。

---

① 关于晚清报刊广告的学术价值,刘兰肖在《晚清报刊与近代史学》(中国人民大学出版社 2007 年版)第四章第二节《历史教科书出版广告及新史学宗旨之阐扬》中有所探讨,不过作者只是关注了史书广告中的一种——历史教科书的广告,对其他类型的历史著作广告中的史学价值的阐述则付之阙如。
② 《东方杂志》创刊于 1904 年 3 月 11 日,最初为月刊,后改为半月刊,又复为月刊,出版至 1948 年 12 月,是晚清创办的出版时间最长的杂志之一。
③ 《东方杂志》第 1 期卷首《泰西民族文明史》广告,1904 年 3 月 11 日。

这里还要特别提到政论类报刊上的史书广告。政论刊物给人的印象往往是严肃的。事实上,这类报刊上也不乏书刊广告。不过,它们毕竟属于政治类报刊,故其中的史书广告多与政治、民族、进化、国民精神等当时的敏感问题或热门话题相关联,简言之,具有史学批评与政治宣传相结合的特征。以维新改良为政治导向的《清议报》大约从第十册开始刊登书籍出售广告。该报在第十一册中就对梁启超的《戊戌政变记》加以评论,说:"戊戌八月之变为中国存亡之绝大关系。惟其事之本末层累曲折,知之者少。今有局中人某君将事之源委编辑成书,托本馆代印代售。……记载详尽,议论精明,将中国将来之局言之了如指掌。有心人不可不读之书也。"①《清议报》第三十七册卷末《新书发售告白》对《新编东亚三国地志》作了评论,第一百册书首的广告对《埃及近世史》《东邦近世史》《欧洲财政史》等书进行宣传和评论,如谓读《东邦近世史》"可以见东方进步迟滞之由及欧势东渐之次第"②。上述广告多是从政治隆替、国家兴衰切入评论的,洵非虚语。晚清改良派的另一重要阵地《新民丛报》上也刊登了大量的史书广告,而且篇幅较之一般刊物上的广告略长。如《欧洲十九世纪史》(美国札逊原著,麦仲华重译)的广告词是:

> 十九世纪者,历史上空前之名誉时代也……欲养国家之思想不可不读十九世纪史。虽然,著十九世纪史者不多,而善本尤少。今所最著名者则菲佛氏、苗拉氏、马恳西氏之三家。马氏之书坊间有译本,题为《泰西新史揽要》者,译笔太劣,读者不慊焉。札逊博士之书最晚出,兼诸家所长而有之。故一杀青后重版十数,各国翻译之者亦踵相接。其书叙事简而不漏,论断卓尔不偏,趣味浓深如

①《清议报》第 11 册卷末《戊戌政变记成书告白》,1899 年 4 月 10 日。
②《清议报》第 100 册书首《东邦近世史》广告,1901 年 12 月 21 日。

读说部,无怪为学界所大欢迎也。①

这则广告词前半段强调"欲养国家之思想不可不读十九世纪史",耸动声势,后半段评议《欧洲十九世纪史》的学术价值,"叙事简而不漏,论断卓尔不偏",意在推销。尽管广告词中提到的马恳西《泰西新史揽要》并非一流作品,但它经由李提摩太的翻译,在当时的史学界影响较大。这条广告有贬低他人、抬高自己的弊病,但如果研究者剔除广告中的商业宣传和过分包装,则它仍不失为研究晚清史学批评史的重要资料。

不惟改良派的刊物如此,作为革命派喉舌的《民报》在第 4 号卷末就刊登了《日俄战役外交史》的广告,以"亡国人"自警。第 5 号的广告中,又介绍了《亡国惨记》:"是书写满清入关以来虐待我祖我宗之惨状,字字悲哀,字字泪血,皆系当日之真像。……诚具有良心与有民族观念者不可不读之金丹品也。"②所言虽不免偏激,但也可作为有意义的史料看待。《民报》第 12 号上《南疆逸史》的广告中,史学批评的色彩更加浓烈。该广告云:"我国以无史称,果无史乎? 无良史而已。晚近以来,史益芜秽,甚者颠倒黑白,昧《春秋》之大义,是亦学者之所哀。顾欲求直笔于天壤,则野史尚矣。"需要特别指出的是,这则广告还特意刊登了章太炎和刘师培关于《南疆逸史》的两条学术性很强的"批评",即"批评一:章炳麟氏曰足以比肩陈承祚之《三国志》,视《南唐书》《魏书》过之远矣";"批评二:刘光汉氏曰昔李瑶据温氏《南疆逸史》而作《南疆绎史》,时温民(当作'氏'——引者) 书已佚其半,复多所点窜,颇乖原书之意。温氏列明四王为本纪,其旨与王螺山相符,是野史中之完善者也。"③这是在史书广告词中正式出现了"批评"二字,更明确地透露出史书广告的史学批评意味。

---

① 《新民丛报》第 8 号卷首《欧洲十九世纪史》广告,1902 年 5 月 22 日。
② 《民报》第 5 号卷末《亡国惨记》广告,1906 年 6 月 26 日。
③ 《民报》第 12 号卷末《南疆逸史》广告,1907 年 3 月 6 日。

以批判现实、警醒国民为宗旨的《警钟日报》上也常见史学著作的广告,如由日本学者家永丰吉、元良勇次郎合著的《万国史纲》出版后,颇受欢迎,销量不俗。此书再版时,就刊登了如下的广告:"是书本年五月间初印二千部,大受一般学者之欢迎。谓原书体制完备,译笔亦复明锐雅洁,于新史界放无量数异彩。今复补印二千部,披沙炼金,益求美备,骎骎乎欲与祖国班、马骖靳。世之究心史学者,当有同好焉。定价一元,上海各大书坊均可购取。"①这里讲到了《万国史纲》在新史学界的地位与影响,也论及该书的体例和译笔,均属史学批评的内容。诚然,这一评价太高了,甚至将之与《史记》《汉书》相提并论,实在不妥,但当时文明史的译介颇为盛行,商家为谋利润,故有此虚夸之词。

除了上述综合性和政治性的刊物外,专业性和地域性很强的报刊上刊登的史书广告也值得关注。如我国早期的戏剧刊物《二十世纪大舞台》②上就登出了关于《中国灭亡小史》的广告,说:"此书为中国少年之所著,以生龙活虎之笔抒烈心惕目之词,自宏光来二百余年种种之惨剧、悲剧、壮剧无不一一备载,朗若列眉,读之不独使拔剑斫地,目眦尽裂,且于明季稗史及近来诸秘史俱已包括靡遗,洵不可不读之奇书也。"③这则广告以强烈的革命意识和排满情绪评论了《中国灭亡小史》,自然给当时的读者留下了深刻的印象。而由湖北留日学生创办的《湖北学生界》第一期也刊出了后来在中国史学界影响深远的日本史学家浮田和民的《史学原论》的广告。这则广告词说《史学原论》"荟萃泰西名家学说,而括之于区区小册中,其义蕴之宏富,理论之精深,东邦久有定评,无烦赘述。吾国旧学界思想视历史为传古信今之述作,而不知为现在社会生活之原因。研究历史者亦不过出于钩稽事实、发明

---

① 《警钟日报》第 1 号刊首《再版万国史纲》广告,1904 年 2 月 26 日。
② 《二十世纪大舞台》于 1904 年 10 月在上海创刊,半月刊,主编为陈去病(佩忍),因宣传反清思想,仅出版两期即被清廷查封。
③ 《二十世纪大舞台》第 2 期卷末《中国灭亡小史》广告,1904 年 10 月。

体例二途,而不知考求民族进化之原则。针膏肓而起废疾,必在于兹。"①这则广告勾勒出了20世纪初年新史家眼中的《史学原论》的总体印象,更道出了新史家群体对于旧史家的不满。至于所说的"针膏肓而起废疾,必在于兹"虽不免夸大,但并非空穴来风,这一点只要我们联想到梁启超的《新史学》与浮田和民的《史学原论》之间的关联就不难理解了。另外,由吴玉章等川籍同盟会员创办的《四川》创刊号上刊登了山县初男的《西藏通览》和神藤才一的《欧洲列强近世外交秘史》的广告。其中谓《欧洲列强近世外交秘史》"叙述外交之纵衡巧妙,坛坫之权术机密,迥非坊间通行本所能道其万一"②,从外交史的视角来进行评骘,也有参考价值。其他一些有影响的报刊上也常见史书广告,如《国风报》(第二年第三号,《国史读本》广告)、《游学译编》(第八期,《波兰衰亡战史》广告)、《译书汇编》(第二年第九期,《最近俄罗斯政治史》广告)等,从中可窥见晚清报刊史书广告的大体面貌及其价值。

还有一个值得关注的细微现象,即史书广告并非一成不变。如《民报》第9号中《太平天国战史》的广告只谓"是书可作汉族近世独立史读;是书可作太平朝政治史、外交史及人物志读;是书体裁完美,义例森严,可称绝作;是书文章宏丽骏快,与时下出版物异趣"③。内容还比较简略。但到了《民报》的第10号上,同样还是这部《太平天国战史》,广告词却变得更加有分量了:

　　本书参考中外东西书籍数十百种,以东西史家炯眼纪述当日太平朝与满清战役,旁及典章制度、人物事迹,以太史公夹论叙爽(疑为"夹论夹叙"之误——引者)之法施之。行文不独史界杰作,抑亦文界巨制。……本书曾经《民报》《复报》《中西日报》《大同

---

① 《湖北学生界》第1期卷首《史学原论》广告,1903年1月29日。
② 《四川》第1号卷首《欧洲列强近世外交秘史》广告,1908年1月5日。
③ 《民报》第9号卷末《太平天国战史》广告,1906年11月15日。

日报》各大杂志新闻或著论介绍,或题诗表扬,又得我国近代民族主义伟人余杭章太炎先生署眉,日本侠士《革命评论杂志》编辑人白浪滔天宫崎先生、留学美国哈弗尔大学学生汉南君题词,岂惟本书之光荣,亦史界之佳话也。①

较之前一条广告,增加了史源、笔法、学界反响等内容,同一著作广告词的变迁,一方面固然是出于商业营销的需要;另一方面也可以看出,其中蕴含的史学批评已具有一定的学术水准。

下面以《新民丛报》和《东方杂志》为例,列出简表,从中可窥见晚清报刊史书广告及其价值之一斑。

附表2:《新民丛报》1902年所刊历史书籍广告举要

书　名	广　告　词	期　数
《世界近世史》(日本松平康国著,梁启勋译述,梁启超案语)	史也者,叙述群治之原因结果也。因果不一,而最繁颐者莫如近世史。近世史者,十九世纪史之母也。……欲知最近世史之果,不可不求其因于近世史。此篇为专门学校讲义,煌煌巨帙,东国史籍中第一善本也。译者夙有家学,文辞斐然,复经饮冰室主人校阅,加案语百余条,将书中要点逐一剔出,以卓特之学识,雄奇之文笔,论断之而一以资鉴于我祖国。学者苟读一过,则于史学之常识思过半矣。	第8号
《历史哲学》(美国威尔逊著,罗雅译)	历史哲学者何也?以哲学之理论观察历史也。故寻常历史譬犹形质,历史哲学譬犹精神。其重要不待言矣。……苟欲治新史学者乌可不一读。	第14号
《支那史要》(日本市川赟次郎著)	学者为学,历史要矣,而本国史尤要。惟我国二千年来之史书汗牛充栋,虽竭毕生精力,犹不能尽,学者苦之。本局有慨于是,特辑译是书,俾便学者。其中提纲挈领,抉要钩元,于制度沿革、对外政策,尤所着眼。	第15号

① 《民报》第10号卷末《太平天国战史》广告,1906年12月20日。

书　名	广　告　词	期　数
《十九世纪大势变迁通论》	本书以卓识宏议而论列之,读之不特可知近世各国变迁之大势,而今日世界之大舞台,行将移于我国,而其变迁或更有不可思议者,得此庶亦可为借鉴而求所以应变之道矣。有志经世者盍急手一编。	第 17 号
《万国兴亡史》（日本松村介石著）	其书全用史论体,专言文明盛衰之原,诚日本前此未有之作也。书中于中世特详,日本人所著中世史,前此无一善本。本局既出《西洋上古史》《世界近世史》《欧洲十九世纪史》,合以此编,则数千年之史备矣。	第 18 号
《西洋上古史》（日本浮田和民著）	此书为日本人所著历史中第一善本。	第 18 号
《铁血宰相传》（日本吉川润二郎著）	著者熟精德国历史,尤喜搜寻俾士麦故事。此书以英人查路士所著俾公传为底本,而旁参以《欧洲近世史》,共分十九章,自俾公幼稚时代以至终末,原原本本,殚见洽闻,信为俾公传之大观也。至其议论之慷慨激昂,文章之坚卓锐达,令读者慨然想见英雄之能造时势,感发而兴起也。	第 20 号
《意大利建国三杰》（饮冰室主人著）	此等爱国名人传记,最足发扬精神。著者才笔纵横,感人尤切。欲教少年子弟以文学者,最宜以此等书为读本,胜于寻常教科书万万也。	第 22 号

附表 3:《东方杂志》1904 年所刊历史书籍广告语一瞥

书　名	广　告　词	期　数
《世界近世史》（日本松平康国著,中国国民丛书社译）	自十五世纪末迄十八世纪,其野蛮文明过渡之时代乎?学问之复兴、宗教之革命、君权之变迁,皆于此数百年间现出无数变态。中世之果于此时结,近世之因于此时种。故《世界近世史》虽非历史之全部,实为世界历史最发达之时代。是编叙事简而不漏,论断卓尔不偏,煌煌巨帙,诚历史上空前绝后之作,欲研究世界变迁之状态者,必先睹为快也。	第 1 期

书　名	广　告　词	期　数
《欧洲新政史》上编（德国米勒尔著,商务印书馆重译）	是书于欧洲各国大局之变迁,政体之改易,逐事纪载,详尽无遗。全书都三十余万言,实为近世史中最富、最博之本。愿我国人无分新旧,普读是书,其所得幸福当不少也。译笔精审,绝无寻常东文译本满纸沙石之病。	第1期
《世界历史问答》	研究实学,历史为先。但欲贯注古今,于纪事、编年等书中尤以问答体者为易明晰。此编分上古、中古、近世,一切大事无不备载。	第2期
《中国历史教科书》（商务印书馆编）	学堂科目莫要于本国历史。今各省已设中学而所用尚无善本,殊为学界遗憾,本馆特聘通儒搜集各种历史课本,撮其菁英,编成此帙,分为七卷,历朝大事无不备载,繁简适当,断制谨严,可为现时中学教科善本。	第4期
《清史揽要》（日本增田贡著,商务印书馆译订）	是书为日本所撰,而引用各书悉皆我国人所著,故捃摭国朝二百数十年之大事,提纲挈领,颇得体要。以本朝之人而不知本朝之事,可耻孰甚! 学堂之人固宜读是书,即非学堂中人亦宜家置一编也。	第5期
《最新中国史教科书》（姚祖义编）	上起五代,下迄两宫回銮下诏变法之日。凡分两册,共二百四十课,约十万言。文辞雅驯,体例精当,至叙述国朝事实,立言得体,无一毫时下嚣张之习,并附历代图表,尤便检查。	第6期

总的来看,广告中的史学批评具有以下几个特点。一是商业性。毋庸讳言,有的广告出于商业目的,对史书的评价过分拔高,如"第一""最宜""不可不读""空前绝后"之语。这需要研究者有所分辨,自觉地删削这类浮夸之词,才能提炼其史学批评价值。二是精炼性。广告篇幅一般较小,但基本能够对史书内容、史论和文字表述功夫作简要点评。三是分散性。史书广告依附于各种报刊而存在,比较零散,需要在搜集与汇聚之后估量其总体价值。四是时代性。广告词中常流露出以他国兴衰为中国之鉴戒的思想认识,尤其是关于锻造爱国精神、民族主

义,捕捉世界大势的迫切心理,富有现实意义。书刊广告这种看似不起眼的"豆腐块",凭借其个性化的语言、不失精到的评价和庞大的数量在晚清史学批评史上占据了一席之地。

(三)新书评介:史学批评的专栏化

报刊上的新书评介栏目在清末史学批评演进中的地位与作用可以从三个方面来认知。一则新书评介兼有导读和评论两种功能。二则新书介绍的第一属性是学术批判。三则晚清报刊设置新书评介栏目,使得新书介绍已跻身于和论说、经济、学术、教育、军事、文苑诸重要栏目平等的序列。史学批评的专栏化创造了一个相对独立、自由的舆论空间,是晚清史学批评演进路径中的一个重要环节。

晚清报人已将学术批评视为报刊的重要使命,所谓"别其精粗,妄为评论。择其善者为海内读者之介绍,择其否者为海内译者之箴规"①。新书评介是了解学界动态的重要渠道,更是学术批评的重要模式。因为选择哪些新书来介绍,意味着对于学术的认知与鉴赏,这里说的"择"实际上已经是一种隐性的批评。而新书评介中的显性评价则是人们书写晚清史学批评史的重要依据。

晚清报刊上的新书评介栏目有的名为"绍介""绍介批评",有的叫做"介绍新书",其实质是一样的,即通过评论新近出版的学术著作来向人们介绍学术动态,而评判优劣高下自是其题中之义。《新民丛报》上的"绍介新著"栏目是晚清报刊中较有的特色一种。《新民丛报》创刊号上就明确说明:"凡各处新出之书,无论为著为编为译,皆列其目,时加评骘。"②这里的"评骘"二字凸显了这个栏目的批评色彩。该期《新民丛报》介绍了亚当·斯密的《原富》(严复译)、谭嗣同的《仁学》和梁启超的历史人物传记《李鸿章》。其中,对《李鸿章》的评论堪称精

① 《大陆报》第 1 号《新著批评并叙》,1902 年 12 月 9 日。
② 《新民丛报》第 1 号《本馆告白》,1902 年 2 月 8 日。

彩的史学批评个案:

> 此书以泰西传记新体,叙述李鸿章一生经历而论断之。其体
> 例实创中国前此所未有。著者之文章,常见于《清议报》中,世间
> 早有定评。此编非徒为李鸿章作行状,盖以李鸿章时代之历史,实
> 为中国数千年来未有之变局,而一国之事,几无不与李有关系,故
> 此书又名《四十年来大事记》云。……于数千年来群治之积习,及
> 数十年来朝政之失宜,所以造成今日之结果者,尤三致意焉。思想
> 伟大,而笔力足以达之,诚近今之鸿著也。惜著者与李鸿章相交不
> 深,不能多识其性行事实,又越在海外,所据之书籍不多,或不免有
> 遗漏舛误之处。然此书既非为李鸿章一人而作,则读者但求其精
> 神可耳。九方皋之相马不必惟牝牡骊黄之是问也。①

在不到三百字的篇幅里,对《李鸿章》的体例、梁启超的文笔、本书特
色、读史目的等都作了评价。尤其难得的是,对于梁启超这样一位响当
当的史学家,评介者并不是一味赞美,而是直言不讳地指出了《李鸿
章》的两点不足——材料上的遗漏和知人论世上的偏颇。清季报刊新
书介绍中的史学批评水准于此也可见一斑。《新民丛报》还比较注意
评介外国史学家的著作,如对由日本学者柴四郎所著、麦鼎华翻译,上
海广智书局出版的《埃及近世史》的评论:

> 读建国之史,使人感,使人兴,使人发扬蹈厉。读亡国之史,使

---

① 《新民丛报》第1号《绍介新著》,1902年2月8日。另,《清议报》中已对《李鸿章》一书作
了简要点评,谓"此书凡十五万余言,叙述李鸿章一生事迹而加以论断,以极公平之史笔,
寓极伟大之思想。不徒为李鸿章一人作,实为中国作也。有心时事者,不可不家置一编"
(见《清议报》第100册卷末《本馆新刊书目告白》,1901年12月21日)。两相比较可见,
《新民丛报》继承并扩充了《清议报》对《李鸿章》的点评,这种同一部史书在不同刊物上广
告或绍介的情况并不少见。

人痛,使人惧,使人怵然自戒。史也者,诚养国民精神之要务哉。虽然,处将亡之势,而不自知其所以亡者,则与其读建国史,不如读亡国史。埃及与中国最相类者也,其古代之文明相类,其近世之积弱而中兴,中兴而复积弱相类。故欲鉴中国之前途,不可不读埃及史。柴氏以晁、贾之才,班、马之笔,亲游彼都,归著是书。麦氏以其可以药我也,故从而译之。①

作者提出的"史也者,诚养国民精神之要务"颇得新史学之要领。一般说来,从国民精神的培育来看,阅读建国史能催人奋进,胜于亡国史的哀婉悲戚,但对于晚清中国人来说,却恰恰相反。因为已"处将亡之势",故而"与其读建国史,不如读亡国史"。亡国之史令人痛彻心扉,惊惧警醒,能激发勇往直前的气概。史家强调国人要读亡国史,目的显然是要让国人知耻而后勇,不做亡国奴。这大概符合作者的心理。"受当时国势衰微刺激,译写亡国史一时成风,仅 1900 年至 1911 年间出版的亡国史论著多达五十余种。"②亡国史的风行反映了清末知识界的集体焦虑。这篇绍介文字对著述、译书的初衷作了点评,虽然"晁、贾之才,班、马之笔"的评价溢美不实,但不愧是一则篇幅短小但内涵丰富的评论。《新民丛报》上还评介了《十九世纪外交史》(第十八号)、《世界近世史》(第三十号)、《支那四千年进化史》(第三十二号)、《世界通史上卷》(第三十六号)等。

　　从清季报刊栏目的设置情况来分析,注重"新书评介"者并非只有《新民丛报》。《东方杂志》也十分重视对新出历史书籍的评介。该刊第一期上专门设立的"新书介绍"栏目评介了四部学术著作,其中之一便是姚祖义编纂的《最新高等小学中国历史教科书》。评论者认为清季的历史课本多是"取日本成书点窜一二以为之,颇有伤于国

---

① 《新民丛报》第 6 号《绍介新著》,1902 年 4 月 22 日。
② 王学典主编:《20 世纪中国史学编年(1900~1949)》上册,第 3 页。

民之感情",而姚氏的这本书"出自吾国人手,一切弃取,无所偏蔽。全书二百四十课,上起太古,下迄现今。其于历朝盛衰之故,因革之端,固能举其大纲",又"无时下嚣张之习"①。这番话的重点不在于平铺直叙地介绍该书的内容,而在于批评晚清历史教科书编纂中过度承袭日人的弊病,赞扬姚书的创造性。1903 年,创办的《浙江潮》②在第七期的"绍介新著"栏目中,评介了《中国历史》上卷(横阳翼天氏编译)、《中国文明发达史》(黑风氏译补)、《法兰西革命史》(青年会编译)、《社会进化论》(萨端译)、《西伯利亚大地志》等五种历史著作,其中对《中国历史》的评论切中肯綮,反映出报刊新书评介的理论价值:

> 历史为国魂之聚心点、国民爱国心之源泉。然我国之史非余一人之家谱,即强有力者同族相残之战斗记。以故人人不知国家,而为异族之奴。横阳翼天氏痛之,特编《中国历史》一种,其上卷于今年初夏出版,体裁新辟,材料丰多,而又以民族主义为其宗旨,诚我国历史界开创之大作,而普通学教科书中稀有之善本也。国民,国民,不可不急读!③

所谓"国魂之聚心点""爱国心之源泉""一人之家谱""不知国家"诸语,构成了这条批评的核心术语,这已是晚清新史学批评家共同的史学理念。作者秉承新史学的精神以观《中国历史》,指出该书的宗旨为"民族主义",可谓执简驭繁,其落脚点则在鼓动国民阅读此书。但联系到当时的社会状况来看,"国民,国民,不可不急读"已然超越了商业

---

① 《东方杂志》第 1 期《新书介绍》,1904 年 3 月 11 日。
② 《浙江潮》于 1903 年 2 月在日本东京创刊,是一份由中国留日学生浙江同乡会创办的月刊,孙翼中(江东)等主持其事,思想倾向于革命,共出版 12 期,一说出版 10 期,约在 1903 年底 1904 年初停刊。
③ 《浙江潮》第 7 期《绍介新著》,1903 年 9 月 11 日。

宣传的范畴,而反映出新书评介专栏在沟通史学与社会方面所作出的积极努力。

在教育类杂志中,也有新书评介专栏。如由上海商务印书馆出版的《教育杂志》自创刊号始便设"绍介批评"栏目,仅 1909 年就论及多部在晚清民初有影响力的历史教科书。

附表 4:《教育杂志》1909 年刊发的历史教科书评介举要

书　名	绍　介　批　评	期　数
《简明中国历史教科书》(蒋维乔编,商务印书馆发行)	缩四千余年之历史于小册之中,取材适当,文句简明,其于历代事实但分先后,不及完全系统,期合儿童心理,注重我国文学、风俗、农、工、商等之进化,深得历史教育之本旨。	第二期
《初等小学中国历史读本》(吴曾祺编,商务印书馆发行)	坊刻初等小学历史教科书,几无一适用之本,非记者苛论也。……吴君此书专为初等小学后二年之用,秩序了然,取舍得当,文字亦尚明显。惟全书二百余篇,篇凡二百余字,以定章之时间核之,足供五年而有余,是其程度分量不能与初等小学相称。	第三期
《本朝史》(沈恩膏编,中国图书公司发行)	历史宜略于古代,详于近代。然编近代史则较古代史为难。盖古代事实既简,是非已有定论,则取材易,判断亦易。近代事实较繁,是非亦有未能一定者,则取材难,判断亦难。此编本朝史者既鲜,而善本亦不多觏也。是书共分五章……叙事简洁,断制有法,足称善本。惟全书分量过少,以为中学校及师范学校用书,似嫌太略。于近事间有据报章传闻之讹,采为事实者。	第四期
《中等教育万国史》(凌庭辉编,新学会社发行)	万国史者,所以研究国与国相互之关系者也。近今出版之外国历史,多芜杂不能卒读,求其叙述明晰,可充教科之用者,盖不多觏。……(本书)叙事前后分明,于各国盛衰兴替之故,政治学术进化之由,皆得其大概。惟名为《万国史》,而于东亚诸邦则略之,实与西洋历史无异。	第四期

书　名	绍　介　批　评	期　数
《中学西洋历史教科书》 (吴渊民译述,广智书局发行)	历史定义在研究社会人类之进化,故泰西史家凡有著述,必以关系社会人类之进化为标准。吾辈之读西史,注重在此。而今日之译西史,亦当持此意旨以定取舍。吾国自有翻译西籍以来,西史寥寥,而可充中学堂用,已辑为教科书者,益不可得。记者搜罗至再,似以傅岳棻氏之《中学西洋历史教科书》为最佳,其次即吴氏此编。……吴君执笔时,曾几费斟酌,故能叙事简要,措词顺适如是。……吾读今日汉译之西史,大抵愈近愈略,或且不一涉及。不禁嗒然伤之,是以译著西史诸君子所当呕呕从事者也。	第六期
《国耻小史》 (沈文浚编,中国图书公司发行)	诚哉! 国耻之不可忘也。吾国自道光以后之历史皆国耻史也。而至今无专书以记之。一般之民乃相习于耻而不觉。甚且依倚外人,以自戕其同类。岂其本性如是哉,抑亦教育家之过也。是书为一小册,自美国五口通商起,至俄国占领满洲止,凡为记二十六篇,名曰《国耻小史》,诚需要之书。惜其书不类历史,每篇之中叙事极略,遗漏甚多,读者不无遗憾。倘能重编一良好之国耻史以饷我国民,其裨益国民教育,岂浅鲜哉!	第七期
《中国历史教科书》 (汪荣宝编,商务印书馆发行)	断制谨严,叙事明晰,洵为本朝史中独出冠时之作。近今出版中学中国历史教科书,以丹徒陈庆年所著者为最精核。惟陈书只及明代而止,读者病焉。以是书继之,供中学之用,庶几两美璧合矣。	第七期

这里不妨讨论一下新书评介栏目与广告中的史学批评之间的异同。相同之处是二者都围绕某一史书的内容和价值进行评介。但广告中的评论一般就事论事,少有发挥,而且极少批判之语,商业色彩明显。新书评介栏目在对书籍的具体点评之外,还常对史学本体或某一史学现象进行评论,触及史学思想,因而理论性较强。这些新书评介因绍介者的政治立场、学术素养等差异,对史书的评论也未必尽为允当,但从中仍可观察到晚清知识分子理想中的史学形象。他们指出史书的不足

之处,不仅起到了引导史学发展的作用,也可借此窥探史学变革的端倪。

　　总之,晚清报刊在推动史学批评发展方面发挥了重要作用。作为一种新兴媒介,报刊起到了凝聚重大理论问题,提供争鸣平台的作用。报刊的阅读面广泛,影响力较大,这使得公开的、大规模的商榷成为可能。在某一时段内,形成了史学界普遍关注、众多学者参与争辩的史学话题。日报、周刊、旬刊、半月刊、月刊等报刊的时效性很强,能够以较快的速度将最新的史学批评动向传递给史学界。批评者的挑战与被批评者的回应,几乎可以在报刊上展开共时性的交锋,加快了史学批评的传播速度,缩短了批评者相互回应的周期。这种情况在古代史学批评史上是很难想象的。中国传统史学批评因媒介的制约,往往要在沉寂较长时间后才为史家所周知。报刊的介入恰恰弥补了传统史学批评载体的这一缺憾,是晚清史学批评对于古代史学批评的一个突破。此外,报刊的时间印迹清晰。以往我们在判断古代史学批评家写作某些篇章的时间上存在很大困难,甚至出现无从查考的情况。通过报刊的出版时间,我们可以判定晚清批评家撰述的大致日期。这也为晚清史学批评史的纵向书写提供了时间符号。晚清史学批评史上"有史"与"无史"的争辩,"君史"与"民史"的讨论,就是这种带有明确时间痕迹的重要问题。

二　无史与有史之争

　　20世纪初,史学批评的热门话题有二:一是中国古代之"无史"与"有史"的争论。二是关于"君史"与"民史"的大讨论。这两个话题相互交织在一起,成为清末史学批评史上最具争议的一页。

(一)"吾党常言":"无史"论对旧史学的迎头痛击

　　1901年,梁启超在《中国史叙论》中开门见山地指出:

> 史也者,记述人间过去之事实者也。虽然,自世界学术日进,故近世史家之本分,与前者史家有异。前者史家不过记载事实,近世史家必说明其事实之关系,与其原因结果。前者史家不过记述人间一二有权力者兴亡隆替之事,虽名为史,实不过一人一家之谱牒。近世史家必探察人间全体之运动进步,即国民全部之经历,及其相互之关系。以此论之,虽谓中国前者未尝有史,殆非为过。①

梁氏指认旧史等同于谱牒,旧史家只是记录权力之陈迹。翌年发表的《新史学》延续这一论点,批判的口吻则更加严厉:

> 吾党常言:"二十四史非史也,二十四姓之家谱而已。"其言似稍过当,然按之作史者之精神,其实际固不诬也。吾国史家,以为天下者君主一人之天下。故其为史也,不过叙某朝以何而得之,以何而治之,以何而失之而已。舍此则非所闻也。昔人谓《左传》为相斫书,岂惟《左传》,若"二十四史"真可谓地球上空前绝后之一大相斫书也。②

"二十四史"荟萃数千年之史事人物,是中国旧史学的主干,在清代乾嘉时期更是享有了钦定"正史"的崇高地位。古人固然也批判历代正史之不足,然充其量不过是指摘体例之不当,记事之曲笔、回护,叙事之繁简失宜云云,翻开《新唐书纠谬》和《读史纠谬》《廿二史札记》《十七史商榷》《廿二史考异》便可印证。古代史家从未有如梁启超这样的口诛笔伐:"中国前者未尝有史",旧史简直不足以称史。其依据则是旧史书只记述朝代兴亡之事,类于帝王家谱,而不探求人类全体运动及其因果关系、公理公例。这个论断一经发表,凭借着梁启超的大名,迅速

① 梁启超:《饮冰室合集》文集之六《中国史叙论》,第1页。
② 梁启超:《饮冰室合集》文集之九《新史学》,第3页。

在史学界传播,给中国传统史学沉重一击。从乾嘉到清末不过百年光景,何以对"二十四史"的评价却发生了如此颠覆性的变化?"二十四史"的内容和形式是固定不变的,变的是批评家的观念和价值取向。

这里还有一个细节需要注意,梁启超在发论之初用了四个字:"吾党常言"。意思是说,上面的话是梁启超在 1902 年以前便已常说的,而且不止梁氏一人如是言,"吾党"是一个志同道合的群体。检视百余年前的这场论争,梁氏所言不虚。"二十四姓家谱"之说早在 1897 年梁启超便已经明确提出了:"若二十四史,则只能谓之廿四家谱耳!无数已往人与骨皆朽化矣,而斤斤记其鸡虫得失,而自夸曰史学史学,岂不谬哉!"[①]至于"吾党"也确有其人。1898 年,时任湖南学政的徐仁铸就这样写道:

> 中国二千年政治学术,大率互相因袭,未尝衡以公理,而思所以变通之道。……史者,欲使后世知一朝所以立国之道而已。西人之史皆记国政及民间事,故读者可考其世焉。中国正史仅记一姓所以经营天下,保守疆土之术,及其臣仆翼戴褒荣之陈迹,而民间之事悉置不记载。然则,不过十七姓家谱耳!安得谓之史哉?[②]

徐仁铸比较中西史学之不同,认为西史重视记载民间事,而中国旧史对此付之阙如,"十七姓家谱"与梁启超之说如出一口。至于徐仁铸所批判的旧学术"未尝衡以公理",也让人想到梁启超后来关于"新史学"要探究"公理公例"的表述。戊戌变法前后,梁启超与湖南知识界具有密切的联系,叶德辉就称徐仁铸为"康门之士"[③],而梁启超又是康氏得意

---

① 梁启超:《湖南时务学堂札记批(节录)》,李华兴、吴嘉勋编:《梁启超选集》,上海人民出版社 1984 年版,第 62 页。
② 徐仁铸:《輶轩今语(续)》,《湘学报》第 30 册,1898 年 3 月 13 日。
③ 叶德辉:《〈輶轩今语〉评》,载《翼教丛编》卷四,沈云龙主编:《近代中国史料丛刊》第六十五辑,第 200 页。

弟子,徐仁铸与梁启超自是一党。由此看来,梁启超的"吾党常言"实有所指。

此后的史学批评史又告诉我们,梁启超的"家谱"说并不局限于"吾党常言"的范围内,因为一些在政治主张上与梁启超并非一党、在学术观念上也有差异的人也如同梁氏一样批判旧史学。1903 年,"革命军马前卒"邹容大呼:"中国人无历史。中国之所谓二十四朝之史,实一部大奴隶史也。"[1]1905 年,得到章太炎称赞的黄小配也说"余尝谓中国无史"[2]。还有曾鲲化的"中国有历史乎? 何配谭有中国历史乎? 余一人朕天子之世系谱,车载斗量,而中国历代社会文明史,归无何有之乡。飞将军、大元帅之相斫书,汗牛充栋,而中国历代国民进步史,在乌有子之数"[3]。有意于"改良经史"的许之衡,也批评旧史"是朝史,而非国史也,谓为二十四朝之家谱,又岂过欤?"[4]这里所说的"世袭谱""相斫书""二十四朝之家谱"都是梁启超《新史学》中的标志性概念和术语。梁启超之后,"无史"论者所持的观点与批判的路径,甚至言说的词汇都与梁启超有亲缘关系。

青年才俊邓实[5]比较了"旧史氏"和"新史氏"截然不同的说法后,思想的天平倾向了"新史氏",说:

> 又闻之新史氏矣,史者,叙述一群一族进化之现象者也,非为陈人塑偶像也,非为一姓作家谱也。盖史必有史之精神焉。异哉中国三千年而无一精神史也。……若所谓学术史、种族史、教育

---

[1] 邹容:《革命军》,中华书局 1971 年版,第 31 页。
[2] 黄小配:《洪秀全演义·自序》,上海古籍出版社 1981 年版。黄小配(1872—1912),广东番禺人,名世仲,笔名禺山世次郎,同盟会会员,参与过黄花岗起义。《洪秀全演义》于 1905 年开始在《有所谓报》和《少年报》连载,全书未完,后结集为单行本出版。
[3] 横阳翼天氏:《中国历史出世辞》,《中国历史》上卷,第 3 页。
[4] 许之衡:《读〈国粹学报〉感言》,《国粹学报》第 1 年第 6 期,1905 年 7 月 22 日。
[5] 邓实(1877—1951),字秋枚,号野残,广东顺德人。1902 年,邓实在上海创办《政艺通报》。1905 年,邓实与黄节创办《国粹学报》。这两份刊物上发表了大量论史学和国学的文章。邓实还编辑了《政艺丛书》,是晚清"国粹派"的主要干将之一。

史、风俗史、技艺史、财业史、外交史,则遍寻乙库数十万卷,充栋之著作,而无一焉也。史岂若是邪? 中国果有史邪? 呜呼! 中国无史矣![1]

邓实接受了梁启超对史学的界定,以及梁启超对中国传统史学的批判,所得出的结论也与梁启超大体相同。"吾观中国之史,则历朝之家谱耳、墓志耳、相斫书耳。"[2]需要指出的是,邓实与梁启超在"无史"论上也有细微的区别。梁启超是笼统地说中国"无史",邓实则认为中国"其先固未尝无史",司马迁之后方无史可言。中国的"无史"经过了"始亡""复亡"到"真亡"这样一个漫长的过程,"自周史佚、辛甲、史籀、史聃、史伯而后无闻人,而史始亡,自鲁史克、史邱明而后无闻人,而史复亡。自司马(迁)而后,永无闻人,而史真亡"[3]。

1903 年,罗大维翻译浮田和民的《史学通论》,在译本序言中唯一讨论的问题,便是中国有无史学:

> 稽我支那,上下五千年,纵横九万里,社会久且烦,幅员广且大。以此而成历史,宜不知陈篇累秩("秩"当作"帙"——引者),具如何壮观也。而支那方无史。或曰:恶,是何言也? 以支那立国易姓二十有四,其间为悲剧、为惨剧、为喜剧、为乐剧者,不知凡几。无姓无事,无事无纪,方长吾人之目线,竭吾人之脑力,不足以偿其代价,何得云无? 曰此而曰史,吾言诚谬矣。西哲有阅吾史者曰:支那之不能发达进步,支那之史不能辞其为一种原因也。支那史非不浩博,非不赅贯,第皆为一家一人之事而已,初无及于社

---

[1] 邓实:《史学通论一》,《政艺通报》第 12 期,1902 年 8 月 18 日。
[2] 邓实:《民史各叙》,《广益丛报》第 62、63、64 期合本,1905 年 1 月 20 日。
[3] 邓实:《史学通论一》,《政艺通报》第 12 期,1902 年 8 月 18 日。

> 会之全体者也。此而谓之为一人小传也可,谓之为一家族谱
> 也可。①

罗大维自问自答,分析了中国何以"无史"。一方提问:中国历史悠久,地域广袤,史籍浩繁,竭一生才智,亦不能穷尽,何谓"无史"?罗大维回答说,按照旧史学的理论和逻辑,中国自然是有史的。但若按照西方史学的观点反观中国史学,那些汗牛充栋之史籍记载的不过是"一家一人之事",没有关涉"社会之全体",充其量是个人小传和家族谱牒罢了。从这个角度来说,中国"无史"。

梁启超、邹容、黄小配、许之衡、邓实、罗大维等人,无论是维新派、革命党,还是文化国粹派、新学译介者,皆把矛头指向旧史学,斥之为无史可言。旧史学迅即成为众矢之的,"无史"之论其兴也勃,成为挑战旧史学的急先锋。平心而论,梁启超等人对旧史学的具体批评并非毫无道理,甚至颇有所见,但"家谱""相斫书"的本义在随后的主观解说中不断演化、扭曲,最终得出"无史"的结论,则不能不说距离事实越来越远了。故而随之而来的对于"无史"的挑战也就显得顺理成章了。

(二) 旗鼓相当:"有史"论者的激烈反击

在学术史上,当一种新的理论蓬勃而出之时,往往会有另一种相反的力量与之颉颃。陈黻宸②等人以《新世界学报》③为阵地,与"无史"论者所展开的针锋相对的辩论便是如此。

---

① 罗大维:《史学通论序》,进化译社 1903 年版。
② 陈黻宸(1859—1917),字介石,浙江瑞安人。陈黻宸一生主要从事教育和历史研究、哲学研究,先后执教于平阳龙湖书院、青山书院、时务学堂、杭州养正书塾、京师大学堂、两广方言学堂、北京大学等校,培养了马叙伦、冯友兰、许德珩、陈钟凡等著名学者。
③ 《新世界学报》于 1902 年 9 月创刊于上海,半月刊,实际主持者为陈黻宸,至 1903 年 4 月共出版 15 期即停刊。该报虽存在仅半年多时间,但影响较大,发行后即得到了学术界的好评,谓其"新说名论,络绎不绝,实可为我报界进步之征,且可为我思想界、文界变迁之征"(《新民丛报》第 18 号《绍介新著》,1902 年 10 月 16 日)。

　　能否将陈黻宸作为清季倡言中国"有史"的重要代表,史学界还存在明显的分歧①。这个问题是讨论"有史""无史"时无法避开的话题,故需加以辨析。陈黻宸的《独史》"意在发渔仲之孤怀,补实斋之有待"②,文中的确屡次言及中国"无史",若云:"中国之无史亦宜哉","中国之无史,我固不能为明帝恕矣","吾观于南北朝之史,而益不能不叹息痛恨于中国之无史也。"若从字面上看,陈黻宸似应属于"无史"论的一员,实则不然。陈黻宸虽说过上面的话,但他又说:"夫史者,人心中天然自有之物,而但假于学士文人之笔以传者也。无天地则已,有天地即有史。天地间无一物则已,有物即有史。我亦史界中之一物也。""二千五百年之前有《春秋》,二千年之前有《史记》,一千年之前有《通志》。感不绝于予心,抚遗文而涕陨,我非以此求知于世也。夫史学之无传久矣,知史者盖难言矣。"言语之间,与梁启超等人的大批判口吻已有不同,且对古代史学家有不少正面的评价。细揣陈黻宸所论和他所列出的作史纲目,他理想中的新史学是离不开旧史学的。"今之作史者,宜效《史记》作帝王年月表,效陈寿《三国志》而去本纪之例。"要"据我中国古书,旁及东西邻各史籍,荟萃群言,折衷贵当,创成史例"③。从陈黻宸所列出的"八表""十录"和"十二列传"来看,陈黻宸的"新史学"明显带有司马迁、陈寿、郑樵、顾炎武等人作史、论史的特点。摆脱一字一句地理解,从《独史》全文主旨和陈氏的新史学主张与实践来看,与其将陈黻宸所说的"无史"理解为中国古代没有历史学,似不如解读为中国古代史学日渐衰落更妥当。"无史"之"无"的真正内涵乃"衰落",而不是"没有"。在郑樵的时代,中国仍然是有史学

---

① 关于陈黻宸主张中国"有史"还是"无史",学界有不同的看法。王汎森认为陈黻宸是主张"无史"的,见氏著《中国近代思想与学术的系谱》,河北教育出版社 2001 年版,第 190 页。林辉锋则认为陈黻宸是主张"有史"的,并说:"在主张'有史'这一点上,陈黻宸和马叙伦基本上是一致的。"见氏著《从史学到文字学:马叙伦早年学术兴趣转变的内在思路》(《中山大学学报》2007 年第 5 期)。

② 胡珠生编:《宋恕集》卷五《推荐国文学堂监督人选禀》,第 401 页。

③ 以上引文皆见陈黻宸:《独史》,《新世界学报》第 2 期,1902 年 9 月 16 日。

可言的。《通志·二十略》的史学价值及其所表现出的史学上革故鼎新的气象即是明证。郑樵而后,也不能断然说中国没有史学,因为陈黻宸特别推崇的章学诚就生活于清代中期。

如果说陈黻宸的《独史》只是在事实上肯定古代史学,还没有在字面上明确提到中国有史的话,那么,在《论史学与政治社会之关系》一文中陈黻宸则鲜明地表示了中国"有史"。他说:

> 余每读《史记·八书》与《通志·二十略》,反复沉思,得其概略,未尝不叹今之谈史学者辄谓中国无史之言之过当也。①

陈黻宸的这句话可以为今人理解上的歧异作一个了结了。继《独史》之后,《新世界学报》上又接连发表了批驳"无史"论的文章。陈黻宸的弟子杜士珍在《班史正谬》一文中慷慨陈词,说:

> 中国历史之学,自昔大盛。三代以上无征已。孔子《春秋》旨存三世,极东西大哲学家、大政治家不能望其肩背。即降而至汉,中遭秦祸,学术可谓大哀矣。然太史公《史记》罗列数千年之掌故,贯注以一家之精神,挺然为千古不朽之宏著。中国何尝无史?②

杜士珍虽未在文中点名,但"中国何尝无史"的反问明显是针对梁启超的"中国前者未尝有史"而发的。

陈黻宸的侄子陈怀撰写的《学术思想史之评论》,总论中国学术与

---

① 陈黻宸:《论史学与政治社会之关系》,《广益丛报》第84期,1905年9月28日。该文是陈黻宸《京师大学堂中国史讲义》中《读史总论》《政治之原理》和《社会之原理》三篇的集合,二者只有个别文字不同,又见于陈德溥编《陈黻宸集》下册,中华书局1995年版,第675—688页。
② 杜士珍:《班史正谬》,《新世界学报》第4期,1902年10月16日。

思想文化,"我中国,世界文明最古之祖国也。而今竟以无学闻天下哉! 我思之思之,不禁颜为之赧,泪为之枯,肝肠为之迸裂矣!"陈怀自称"史界之一分子",而"学术之辨,史氏之大宗也。虽然,我窃疑今之言学术者,多得之一二影响之谈,往往丹素相非,矛盾并出。"①这番话虽未明言"有史",但细思之又明明在讲"有史"。

从陈黻宸到杜士珍、陈怀,"有史"论者的观点愈发鲜明。而真正把这次论争推向高潮的,则是陈黻宸的得意弟子马叙伦②。在杜士珍的文章刊出仅半个月后,年仅 17 岁的马叙伦作《中国无史辨》,开篇便点明题旨:"人之言曰:'中国无史,中国无史。'夫有世界斯有国,有国斯有事,有事斯有史。中国非国乎? 何无史也?"文章一开始,马叙伦在表述上还显得有些压抑,但年轻人身上那种初生牛犊不怕虎的精神很快就占据了上风,他大声疾呼:"人之言曰:'二十四史非史也,二十四姓之家谱而已。'呜呼! 吾将信其言之无诬而不疑乎? 吾将集二十行省四百万万同胞而痛哭之,泪干而血继之。吾中国非国乎? 何无史也? 虽然,吾有疑乎其言。吾于是正告我同胞曰:中国固有史。"陈黻

---

① 陈怀:《学术思想史之评论》,《新世界学报》第 9 期,1902 年 12 月 30 日。

② 马叙伦(1885—1970),字彝初、夷初,浙江仁和人,曾任《新世界学报》《选报》《东方杂志》的编辑,与黄节、邓实、刘师培等组织"国学保存会",刊行《国粹学报》,是南社和同盟会成员,晚清国粹史学的代表人物。

　　1900 年,陈黻宸被聘为杭州养正书塾的史学教习时,马叙伦正就读于该校。马叙伦晚年回忆他与老师陈黻宸的交往,说:"这时三班的历史教员是刚刚请来的一位有名的历史学家陈介石先生(名叫黻宸),他老的古文也做得好,我们当初并不晓得,只当是一位布衣布鞋的乡下老先生。……我听了他老对历史上的议论,很感兴趣。""五体投地的归依"了。(马叙伦:《我在六十岁以前》,生活·读书·新知三联书店 1983 年版,第 10 页)马叙伦从陈黻宸那里获得了对于史学和时代的双重感悟,"我们从他老讲历史里说到六朝五代和宋明亡国的事,我们不知不觉地了解我们所处的时代","懂得须要革命"了。(马叙伦:《我在六十岁以前》,第 11 页)陈黻宸的历史研究方法和评论历史的视角对马叙伦也有一定的影响。(参见马叙伦:《石屋续渖·陈介石师之史论》,《民国丛书》第三编第 87 册,第 109 页)1902 年,杭州府学堂风波后[关于此次风波始末及陈黻宸辞职、马叙伦等学生罢课的情况,详见马叙伦:《我在六十岁以前》,第 15—17 页;陈谧编《陈黻宸年谱》"清光绪廿八年壬寅(1902)"条,载陈德溥编《陈黻宸集·附录》,第 1179—1185 页]陈黻宸病逝后,马叙伦作《陈先生墓表》和《祭陈介石师文》,说陈黻宸于弟子"三千之中,视我犹子"。(马叙伦:《祭陈介石师文》,载陈德溥编《陈黻宸集·附录》,第 1230 页)可见陈黻宸与马叙伦之间情谊深厚的师生情。

宸尚未明确与梁启超抗衡,而马叙伦则将批判的矛头直指梁启超。所谓"二十四史非史也,二十四姓之家谱而已"乃是梁启超的名言。马叙伦此文之专门针对梁启超而发,由此亦可证明。马叙伦文中所流露出来的那份强烈的情感蓬勃而出,所谓"泪干而血继之",发自一位热血青年之口,给人以震撼之感。马叙伦大声向同胞们宣告"中国固有史",也道出了他对于传统史学的根本看法。

《中国无史辨》用很大的篇幅为中国史学上的两位成就卓著的史学家——西汉的司马迁和南宋的郑樵辩护,因为在马叙伦看来,只要中国史学上出现了司马迁和郑樵,则中国之有史学便不成为问题了。"吾读史公书,直馨香而祝之,牺牲而祷之,祝其为中国倡特别之伟业,祷其为中国历史增大光耀。……自汉迄今千有余年,有与马迁上下映辉者何人乎?郑樵也。有与《史记》后先相望者何书乎?《通志》也。夫樵生学术泯晦之际,上下古今,详人所略,破千世之屯蒙,辟万代之精义,彼诚无愧于通哉!"①这是从中国史学的通史家风论到了司马迁与郑樵的史学贡献。在文中,马叙伦以"正曰"的方式,对班固以下至于王允、王通、刘知幾、王安石、马骕、纪昀等人关于《史记》《通志·二十略》的批驳加以疏通辨正,一则是捍卫司马迁和郑樵的史学成就,二则是要借此保卫中国旧史学的地位。

细读之,《中国无史辨》似还另有弦外之音,这就是以"国粹派"代言人的口吻对清末史学界一味学习西方史学、对本民族史学失去自信的作法表示愤慨:

> 自近载以来,举国谈士交口倡新学,登山而呼,四陲皆闻,和者靡然,如途途附。然所谓新学者,不过崇拜西人,如乡曲愚夫妇之信佛说,初未识其精旨也。是西学也,不闻其是昔是今,无不习之。

---

① 以上引文皆见马叙伦:《中国无史辨》,《新世界学报》第 5 期,1902 年 10 月 31 日。

是西书也,不顾其有用无用,无不译之,然而择焉不精,语焉不详,俚语充塞,贻笑通人。诋旧学如寇仇,斥古书为陈腐,欣欣得意,自以为他日中国之兴,皆若辈之功矣。然我论若是者,直杀我民之大蠹耳,亡吾国之蟊贼耳。吾尝闻诸吾国人言曰:"国之立也有大宝焉,是名曰国粹。国粹存则国存,国粹亡则国亡,国粹盛则国盛,国粹衰则国衰。"吾又闻之《新体欧洲教育史》曰:"国民教育而有外国语言文字实非得已之事。"呜呼! 是诚通言哉! 夫一国必有一国之特性,而后可言特立。……今日泰西诸邦皆各守其特性,各崇其国粹,莫有弃其国粹而盲从他人者。……中国之学术何尝不及泰西,中国又何尝无史? 呜呼! 恫哉,恫哉! 我中国人至今日而犹不改其奴习乎? 中国至今日而犹不急保其国粹乎?①

这段话至少包含了三层意思。第一,对当时学界动辄大讲新学、盲目崇拜西学的风气大为不满。第二,所谓新学对于旧史学的批判乃是动摇中国学术之本,是"民之大蠹"和"国之蟊贼"。第三,举起"国粹"大旗,从国家命运和民族前途的高度来倡导保存国粹,守护中国学术的精神。作为晚清"国粹派"的重要一员,马叙伦从晚清史学界的实际情形来反思中国学术的命运,又从当时西方国家对待本国学术的态度,反观部分中国学者对传统的大批判,深感保守国粹之急迫性。这就把关于中国之"无史"与"有史"的辩论升华到了在传统史学近代转型的语境下,如何看待中国传统史学,如何在西学东渐大潮中坚守民族传统,如何在百舸争流的世界环境下寻求中国的立国之道这些带有根本性的重大历史和政治问题上了。

1903 年,马叙伦发表的《史界大同说》可以视为《中国无史辨》的姊妹篇。在《史界大同说》中,马叙伦写道:"我中国其有史乎? 中国非

① 马叙伦:《中国无史辨(承前)》,《新世界学报》第 9 期,1902 年 12 月 30 日。

国乎？而何以无史？"这是继承了《中国无史辨》的口吻。马叙伦把史学分为四大类：政治史、宗教史、教育史和学术史。那么中国传统史学上有没有这四类史书呢？"此观察中国一代文化进退者不可不一集视线也，而亦研究中国史者不可不一注心系也。我请言中国史。"通过对《尚书》《诗经》《易》《春秋》《周礼》等古代经典的史学解读，马叙伦得出的结论是"中国古代仅有不完全之政治史、学术史，而无宗教史、教育史。然二者非无史也，附史于政治史耳"①。他仍坚持中国"有史"。

同为"国粹派"干将的黄节（1873—1935）把马叙伦的话题引向了更广阔的天地。黄节撰《黄史》，谈论他对于中国史学的总体意见：

> 黄史氏曰：大哉，史乎！吾观夫六经诸子，则吾群治之进退有可以称述者矣。不宁惟是，史迁所创若《河渠》《平准》与夫《刺客》《游侠》《货殖》诸篇，其于民物之盛衰，风俗、道艺之升降，靡不悉书。至如范晔之传党锢，谢承之传风教，王隐之传寒俊，欧阳修之传义儿，是皆有见夫社会得失之故，言之成理，为群史独例。概以谓吾国四千年旧史皆一家一姓之谱牒，斯言也，毋亦过当与？②

马叙伦主要依据司马迁和郑樵两位大史家来反驳"无史"说。黄节则补充了范晔、谢承、王隐、欧阳修等史学家。黄节认为中国传统史学中还是记叙了社会得失变迁的，旧史书中除了帝王将相，还有刺客、游侠、党锢等，可以考见社会风俗、经济状况，传统史家也在不断创新，所谓"无史"之说太过分了。饶有兴味的是，黄节与邓实共同创办《国粹学报》，是晚清"国粹派"的重要代表。但是，黄、邓二人在中国有史与无史的问题上却各执一词，截然不相入。这也提醒人们，晚清学术流派的内部存在着巨大的差异，不宜以贴标签的方法等同视之。《政艺通报》

---

① 以上引文皆见马叙伦：《史界大同说》，《政艺通报》第2年第15号，1903年9月6日。
② 黄节：《黄史·总叙》，《国粹学报》第1期，1905年2月23日。

是邓实等人的阵地，邓实主张中国"无史"论的一些重要文章就发表在这份报纸上。马叙伦与邓实同为"国粹派"成员，但马叙伦却主张"有史"论，更有意思的是，《政艺通报》上也刊发马叙伦的文章。由此可见，晚清报人在开展史学批评上的宽广胸襟。

马叙伦本是具有革命思想的热血青年，他也批判旧史学，称《史记》以下的历代正史不过是"史迁奴隶"，"自以为史，自以为著作，抑何其厚颜也！"①言语上非常严苛，对一些史书也下了类似梁启超式的判断，说它们是"墓志铭"和"谱牒"。马叙伦也承认"史学之失传久矣"和"史学之日衰"②，在20世纪初年西史东渐之势日甚、前途渺茫之际，批判旧史学是史学界普遍的看法，马叙伦也不例外。但马叙伦对旧史学的批判并未指向"无史"论，相反，马叙伦的史学批评有一个底线，那就是中国"有史"。在"有史"的前提下，批判旧史学，创造新史学，这不仅是马叙伦史学批评的基本理路，也是陈黻宸、杜士珍批判旧史学的基调。

在讨论新史家对于旧史学的批判以及陈黻宸等人的回应时，还有一位史学家不能不提。这就是与陈黻宸同为浙江籍、在观点上与陈黻宸也颇为相近的盛俊③。

① 马叙伦：《中国无史辨》，《新世界学报》第5期，1902年10月31日。
② 马叙伦：《史学总论》，《新世界学报》第1期，1902年9月2日。
③ 盛俊（1884—1960），字灼三，浙江金华人。1904年6月，盛俊与革命党人张恭等人在金华创办了《萃新报》半月刊，以培养"一般士人德、智、力三者为宗旨"（《萃新报简章》，《萃新报》第1期，1904年6月27日）。该报所刊文章多从《新民丛报》《东方杂志》等报刊上转载，少量为自撰，出版六期后被查禁。关于《萃新报》创办和发行的具体情况，可参丁守和主编《辛亥革命时期期刊介绍》（第一集），人民出版社1982年版，第474—481页；田中初、祝一的《〈萃新报〉：晚清变局中的地方报刊与社会》，《浙江社会科学》2013年第8期。
　　1904年，盛俊与金兆銮、张恭、蔡汝霖、蒋俶、傅唐虞、胡时亮、王式桢、陈志贤、洪承鲁等十人有感于"欧西文明输入中土，风潮之所鼓荡，全国为之应响，大江南北，学会林立"，但金华一地"风气未开，见闻未广"，发起创立八婺开通学社。该学社"以切实为目的，以开化为主义"（《拟办八婺开通学社公启》，《萃新报》第1期，1904年6月27日）。从《萃新报》所刊文章的内容和侧重点来看，该报与八婺开通学社的宗旨基本上是一致的。盛俊的爱国情怀、开明思想和实学精神从中可见一斑。1905年，盛俊到日本留学。1919年，盛俊任财政部驻沪调查货价处主任，撰写了《海关税务纪要》，编译《日本收回关税权之经过》《编制上海物价指数论丛》（1925）等。

1903 年 12 月,盛俊在《新民丛报》上发表了一篇八千字左右的文章,题目为《中国普通历史大家郑樵传》,前有叙论,末有结论,中间分为十节,是晚清较早对郑樵进行系统研究的一篇文章。该文名虽为传,但文章的重点并不是介绍郑樵的生平事迹和活动,实为评论郑樵的史学,并由此参与到了"有时"和"无史"之争中。

郑樵是继司马迁之后又一位在纪传体通史方面有大作为的史学家。关于郑樵的评价,在古代史学史上已有较大的分歧,主要是因为义理派和考据派所秉持的史学理念不同。降至清末,郑樵再次成为"有史"与"无史"相抗衡的重要支撑。在马叙伦等人的文章中,已经提及郑樵的《通志》,但尚未展开细致的论述。

盛俊在文章中写道:"甚者且谓'二十四史'非史也,家谱而已。斯言也吾耻之,吾愤之。"这显然是针对梁启超等人把旧史学视为"家谱"的评语而发的。"无史"论激起了盛俊探索史学的万丈雄心。他浏览史籍,并于南宋的福建莆田夹漈山中找到了一位"普通历史大家"郑樵。"普通"不是平凡常见之意,"普通历史者,叙述一国民、一社会生存之图案也"。郑樵之所以被他称为"普通历史大家",是因为在郑樵的《通志》中,"凡一切种族上之生存,文学上之生存,天文地理上之生存,宗教风俗物产上之生存,以迄政治上、人物上对于外界上之生存,灿然罗列"。

盛俊注意结合史家所处的时代评论其史学,在史学批评上有知人论世之风。他把史学分为三个阶段,即神权时代之史学、君权时代之史学和民权时代之史学。倘若"以读君权史者读神权时代史,则谓诞;以读民权史者读君权时代史,则谓陋"。因此评史和读史"必以判别时代为第一要义"。郑樵生活在君权时代,《通志》所涵盖的历史又包括神权时代和君权时代。郑樵所处的南宋,正是皇朝对峙分裂的时代,南宋偏安一隅,汉学衰弱而宋学大盛,在这种情况下,郑樵能够以实学精神撰出《通志》这样一部百科全书式的通史,实在难得。"吾之敬之、慕之、尸祝之者,以原谅其时代故。世或有咒之、骂之、唾弃之者,以不观察其时代故。"盛俊认为那些批评郑樵,甚至将旧史学一概否定的做法,是不考虑时代,不体谅古人的态度,自然也就不可取。

盛俊对20世纪初流行于史学界的"进化"思想和西方史学的"大法公例"并不陌生,他也能结合这些新的思想观念来评骘郑樵的史学。他在阐述通史的写法时,就这样写道:"作通史者有二要素:一典志以发明社会进化衰微之原理;一纪传以载记人物事状之实迹。二者比较,则典志为尤要焉。郑樵之注意于典志,而简略于纪传,此物此志也。"①梁启超、邓实等人批判旧史学中缺少学术史、种族史、风俗史。盛俊便特意把《通志·二十略》和新史家所强调的专门史作了对比,"将其内容比例以新史学,揭为一表"。盛俊这样做是要论证以《通志》为代表的旧史学其实包含了新史家所倡导的"新"的史学要素。今据盛俊所列诸端,略加调整和简化,见于下表。

附表5:《通志·二十略》与"新史学"门类之比较

《通志》所有	氏族略	六书略七音略	天文略灾祥略	礼 略	器服略	乐 略艺文略校雠略金石略	职官略选举略刑法略	食货略	昆虫草木略
新史学所提倡	种族史	文字史	天文史	宗教史风俗史	美术史	文学史	宪法史	财政史	物产史

盛俊不仅作了新旧史学门类之对比,而且依次对种族史、文字史、天文史、地理史、文学史(含音乐、图书、考古)、物产史、人物史进行了详细论述。在论述这些专门史时,盛俊又称郑樵为"有民族主义之史

---

① 盛俊所说的"典志以发明社会进化衰微之原理"可能借鉴自章太炎,章氏原说见于《章太炎来简》,《新民丛报》第13号,1902年8月4日。当然,盛俊与章太炎的论述指向并不相同。

学家""有世界心之历史家""有宗教心之历史家",这是有些夸大其词了。盛俊也认为旧史家存在"以历史为一姓家谱"的缺陷,但这并非旧史学的全部,不宜以偏概全。除了"二十四史",旧史学中还有"九通",还有专门记载学术史的学案体史书,记载大量风土人情、文化习俗的地方史志等等。"无史"论者由批评历代正史进而否定整个旧史学,实在过了头。

在结论部分,盛俊道出心声:

> 今之提倡新史学而诟病旧史学者,曰"知有一姓而不知有一国"。郑樵其知有一国者耶!曰"知有朝廷而不知有社会",郑樵其知有社会者耶!曰"知有沿袭而不知有创作",郑樵其知有创作者耶!曰"知有单纯而不知有完全",郑樵其知有完全者耶!曰"知有客观而不知有主观",郑樵其知有主观者耶!吾欲识新史学者为我判决之。……吾不暇为郑樵悲,为历史学悲,而为四千余年之祖国悲矣。[1]

这里所说的"五知"和"五不知"显然是源于梁启超的"四蔽"之说,又略加扩充和改变而来的。盛俊文中的"为四千余年之祖国悲"与上述马叙伦的"泪干而血继之"在情感上相互呼应。结合晚清中国所处的困境和中国史学面临的窘境,也就不难理解他们这种悲痛与呼号的心情了。针对新史家对旧史学的诸多批评,盛俊以郑樵为例,逐一回应,"吾欲识新史学者为我判决之"一句更是明确发出了与新史家继续商榷和争鸣的信号。盛俊的文章敢于和当时风头正劲的新史家相较量,又能成一家之言,是一篇难得的好文章。当然,盛俊并非丝毫不同意梁启超的观点,也不是一味地为郑樵唱赞歌,文中也指出了郑樵的不足。

---

[1] 以上引文皆见盛俊:《中国普通历史大家郑樵传》,《新民丛报》第 42、43 号合本,1903 年 12 月 2 日。

诚如研究者指出的那样,盛俊"并不是站在封建保守的立场上,来维护封建旧史学。在主张史学创新这一点上,作者与梁氏是一致的"①。这也揭示出晚清史学新旧交织的复杂性。

总之,由陈黻宸与杜士珍、马叙伦的师生情谊和陈黻宸在《新世界学报》中的地位可以推断,杜士珍的《班史正谬》和马叙伦的《中国无史辨》可能经过了陈黻宸的审阅。如此一来,以陈黻宸为旗手,以杜士珍和马叙伦为干将,以盛俊为辅翼,以《新世界学报》为阵地的"有史"论者在 20 世纪初年的史学界发出了不同于主流的声音。

(三) 尘埃未定：争鸣的胶着与激烈

1901 年至 1903 年间沸沸扬扬的"有史""无史"的争鸣,并没有很快尘埃落定,梁启超的"无史""谱牒"说也未能以绝对的优势压倒"有史""国粹"论。仅 1905 至 1910 年间便可举出有分量的五例以为证明。

一是对梁启超"新史学"具有导引之功的严复,在 1905 年开始对此前自己和梁启超的说法有所修正。严复于 1898 年发表的《道学外传》②中有一段文字:

> 吾闻欧人之谈史学者曰:"古之史学,徒记大事,如欲求一代之风俗,以观历来转变之脉络者,则不可得详,是国史等于王家之谱录矣;今之史学则异是,必致谨于闾阎日用之细,起居笑貌之琐,不厌其烦,不嫌其鄙,如鼎象物,如犀照渊,而后使读史者不啻生乎

① 周文玖:《中国史学史学科的产生和发展》,北京师范大学出版社 2002 年版,第 75 页。
② 《道学外传》发表于 1898 年 6 月 5 日的《国闻报》上,又见于 1903 年《国闻报汇编》中,未署名。王栻考证此篇"其似严复所作"(《严复集》第二册,中华书局 1986 年版,第 446 页)。另,1897 年至 1898 年间,严复在《国闻报》上刊出的译作《论群学不可缓》中,也批评前史体例详于君王,略于民生风俗。(参见胡逢祥、张文建:《中国近代史学思潮与流派》,华东师范大学出版社 1991 年版,第 175 页)二文思想若合符契。综合判断,《道学外传》当为严复的作品。

其代,亲见其人,而恍然于人心世道所以为盛衰升降之原也。"若是,则论世者慎毋遗其细矣。①

但是到了1905年,严复话锋一转,颇有幡然悔悟的意味:"人或笑左氏为相斫之书,或谓中国之史,不过数帝王之家谱,此其说似矣。然使知历史专为政治之学而有作,将见前人之所详略,固为适宜。且中国既为专制矣,则一家之所为,自系一民之休戚,古人之所为,殊未可以轻訾也。英国有拔可尔者,尝著《文明史》一书,一时风行,几谓旧史所载,皆无关宏旨之文,而所重者,专在天时、地利、水土、寒热之间。不知此固重要,而史家专业,在纪人事,而于一切有关政治者,尤所重焉。"②"拔可尔"后来一般译为"巴克尔"。严复对视旧史学不过"相斫书""家谱"的看法,评价为"似也",而非"是也","似"与"是"虽读音接近,但意趣却远。严氏之意实谓梁氏之论似是而非。经过几年的思考,严复对"无史"的看法已经发生了较大的变化,他不再简单批判前史,而是从政治与历史学的关系、专制政体下君与民关系上理解旧史学偏向于政治史的做法,"未可以轻訾"。严复的反省及其为旧史学所作的上述辩护颇有批评史上的意义。与其说严复的思想退化了,不如说他的思想少了几分粗暴与激烈,多了一些痛定思痛。

后来,严复对旧史学的评价又有过反复,比如1909年,他似乎又变成了"相斫书"的拥护者:"左氏固相斫之书,柱下乃家人之语。至若究文明之进步,求世变之远因,察公例之流行,知社会之情状,欲学者毋忘前事,资为后师,用以迎蜕进之机,收竞存之利,则求诸古人著作,或理有不逮,或力所未皇。此十八世纪以降之史家所为远轶前修,而其学蔚

① 严复:《道学外传》,载王栻主编《严复集》第二册,第483页。
② 严复:《政治讲义》,载王栻主编《严复集》第五册,第1249—1250页。《政治讲义》最初于1905年至1906年连载于《政艺通报》上。

成专科,最切于人事而不可废也。"①如何理解严复的前后矛盾呢? 这要考虑两点,一是严复翻译西学多年,在思想上深受西方学术的影响,作出这样的评论也不奇怪。二是不能忽略严复此说的背景,这段话出于 1909 年 2 月 25 日严复为《泰晤士〈万国通史〉》所作的序,这篇序言有明显的推销意图:"近者泰晤士馆主以此书托商务印书馆分售于吾国学界中","书价又甚廉。窃愿吾国学人亟购勿失"云云②。彼时之学术同样与市场紧密相连,严复为了荐购这部《万国通史》,有意无意地又把中国旧史书作了一次反面教材。

二是章太炎在 1907 年态度非常明确地反对梁启超的"谱牒"论。

　　今之夸者,或执斯宾塞尔"邻家生猫"之说,以讥史学。吾不知禹域以内,为邻家乎? 抑为我寝食坐作之地乎? 人物、制度、地理、风俗之类,为生猫乎? 抑为饮食衣服之必需者乎? 或又谓中国旧史无过谱牒之流。夫其比属帝王,类辑世系,诚有近于谱牒者。然一代制度行于通国,切于民生,岂私家所专有? 而风纪、学术亦能述其概略,以此为不足,而更求之他书,斯学者所有事。并此废之,其他之纷如散钱者,将何以得其统纪耶? 且中国历史自帝纪、年表而外,犹有书志、列传,所记事迹、论议、文学之属,粲然可观。而欧洲诸史,专述一国兴亡之迹者,乃往往与档案相似。今人不以彼为谱牒,而以此为谱牒,何其妄也!③

章太炎干脆斥责所谓"谱牒"的论调是诬妄之言。这种反驳是有依据的,因为旧史中何尝没有制度、地理、风俗、民生、学术? 旧史除了本纪之外,还有专门记载典志的体例等等,如果摒弃了"二十四史",那就失

---

① 严复:《泰晤士〈万国通史〉序》,载王栻主编《严复集》第二册,第 270 页。
② 同上,第 271 页。
③ 太炎:《答铁铮》,《民报》第 14 号,1907 年 6 月 8 日。

去了"统纪"全史的主线。总之,中国旧史何尝无灿烂之记述,而欧洲史书也有如档案、谱牒者。章太炎的这番话可以作为1902年、1903年间"有史"论思想的重要补充。

三是《四川教育官报》上刊登的河南县令潘守廉关于建立图书馆的禀文,也言道:

> 晚近西学输入,艺术庞杂。少年后进,瞀其新奇,顿妄(疑当作"忘"——引者)本旨。《诗》《书》未尝毕业;动辄疑谤古人;《史》《汉》不曾寓目,乃言'中国无史'。此其学无根底,无怪其然。深识之士,所以不忧新学之不发达,而忧旧学之将丧失也。①

潘守廉批判"无史"论者根本没有读懂中国史籍,不过是一群学无根基的浮浪之人,而少年后进又热衷追赶时尚,表达了对于旧学衰微的忧患。

四是1908年在晚清颇有影响力的《东方杂志》"社说"栏目上仍能看到批判"无史"论的文章。

> 今之学者,其一般持论,皆谓吾国纪传、编年、纪事三体,皆有集合主义,而无分析主义,可以为二十四朝君主之谱牒,不可以为二千余年民族之纪载。又其甚者,且谓吾国自古迄今,尚未有史学。呜呼!何其蔑国之甚也耶!

这篇署名"蛤笑",注明为"本社撰稿"的文章,认为旧史学中包含了"风俗之盛衰,政教之隆污,国力之强弱,文明之进退",至于"礼俗、学问、美术、技艺、文教、武功之称雄于东亚者,非官书曷由知之? 猎精华而捐

---

① 《河南长葛县令潘守廉上孔学司禀》,《四川教育官报》第6期,1908年7月。

糟粕,在善学者之能自得耳"。只要读史者博观约取,则可腐朽化神奇,片羽成瑰宝。作者还告诫那些批判旧史学的人,"无庸扬西抑中,骋域外之观,而忽于眉睫之近耳"①。如果将这篇文章和马叙伦的《中国无史辨》作一个比较,会从其异同中发现一个有意义的转变。二者的相同之处在于他们都对"无史"论者轻视旧史学,"忘本"而"媚外"的作法极力反对,这说明旧史学在史家群体中仍有相当的支持者。二者的差异在于,"蛤笑"把"无史"论者攻击旧史学所缺乏的内容论证为旧史学固有之物,这反映经过几年的争论之后,史学家的认识虽仍有差异,但也有了趋同的迹象。"到了这个时候,'有史'论者和'无史'论者其实都同意'历史'应该是国史,是民史,是一大群人之历史,是社会的历史,同时历史叙述应该从宫廷政治史解放出来,而以宗教史、艺术史、民俗史、学术史作为它的主体。"②而这一论断在关于"君史"与"民史"的讨论中得到了印证。

五是 1910 年创办的以"保存国故,振兴学艺,提倡平民普及教育为宗旨"的《教育今语杂志》,对于"家谱"和"相斫书"的反驳也不留一丝情面:

> 典章制度、礼仪风俗以及社会变迁之迹,学术盛衰之故,悉载于史。我国史乘,各体具备,欧洲诸国所万不能及。近世夸夫,拾日人之余唾,以"家谱""相斫书"诋旧史,诚不值一噱者。本杂志于史法、史例,悉为演述,并编为通俗史,于学术进退,种族分合,政治沿革,一一明言。期邦人诸友,发思古之幽情,勉为炎黄之肖子焉。③

① 以上引文皆见蛤笑:《史学刍论》,《东方杂志》第 5 年第 6 期,1908 年 7 月 23 日。此文后又载于《四川教育官报》1909 年第 2 期、《广益丛报》1909 年第 209 期,可见影响之大。
② 王汎森:《中国近代思想与学术的系谱》,河北教育出版社 2001 年版,第 193 页。
③ 《〈教育今语杂志〉章程》,《教育今语杂志》第 1 期,1910 年 3 月 10 日。

《教育今语杂志》与章太炎渊源甚深,这段话与上述章太炎的批评也十分吻合。作者斥责"无史"论者所持的"家谱"不过是拾人牙慧,是炎黄的不肖子孙,憎恶之情溢于文辞了。

　　以上所举几例,虽不全面,但既有名家如严复、章太炎,也有学术上名不见经传的县令,既有官方声音,也有学者反思,折射出这一场有无之争的广泛影响。其实,关于中国"有史""无史"聚讼的实质是中国传统史学存在的合理性问题。此一论争不关乎史料价值,而属于史学理论的范畴。双方对史学的理解不同,分歧也就难以避免,新史家接受了域外史学理论后,强调"历史者叙述人群进化之现象而求得其公理公例者也"①,认同了"史学者考究人种进化顺序及法则之学也"②。旧史学显然不能满足新史家这样的要求。在争辩中,"无史"论者往往极而言之,过分夸大中国旧史学的弊端,作骇人听闻之论,给"有史"论者留下了争辩的话柄。"有史"论者则从保存"国粹"的立场出发,认为中国古代产生孔子、司马迁、郑樵等大史家,传统史学自有其价值。

　　不管是主张中国"有史",还是认为"无史",又都欲建立新史学。在这一点上,他们并无二致。所以,在几乎同时展开的"君史"与"民史"大批判中,"有史"论者和"无史"论者又殊途同归了。

三　君史与民史之辩

　　1898 年 4 月 20 日,《湘报》上刊出一则湖南宝庆府考选士子的试题消息,包括经学、史学、舆地、掌故、词章诸门,而其中"史学"类下的一道题目"《君史民史辨》"③,尤其引人瞩目。学子们如何作答,不可详知。但这道题目的出现并非空穴来风,它预示着"君史"与"民史"之

---

① 梁启超:《饮冰室合集》文集之九《新史学》,第 10 页。
② 刘成禺:《历史广义内篇》,《湖北学生界》第 1 期,1903 年 1 月 29 日。
③《徐大宗师按试宝庆府属经古题并覆试经古题》,《湘报》第 39 号,1898 年 4 月 20 日。

争论高潮的到来。果不其然,此后的数年间,"民史"成为一个热门的史学词汇和重要范畴。它是晚清史学的精粹,是史学家在思维和观念上突飞猛进的标志,在清季史学界也具有极强的号召力。而晚清史家竞相辩论"君史"与"民史"的风潮,则要追溯到严复、康有为和梁启超等人①。

(一)"君史""民史"概念的提出

严复以译介进化论而知名于晚清学术界,他以西方的进化论和"天赋人权"来重新研究中国历史,在《辟韩》(1895)等文章中充分肯定"民"的地位,批判了所谓"君权神授"思想,又反复言说"公例""群"之于历史的意义,"在当时引起了社会上进步人物的共鸣","启发和推动了对封建'君史'的批判,与对'民史'研究的重视"②。康有为、梁启超就是与严复产生共鸣的众多人物中的杰出代表。

1897 年是讨论"君史""民史"的一个重要年份。是年 5 月,梁启超在《变法通议》中指出:"中国之史,长于言事,西国之史,长于言政。言事者之所重,在一朝一姓兴亡之所由,谓之君史。言政者之所重,在一

_____

① 关于"君史""民史"最早由谁提出的问题,学术界存在争议。多数研究者认为梁启超最早提出这两个概念,如俞旦初(《爱国主义与近代史学》,第 26 页)、刘兰肖(《晚清报刊与近代史学》,中国人民大学出版社 2007 年版,第 74 页)。姜萌也坚持:"如果按照出版物先后时间来看",当是梁启超最先正式提出来的(《族群意识与历史书写——中国现代历史叙述模式的形成及其在清末的实践》,商务印书馆 2015 年版,第 76 页)。李孝迁则认为很难断定何者最先提出,应充分考虑康有为在这个问题上的影响[《西方史学在中国的传播(1882—1949)》,华东师范大学出版社 2007 年版,第 153 页]。戴晋新指出不宜夸大严复的作用,倒是早于严复的王韬,无论是认知上还是著作的影响上都"应有合理的历史位置"(《严复与中国近代史学:相关论述的讨论》,载郭卫东、牛大勇主编《中西融通:严复论集》,宗教文化出版社 2009 年版,第 186 页)。笔者以为,谁在中国本土史家中拥有"君史""民史"的概念发明权,关乎历史的事实层面,考辨的确必要。但这个问题非常复杂。这是因为,上述诸家言说的时间比较接近,而从思想的萌发、表达到发表是有一个过程的。况且,上述诸人关系密切,他们的有些文章在公开发表前曾内部传阅过,思想上相互启发也是自然的。与其说是由某一个人提出,不如说是新家群体在 19 世纪最后几年间的思想结晶。当然,若从传播的角度来看,梁启超关于"君史"和"民史"的论说对晚清史学理论和史学批评的影响力无疑是最大的。

② 尹达主编:《中国史学发展史》,中州古籍出版社 1985 年版,第 407 页。

城一乡教养之所起,谓之民史。故外史中有农业史、商业史、工艺史、矿史、交际史、理学史等名,实史裁之正轨也。"①此文刊出两个月后,梁启超再一次阐发了"君史""民史"的思想。"有君史,有国史,有民史。民史之著,盛于西国,而中土几绝。中土二千年来,若正史、若编年、若载记、若传记、若纪事本末、若诏令奏议,强半皆君史也。……后世之修史者,于易代之后,乃始模拟仿佛,百中掇一二,又不过为一代之主作谱牒。……是故君史之敝,极于今日。"②这一年的冬天,梁氏批阅学生周宏业的课业时又再次强调说:"有君史,有国史,有民史。西人近专重民史。"③梁氏把史学分为君史、国史和民史三大类,而把"民史"归诸西方,把"君史"对应中国,批判为君作史之病。

康有为对比过中日两国的史学,在1898年出版的《日本书目志》中写道:

> 吾中国谈史裁最尊,而号称正史、编年史者,皆为一君之史,一国之史,而千万民风化俗尚不详焉。而谈风俗者则鄙之,与小说等。岂知谱写民俗,惟织琐乃详尽,而后知其教化之盛衰,且令天下述而鉴观焉。史乎,史乎!岂为一人及一人所私之一国计哉!……吾史遗民史久矣哉!④

显然,康有为此时也已经明确了"君史"和"民史"的观念,而且把"民史"定义为关于民众风俗之史。

晚清的"君史""民史"说有两个源头。

---

① 梁启超:《论学校七:变法通议三之七译书》,《时务报》第27册,1897年5月22日。
② 梁启超:《续译列国岁计政要叙》,《时务报》第33册,1897年7月20日。
③ 梁启超:《湖南时务学堂札记批(节录)》,李华兴、吴嘉勋编《梁启超选集》,第62页。
④ 康有为:《日本书目志》卷五《政治门·风俗书》小序,第337页。

一是译介进来的域外史学理论和历史著作。1897 年,《译书公会报》①自第一期开始便连载《英民史略》的译本,"观是书命名之意,即知非述英国帝皇及战胜史纪,乃英民史纪。……所志者惟国中律法、生民知识与世情进益之道",而"著史之病,大率常以史纪为记战事者"②。这部以"民史"为名的英国史对中国史家的刺激是可以想见的。邓实便说:"中国民史之出世,则若莫(疑当为"莫若"——引者)发白种哲学之为史学者矣。吾见西国之治史也,种别为书。其纪民事也,至纤至悉。农者农史,工者工史,商者商史,学者学史。而有一人即有一史,有一事即有一史。"③以西方史学之眼光考量中国旧史学,是当时新史家的惯性思维。

二是中国先秦时期的重民思想。尽管《尚书·五子之歌》中的"民惟邦本,本固邦宁"和《孟子·尽心下》"民为贵,社稷次之,君为轻"的思想与西方的民权并不尽同,但却不妨碍它们成为晚清知识精英们形成、阐发"民史"的重要支撑。还是上面提到的那部《英民史略》,1907年再次被翻译时更名为《英民史记》。译者的一段话引起了我们的注意:"中国史记,汗牛充栋,浩如烟海,固已极洋洋之大观矣。然其中所纪者,不过君主之仁暴智愚,臣工之忠佞邪正,或一二贤士大夫之嘉言懿行而已。至于进化之公理,自由之大义,暨夫人民程度之高下,团体组织之有无,皆阙焉而未之载。故使读者欲考求此数十年来之民德民智、群策群力,竟渺乎其不可得。此亦中国史书上之一大缺点也。"这番话表面上没有出现"君史""民史"的字眼,但字字句句又都在表达这一思想。译者接着说:"名之曰《英民史记》者,则以国家之立,实由人民之团结而成。故《书》言'民为邦本,本固邦宁',孟子曰'民为贵,社

---

① 《译书公会报》创刊于 1897 年 10 月 26 日,每周一册,主要刊登译文,共出版二十册,于 1898 年 5 月 24 日停刊,章太炎在该报的创办中发挥了重要作用,为该报撰写了《读〈日本国志〉》等文章。

② 极益而里雀辩林:《英民史略原序》,胡潏谟译,《译书公会报》第 1 册,1897 年 10 月 26 日。

③ 邓实:《民史各叙》,《广益丛报》第 62、63、64 期合本,1905 年 1 月 20 日。

稷次之,君为轻',即此意也。"①《尚书》和孟子的本意已经不再重要,关键是晚清知识分子通过这样的对比和联系打通了不同的知识体系和迥异的价值取向,沟通了域外的"民史"理念与中国传统的重民思想,找到了批判"君史"、倡导"民史"的传统资源。

不仅在译作中有这样的分析,且看陈黻宸讲述《春秋》时又是怎样分析的:

> "《春秋》文成数万,其指数千",而于民事独详。是故大雨、不雨、雨雹、雨雪之类必书,惧天时之不顺而民蒙其患也。烝尝郊祀之属不时则书,过时则书,惧其为民累也。役民则书,故隐公城中邱,桓公城祝邱,皆书以示贬,讥其不修德于民而恃城以为保也。②

以往史家评论《春秋》,多着眼于其笔法和褒贬。而陈黻宸的这段话里却出现了五个"民"字,彰显了"民"在先秦历史和史学中的地位。陈黻宸又称道孔子"于民亦切矣"③,论孔门弟子颜回"可谓有心于民矣"④。可见,陈黻宸之重视"民史",自有其旧学的根底。

有了中外这两个丰富的理论资源,再加上晚清内忧外患的政治形势,"民史"之呼声自然一浪高过一浪了。"国何以强?强在民。民何以强?强在智。"⑤那么,开民智的办法又是什么呢?是史学。梁启超就主张史学是培养国民爱国心的源泉:"史学者学问之最博大而最切要者也,国民之明镜也,爱国心之源泉也。今日欧洲民族主义所以发达,列国所以日进文明,史学之功居其半焉。"⑥但旧史学是"君史",不

---

① 马林、李玉书:《英民史记·序》,上海美华书馆 1907 年版。
② 陈黻宸:《京师大学堂中国史讲义》,第 12 页。
③ 陈黻宸:《京师大学堂中国史讲义》,第 21 页。
④ 陈黻宸:《京师大学堂中国史讲义》,第 16 页。
⑤ 易学清:《岭学报·序》,《岭学报》第 1 期,1898 年 2 月 10 日。
⑥ 梁启超:《饮冰室合集》文集之九《新史学》,第 1 页。

仅没有担负起"爱国心之源泉"这个使命,反而造成了国人的奴性。因此,梁启超提出"民史",奋起呼吁"史界革命"。

> 今日欲提倡民族主义,使我四万万同胞强立于此优胜劣败之世界乎? 则本国史学一科,实为无老无幼无男无女无智无愚无贤无不肖所皆当从事。视之如渴饮饥食,一刻不容缓者也。然遍览乙库中数十万卷之著录,其资格可以养吾所欲给吾所求者,殆无一焉。呜呼! 史界革命不起,则吾国遂不可救。悠悠万事,惟此为大。《新史学》之著,吾岂好异哉? 吾不得已也。①

新史家将史学变革与国家命运、民族前途结合起来,这是他们在目睹了清廷衰败、列强侵凌后发出的呐喊。

梁启超的"君史""民史"辩立刻引来同道中人的回应,也大体定下了此后"民史"大讨论的基调。1898 年,谭嗣同在《湘报》上撰文,从报纸与史学相关联的角度出发,指出:

> 新会梁氏有君史、民史之说,报纸即民史也。彼夫二十四家之撰述,宁不烂焉,极其指归,要不过一姓之谱牒焉耳。于民之生业靡得而详也,于民之教法靡得而纪也,于民通商、惠工、务材、训农之章程靡得而毕录也。而徒专笔削于一己之私,滥褒诛于兴亡之后,直笔既压累而无以伸,旧闻遂放失而莫之恤。谥之曰:"官书,官书",良可悼也! 不有报纸以彰民史,其将长此汶汶闇闇以穷天而终古,为喑哑之民乎!②

显然,谭嗣同的"君史"与"君史"概念是从梁启超那里得来的。这里所

---

① 梁启超:《饮冰室合集》文集之九《新史学》,第 7 页。
② 谭嗣同:《湘报后叙下》,《湘报》第 11 号,1898 年 3 月 18 日。

说的"民之生业""民之教法"和民之"通商""惠工""务材""训农之章程"是谭嗣同对于"民史"的理解。谭嗣同论"民史"时,又极力批判古代官方史书中的笔削褒贬,实即对于"君史"的挞伐,而报纸恰可以彰显民史。至此,"君史"与"民史"相对立而讨论的思路已经基本确立,并在此后的史学批评中得到了延续。《湘报》存在的时间虽不长,但却以"力戒游谈,以辅时务知新"为宗旨,以为"人人有权衡国是之心,而谋变通,而生动力"之权利①,颇能呼应其时之风潮。因此,该报讨论"君史""民史"也能得风气之先。

《新史学》对旧史学进行了全面的、颠覆性的批判。"中国之旧史""史学之界说"二节偏向于理论阐述,"历史与人种之关系""论正统""论书法"则以中国旧史学中的一些重要问题为讨论对象,其批判性有目共睹,对旧史家所关心的正统、《春秋》笔法、善恶功罪、忠贤死节等问题不以为然,笔触入木三分:"从来作史者,皆为朝廷上之君若臣而作,曾几有一书为国民而作者也。"②梁启超的这些话铿锵有力,大有振臂一呼,应者云集之势。不仅刘师培说"中国之所谓历史者,大约记一家一姓之事耳"③,王舟瑶在京师大学堂讲授中国史时,开讲也批评旧史学:"中国之史,重君而轻民,陈古而略今,正闰是争,无关事实。纪传累卷,有似志铭。"④时人讨论"人种史"时,也有意把话题引向这里:"我国之历史则何如? 廿四史、《资治通鉴》《汉书》等,皆呶呶于太祖、太宗之丰功伟绩,与及享年之久暂。故但可称之为朝史,不可称为国史;但可名之为朕天子履历,不可称为种族史。"⑤所谓"朝史""朕天子履历",约同于梁启超所说的"君史"。史家讲通史、论人种都绕不开"君史"的话题,足见其在当时的史学批评和史学理论中已占据重要议

① 唐才常:《湘报叙》,《湘报》第 1 号,1898 年 3 月 7 日。
② 梁启超:《饮冰室合集》文集之九《新史学》,第 3 页。
③ 无畏:《新史篇》,《警钟日报》1904 年 8 月 2 日。
④ 王舟瑶:《京师大学堂中国通史讲义》,第 2 页。
⑤ 重光:《人种史》,《觉民》第 8 期,1904 年 7 月 8 日。

题的地位。

即便在讨论"无史""有史"时与梁启超有分歧的陈黻宸也持类似的看法:"我观于东西邻之史,于民事独详。""民者,史界中一分子也。""史者民之史也,而非君与臣与学人词客所能专也。"①这就是说史书叙事不能只是关注君臣和士大夫,要给普通民众足够的重视。陈黻宸在京师大学堂讲授中国历史时,也传播了这一思想:"史者天下之公史,而非一人一家之私史也。"并指出"吾观欧美各强国,于民间一切利病,有调查之册,有统计之史",而中国则付之阙如。② 陈黻宸计划撰写的新史,就包含《平民习业表》《平民户口表》《平民风俗表》等八表,这是"民史"思想在陈黻宸历史编纂上的直接反映。陈怀也认同"民史"之说,"夫民于史亦微矣。我中国之史于民亦略矣。虽然,史者民之史也。"③陈黻宸和陈怀都强调"史者民之史也",即历史本应是民众的历史,但旧史学对民的关注实在太微弱了。刘师培则感慨"中国史书之叙事详于君臣而略于人民"④。综上可知,晚清许多史学家开始重视民众在历史叙事上的地位。

(二)"民史": 理论大于实践

不过,上述关于"民史"的讨论大体还停留在以"民史"否定"君史"的层面上。以"民史氏"自命的邓实,则注重从学理上辨析"君史"和"民史"。

邓实把中国史学分为神史、君史和民史三个阶段。他认为上古时代的"神史"是应当肯定的,不能简单地视为迷信和神秘,"夫以今日之历史哲学观神史,是诚支离,是诚怪诞,而不知其借天代表神,借人代表

---

① 陈黻宸:《独史》,《新世界学报》第 2 期,1902 年 9 月 16 日。
② 陈黻宸:《京师大学堂中国史讲义》,第 1、5 页。
③ 陈怀:《方志》,《新世界学报》第 7 期,1902 年 11 月 30 日。
④ 刘师培:《中国历史教科书·凡例》,《刘申叔遗书》,凤凰出版社 1997 年版,第 2177 页。

天",从而间接地造福于民,"此神史之功也"①。所谓"君史",是"脑坯中所有仅一帝王耳。舍帝王以外无日月,舍帝王以外无风云。其所传威名彪炳之将帅,则攀附帝王者也。其所纪功烈懿铄之元勋,则奔走帝王者也。其所谓《循吏传》《儒林传》《文苑传》,则帝王下走之舆台也,帝王弭笔之文士也。若夫人群之英雄,社会之豪杰,政治之大家,哲学之巨子,西国所膜拜赞叹、香花祝而铜石范之人物,曾不足留其顾盼纪念焉"②。"君史"的核心是帝王,文臣武将、循吏、儒林等不过是攀附帝王的一小部分人。这是当时对"君史"含义所作的比较全面的厘定。今人对"君史"的解释是"近代史学理论术语。指那种观念上突出君主在历史上的作用,内容则以帝王将相为中心和政治史为基干的历史"③。这也与邓实的解说基本一致。

那么,"民史"内涵又是什么呢?"夫民者何?群物也。以群生,以群强,以群治,以群昌。群之中必有其内群之经营焉,其经营之成迹,则历史之材料也。群之外必有其外群之竞争焉,其竞争之活剧,则历史之舞台也。是故舍人群不能成历史,舍历史亦不能造人群。""民史"是书写"一群之进退也,一国之文野也,一种之存灭也,一社会之沿革也,一世界之变迁也"。"民史"不是某一个人的历史,而是一群人的历史,要记录政治家、哲学家、美术家、探险家这些人群的英雄和他们在学术上、宗教上、风俗上、经济上、社会上的事功与变迁。邓实所说的"民史"大致是指以普通民众为历史主体、超越政治史范畴且尽量反映历史丰富面貌的史书。中国古代史籍中关于民众的记载是有的,但所占比例较小。邓实的评论基本是站得住脚的。

"民史"的可贵之处在于,"能叙述一群人所以相触接、相交通、相竞争、相团结之道,一面以发明既往社会政治进化之原理,一面以启导

---

① 邓实:《史学通论二》,《政艺通报》第 12 期,1902 年 8 月 18 日。
② 邓实:《史学通论三》,《政艺通报》第 12 期,1902 年 8 月 18 日。
③ 蒋大椿、陈启能主编:《史学理论大辞典》,安徽教育出版社 2000 年版,第 754 页。

未来人类光华美满之文明,使后之人食群之幸福,享群之公利,爱其群尤爱其群之文明,爱其群之文明,尤思继长增高其文明,挛殖铸酿其文明"。"民史"不仅能发明人群进化的原理,还有裨益于人类文明,这是把史学革新与创造文明结合起来加以论述了,这些言论显示出邓实史学思想中强烈的时代感。邓实还以敏锐的政治眼光和诗性的语言表达了他对于"民史"的热切向往:

> 十九世纪以前,地球皆君史,无民史。十九世纪之后,地球又将皆民史,无君史。新史氏乎,其扬旗树帜放一大光明于二十世纪中国史学界上,以照耀东洋大陆乎?鸡既鸣而天将曙乎?吾民幸福其来乎?可以兴乎?抑犹是沉迷醉梦于君主之专制史而不觉也。①

邓实批判"君史",呼唤"民史",其精神气脉以激昂为基调,颇得梁启超史笔之神韵,而在理论的探索上又前进了一步。梁启超对旧史学的反思是一针见血式的,有时失于客观。邓实对于中国史学的反省于激烈之中不乏冷静的思考。

综上所述,中国亟需"民史"的观念在知识精英阶层已是深入人心。不仅如此,史学界已有学者萌发撰写一部《民史》的计划。1902 年,署名"樵隐拟稿"的《论中国亟宜编辑民史以开民智》一文中,写道《史记》《汉书》以下的历代正史,"是官书胥史,是坊肆手民,步趋尺寸,先后一辙,刻板文章,从此印人脑际。一孔目儒,不辨菽麦,不谙生计,不知农工商业为发达世界之极点",而国家之"强弱在民",明确提出要编纂"民史",以

---

① 以上引文皆见邓实:《史学通论四》,《政艺通报》第 12 期、第 13 期,1902 年 8 月 18 日、9 月 2 日。按:《史学通论四》的一部分先刊于第 12 期,未完,在第 13 期续完。

开启民智①。这样的认识在当时已不是个别现象。如"历史是一门科学,研究起来狠繁重的,我如今想拿他来开通民智"②。邓实也有志于编纂"民史",他于1905年发表《民史各叙》的篇末附识中写道:

> 《民史》之作,著者之有志乎此者已八九年,削笔从事者四五年。仿宋司马光编《资治通鉴》之例,先为长编,有得即录。甲辰冬月,检点旧箧,其草稿所积已盈尺矣。乃先为《总论》一篇,《分叙》十二篇刊之于报,以正海内之君子。③

由此推知,邓实欲撰《民史》的计划当萌生于1897年前后,约在1900年进入撰述阶段。邓实擘画的《民史》包括《种族史》《言语文字史》《风俗史》《宗教史》《学术史》《教育史》《地理史》《户口史》《实业史》《人物史》《民政史》和《交通史》共十二种,这十二种内容虽各异,但核心总不离"民"之本义,包括农、工、商、学等社会中下层民众的历史,以及风土人情、民族宗教、地理沿革、学术教育等。这个编纂计划与其前述有关"民史"的理论探析是一致的。

"君史""民史"之论不仅在国内引起热烈的响应,对国外的华人知

---

① 樵隐拟稿:《论中国亟宜编辑民史以开民智》,《政艺通报》第17期,1902年10月16日。按:"樵隐"显系化名,根据文章行文风格和思想主旨推测,这篇文章很可能出自邓实之手。依据有三,其一,从内容上来看,文章说:"三代以降,有君史无民史,有君书无民书。"批判历代正史、"朝史",倡导"改良",发展工商实业,这些与邓实在《史学通论》《民史各叙》等文章中的思想一脉相承。其二,作者自称拟写一部《普通民史》,但"属例未定",这与邓实在《民史各叙》中所说如出一辙。其三,该文刊于《政艺通报》上,邓实乃《政艺通报》的主编,也是该报的主要撰稿人。

② 神州旧史:《历史》,《安徽白话报》第1期,1908年10月5日。

③ 邓实:《民史各叙》,《广益丛报》第62、63、64期合本,1905年1月20日。按:《民史各叙》含《民史总叙》和《民史分叙》两部分。据《中国近代期刊篇目汇录》著录,邓实的《民史总叙》先是发于《政艺通报》第3年第17号,1904年10月23日;《民史分叙》发表于《政艺通报》第3年第18号,1904年11月7日,然仅含《种族史叙》《言语文字史叙》《风俗史叙》《宗教史叙》《学术史叙》五部分。而刊于《广益丛报》上的《民史目录》除上述五种外,还包括《教育史叙》《地理史叙》《户口史叙》《实业史叙》《人物史叙》《民政史叙》和《交通史叙》七种,是为完璧。又,《广益丛报》为旬刊,于1903年4月创刊于重庆,是清末最有影响力的综合性报刊之一,至1921年1月,共出版287期。

识界也有所震动。1902 年 10 月 31 日,《新民丛报》上转载了一篇"星架坡《天南新报》"的文章《私史》,主旨也是批判"君史"。"星架坡"即新加坡。① 这篇文章提到了一些非常关键的术语,如"私史""公史""一时之史""万世之史""王公之纪年史""世界之权衡史"。文章认为,史学本应记载人间往事,无论贵贱尊卑,垂之万代。然而在君权极盛的时代则不然,史家有所顾忌,"屈笔削以为迁就,于是史之地唯知有朝廷,史之人唯知有君主。略举其兴亡强弱沿革之由,以为一朝之实录,把数百年事务,作一人一家之谱系而为之。一切英雄之运动,社会之经练,国民之组织,教派之源流,泯泯然,漠漠然,毫不关涉。噫! 以是为史耶,公耶? 私耶?"作者还说"君史"是"埋没英雄,污辱国民"的。② 这里所说的"公史"对应的是"民史",而"私史"则是"君史"的同义词。

是否可以这样认为,"有史"与"无史"之争关涉的是旧史学的合理性,而"君史"与"民史"之辩则直接涉及旧史学的合法性问题。在晚清史学批评史上,学术与政治的纠葛是无法回避的话题。显然,晚清史家呼吁"民史",不仅仅只是一个史学的价值取向问题,而是有着明确的政治指向:有民权,才能谈得上"民史"。所以,提倡"民史"的陈黻宸《京师大学堂中国史讲义》会因"清臣劾其提倡民权,焚毁殆尽"③。黄小配创作《洪秀全演义》,却要批判旧史家"只能为媚上之文章……彼

---

① 《天南新报》是邱菽园(1874—1941)于 1898 年 5 月 26 日在新加坡创办的一份中文日报,邱氏参与过"公车上书",与康有为、梁启超等有交往,1897 年返回新加坡。《天南新报》比较关注中国时事,刊发了许多关于中国政治、中外关系和中国学术的文章与报道(段云章:《戊戌维新的"天南"反响——以新加坡〈天南新报〉和邱菽园为中心》,《近代史研究》1998 年第 5 期)。关于丘菽园的生平与活动,可参考:朱杰勤的《星洲诗人丘菽园》(载《华侨史》,广西师范大学出版社 2011 年版,第 315—322 页)、汤志钧的《丘菽园与康有为》(《近代史研究》2000 年第 3 期)和王志伟的《南洋才子——丘菽园的时代与生平》。(http://www.fgu.edu.tw/~wclrc/drafts/Singapore/wang/wang-01.htm)据王志伟文,丘菽园祖先因避讳将"丘"姓改为"邱",丘菽园晚年改回"丘"字。
② 《私史》,《新民丛报》第 19 号,1902 年 10 月 31 日。
③ 陈谧编:《陈黻宸年谱》,胡珠生修订、陈德溥校、载陈德溥编:《陈黻宸集·附录》,第 1192 页。

夫民族大义、民权公理固非其所知。……是纲也,鉴也,目也,只一朝君主之家谱耳,史云乎哉!"①恐怕"民权公理"才是黄小配真正在乎的。而当梁启超在戊戌时期的盟友徐仁铸写出"观君史、民史之异,而立国之公私判焉"②的文章时,叶德辉立即予以回击:"欲仿西法立民史,则又不然。"因为"西人有君主,有民主。君有君之史,民有民之史。中国自尧舜禅让以来,已成家天下之局,亦以地大物博、奸宄丛生,以君主之犹且治日少乱日多,以民主之,则政出多门,割据纷起。伤哉斯民,不日在疮痍水火之中哉!"③叶德辉强调中西历史的差异,美化家天下的政治,不顾与徐仁铸的师生名分,作如此激烈的批判,恰恰说明"民史"与"君史"之辩背后实为政治与权力之争。

(三)"史权"意蕴的近代转换

史家无权,何谈为民写史? 新史家呼吁"民史",但他们也深知兹事体大,空有一腔热情,不易为功。在"君史"与"民史"之辩中,史家重提"史权",即是这种思想的具体表征。

"史权"一词古已有之,其意有二,一指史官(家)职权,二指史官(家)权衡④。但它在晚清被重新拈出,实有不同往古的意义。

1897 年,年仅 25 岁的杨毓麟继晚清思想家龚自珍的《古史钩沉论》之后撰写了一篇《续龚定庵古史钩沉论》,得到学政江标的赏识。在这篇文章中,杨毓麟大声疾呼"史统终绝"。他的依据是上古"君民道近,历时而易事,其能观于行事得失、揭众趋、牅民听、甄国是者,皆任为民主。其物,史事也;其志,史志也;其裁,史权也。是故史者谋之,君

---

① 黄小配:《洪秀全演义·自序》,上海古籍出版社 1981 年版。
② 徐仁铸:《輶轩今语(续)》,《湘学报》第 30 册,1898 年 3 月 13 日。
③ 叶德辉:《〈輶轩今语〉评》,载《翼教丛编》卷四,沈云龙主编:《近代中国史料丛刊》第六十五辑,第 196—197 页。
④ 参见拙文《论"史权"——中国古代史学批评的一个重要范畴》,载瞿林东、葛志毅主编:《史学批评与史学文化研究》,黑龙江人民出版社 2009 年版,第 71—78 页。

者由之;史者议之,君者司之;史者画之,君者诺之。史之为义大矣。乃在结绳之始,是故书契有作,史议尤博,沿流五三,名从其朔,揆厥所元,史即帝王之职。……虽然私天下之端,自五帝始,于是君与史分位而殊尊。天下为首出之神器,则史职贱;史职贱,则记注有成法,而圣智有绌数;圣智有绌数,浸淫案抑天下之聪明出于一途,而胥史之技,隶于官司,乃有私家记述,遥系其末胄,而史事有废兴。呜呼! 世且以堕坏臣主之公义,专采尊主卑臣之条,排笮天下,为嬴政罪,而不知史职之异,史统之绝,浸寻沿于中古而不察也"①。按照杨毓麟的说法,"史权"即史家之裁断。上古之世,史权重于君权,一切国家大事皆决于史官。君只是按照史官之"谋""议""画"来行事罢了,故而史乃帝王之职。五帝以降,君、史分离,君权升而史权降,私家撰史兴起,但又因"堕坏臣主之公义",受到制约,遂致于史统中绝。

杨毓麟推崇五帝以前的史官。所谓"史之为义大矣"中的"史义"并非学术层面的治史要义,乃是指史官是国家政治生活的中心。在杨毓麟眼中,上古之君不过是执行史官的意旨罢了。平心而论,五帝以前的历史本就荒邈难稽,杨毓麟的描述距离事实恐有相当的偏差,甚至难免有想像和虚构的地方。但杨毓麟何以如此言之凿凿呢? 杨毓麟之所以作这样的评论,实为借古人的酒杯浇自己心中的块垒,表达的是对于君主专制的不满,以及以史权限制君权,充分发挥史学在政治生活中的作用的社会理想。后来,杨毓麟参与创办或主笔《游学译编》《神州日报》,宣传革命,与黄兴等革命党人过从甚密,在经济上支持革命者。结合他的这些政治活动,不难体会《续龚定庵古史钩沉论》中对于史学隆替的评论所蕴含的政治见解。遗憾的是,辛亥革命爆发前两个月,不惑之年的杨毓麟在屡次革命失败后,悲愤绝望,投海殉国了。

杨毓麟之后,刘师培、邓实等人也有关于"史权"的论述,这不是巧

---

① 杨毓麟:《续龚定庵古史钩沉论》,载《杨毓麟集》,岳麓书社2001年版,第17页。

合,也难以用相互影响来解释,实为思潮之势。刘师培谓:"书契以降,君权史权互为消长。"①邓实也说:"三代以上,史在草野,人人有作史之权。故朝野纪述,君民互见。"编纂《民史》,"为吾黄民张目,以毋背孟氏'民贵君轻'之旨,以期复孔氏布衣修史之权。"②杨毓麟、刘师培和邓实三人所论"史权"虽详略有别,内容也不尽同,但在论说的理路上却有一个共同点,即都是把"君权"和"史权"对立起来,强调二者之间的矛盾和相互抑制、约束。这与古人谈"史权"是不同的。北宋的苏辙说:"域中有三权:曰天,曰君,曰史官。圣人以此三权者,制天下之是非,而使之更相助。"天权管理生民之寿夭祸福,当天权"有所不及"的时候,"人君用其赏罚之权,于天道所不及之间",以辅助天权治理天下。但君权之赏罚也不能尽天下之是非,所以君王才赋予史官以褒贬之权,"盖史官之权,与天与君之权均,大抵三者更相助,以无遗天下之是非"。③ 苏辙之说影响很大,明代史家焦竑便继承其说,"史之职重矣,不得其人,不可以语史;得其人不专其任,不可以语史。……苏子谓史之权,与天与君并,诚重之也"④。

再来看陈黻宸关于"史权"的思考:"古者史权特重,司过之职,载于传记甚详矣。"汉代之后,君权盛而史权衰,这和杨毓麟的观点颇为接近。陈黻宸又力主恢复"史之独权",具体做法有二。一是"于京师辟一太史馆,以太史公主之。太史公有参政之责,议政之任,如东西邻之司法大臣然。国有大事,则议而决之,且书而垂之。忤上意者,勿得罪。"这是要赋予史官参政议政之权和享有豁免的特权。二是"约与各国合开一万国公史会,凡各国之政教习俗及民业物产皆得而与闻

---

① 无畏:《新史篇》,《警钟日报》1904 年 8 月 2 日。此语亦见于刘师培所撰《陈去病〈清秘史〉序》。
② 邓实:《民史各叙》,《广益丛报》第 62、63、64 期合本,1905 年 1 月 20 日。
③ 苏辙:《栾城应诏集》卷十一《史官助赏罚论》,《栾城集》下册,曾枣庄、马德富校点,上海古籍出版社 1987 年版,第 1710—1711 页。
④ 焦竑:《澹园集》卷四《论史》,中华书局 1999 年版,第 19 页。

之"①。这些较之古人所言"史权",已具有了更加丰富的内涵。将杨毓
麟、陈黻宸和苏辙的论述两相比较,则可看出古今"史权"意蕴上的差
异了。苏、焦等古代学人是把"史权"与"君权"视为相互补充、相互依
存的事物,在其语意中,只是希望审慎选拔史官,而史官又能够拥有相
对宽裕的修史环境和弱化朝廷对修史的干预,力图通过史书中的褒贬
来警醒乱臣贼子,惩恶劝善,并无以史统君之意。晚清知识分子谈"史
权",除了写史之权外,更是要为史官(家)争得实实在在的政治权力。
总之,从古代至晚清,史家论君权与史权的关系,从互为弥补演变为相
互对立,从强调修史之权到谋求史家政治话语权,这是一个重要的
转折。

"民史"和"史权"之辩在场面上虽轰轰烈烈,且不乏梁启超、邓实、
陈黻宸等才、学、识兼优的史学家参与其中,但一部真正的《民史》却汗
青无日。"史权"诉求也是有声无响。不过,这些讨论对于晚清史学话
语的重新确立仍然具有至关重要的意义。因为"无史""有史""君史"
的辩论归根结底是"民史"问题。"民史"回答了历史应该为谁而写,历
史应当怎样撰写等关键问题。这对于 20 世纪的中国史学产生了深远
的影响。

四 陆绍明对旧史学的守护

20 世纪初年的史学批评因其处于新旧交替、中西融汇的过渡时
代,而具有多个面相。与其时流行的以西方史学观念否定中国旧史学
不同,有些学者坚持以客观的态度理性地研究旧史学。他们曾在学术
上有过一番作为,却终因时势与学术等因缘际会而渐被边缘化,成为学
术史上的失踪者,陆绍明就是这样一位史学批评家。在晚清最后几年

---

① 陈黻宸:《独史》,《新世界学报》第 2 期,1902 年 9 月 16 日。

中,陆绍明通过《国粹学报》等报刊发表一系列史学批评文章,这里将之作为近代报刊与史学批评互动共生的一个典型个案加以评述,以窥探晚清史学批评的若干细节。

(一) 被遗忘的旧学"招魂人"

清季以来西学东渐,传统学术日显式微,时人形容此时的学术界是"观欧风而心醉,以儒冠为可溺"①。面对如此危局,一些知识分子以挽狂澜于既倒的气概,提倡研究国学,延续旧学血脉。1905 年,黄节、邓实等人在上海四马路东惠福里成立的国学保存会,即是这样一个以保存国粹为宗旨的学术团体。这批知识精英对旧学怀有浓厚的感情与深沉的敬意,他们以传承和发扬传统学术为己任,在晚清思想界和学术界独树一帜。陆绍明生逢其时,既受到时代风潮的影响,又成为国粹派史学批评的干将。

陆绍明是浙江仁和人,生平事迹缺略不详。根据清末民初的报刊、南社社员郑逸梅《南社丛谈》著录,陆绍明的字有亮成、亮臣、亮人、亮承、亮丕等②。在当前的学术史研究中,陆绍明几乎处于被忽略的尴尬状态。③ 笔者仅就所见到的一些零散材料,梳理他的人生轨迹,还原其学术研究的几个片段。陆绍明是国学保存会成员。"国学保存会集中了其时中国东南文化界的精英,是一个主要由年轻的新型知识分子构成的爱国革命的文化团体。"④国学保存会的会员中,除黄节、邓实外,

---

① 邓实:《国学保存会小集叙》,《国粹学报》第 1 期,1905 年 2 月 23 日。
② 除此之外,郑师渠的《晚清国粹派文化思想研究》(北京师范大学出版社 1997 年版)又称陆绍明字良丞。刘良明等著《近代小说理论批评流派研究》(武汉大学出版社 2004 年版)则称陆绍明字亮丞。
③ 目前,笔者尚未见到有关陆绍明的专题研究。在有关国学保存会、国粹派、南社的研究论著中虽偶提及陆绍明,但多限于提及姓名而已,缺少具体的论述。孙之梅的《南社与国粹派学术文化运思的共性》(《徐州师范大学学报》2011 年第 1 期)涉及陆绍明的史学思想,具有参考价值。蒋大椿主编的《史学探渊——中国近代史学理论论文编》(吉林教育出版社1991 年版)收录了陆绍明的两篇文章。
④ 郑师渠:《晚清国粹派文化思想研究》,北京师范大学出版社 1997 年版,第15 页。

还有陆绍明的同乡马叙伦以及刘师培、柳亚子、黄侃、胡朴安、陈去病、黄宾虹等。国学保存会下设报社、图书馆、藏书楼、印刷所，公开发行《国粹学报》《政艺通报》两种在当时极有影响力的报刊。《国粹学报》第 22 期上刊登了一张摄于国学保存会藏书楼前的照片，照片中共有十四人，其中来宾六人、会员八人（沈廷墉、邓实、黄节、高天梅、朱葆康、马君武、文永誉和陆绍明）。照片中有人已剪发、着西装、穿皮鞋，但陆绍明仍蓄辫子，着装亦比较传统。

陆绍明曾编纂过一部《汉文大典》。1907 年关于该书的一则广告透露出了一些有关陆氏生平和学术的重要信息，兹录于此：

> 此书为上海《国粹学报》主政陆亮臣先生绍明所著，全书分十六部都二十万言，搜罗之富，探讨之勤，为近今所罕睹，诚当世之宏著也。先生邃古学，能文章，亦中国少年中之杰出者。闭户数年，仅乃成此，亦可见经营之不易矣。①

时人称陆绍明为《国粹学报》的主政，可见他在国学保存会和《国粹学报》中的地位不同一般，是不折不扣的国粹派骨干。"邃古学，能文章"六字则概括了陆绍明的学问特点。陆绍明在 1907 年前的几年间，除《汉文大典》外还撰写了多篇文章。所谓"当世之宏著""闭户数年，仅乃成此"是晚清书刊广告宣传常用的技巧，不足为信。真正重要的是，文中称陆绍明为"中国少年中之杰出者"，综合其事迹推测，陆绍明可能出生于 19 世纪 70 年代，年龄当与邓实（生于 1877 年）、黄节（生于1873 年）相仿，或略小于邓、黄②。

---

① 《绍介新书》，《月月小说》第 5 期，1907 年 2 月 27 日。
② 据南开大学历史学院朱洪斌教授提示，《许宝蘅日记》1926 年 12 月 5 日记："写挽张颉锒、陆亮丞联"（许恪儒整理：《许宝蘅日记》第三册，中华书局 2010 年版，第 1162 页）。如果许宝蘅笔下的陆亮丞与陆绍明为同一人，则陆氏卒于 1926 年。

　　陆绍明与晚清四大小说月刊之一《月月小说》具有密切的关系。《月月小说》由著名小说家吴趼人等于 1906 年 11 月创办,1909 年 1 月停刊,共发行了 24 期。《月月小说》前三号的编辑和发行者为汪惟父,从第四号开始编辑者改为吴趼人。1906 年,陆绍明为《月月小说》撰写了《发刊词》。文中,陆绍明提出既要重视翻译国外佳作,也要倡导国人自撰小说。《月月小说》上的作品恰恰来自这两个渠道。可见,陆绍明与汪惟父、吴趼人的小说思想相契合。这篇《发刊词》也被认为是近代小说理论研究的重要文献,为小说理论和小说史研究者所重视。在这篇《发刊词》中,陆绍明所举的小说包括《次柳氏旧闻》《南部新书》等历史笔记。陆绍明对传统小说评价甚高,"古人著作,义深体备,发我思想,继其绪余",主张以小说"改良社会,开通民智"①,阐明了小说的史料价值和社会价值,颇多真知灼见。

　　1905 年至 1907 年间是陆绍明学术研究的高产期。他在《国粹学报》上接连发表系列学术论文,包括《旧学魂》《论古政归原于地利》《论古政备于周官》《论史学之变迁》②《〈史记〉通义》《史学稗论》《古政宗论》《哀古社会文》《文谱》《诸子言政本六经集论》《史学分文笔两学派论》《古代政术史序》《史有六家宗派论》《政学原论》《论史学分二十家为诸子之流派》等,成为《国粹学报》前期的主要撰稿人之一。这些文章既有纵向考察中国史学思想变迁的宏论,也有关于正史、历史笔记的专门研究,其中不乏长篇力作,比如《史学稗论》一文在《国粹学报》第 11、14、15、16 期上连载,长达一万余字。该文总论正史之外的各种史书,举凡编年、史钞、载记、时令、地理等逐类列举代表作,穷源究流,讨论其史学价值,可视为一篇中国古代野史论,或野史书目提要。

---

① 陆绍明:《月月小说发刊词》,《月月小说》第 3 期,1906 年 12 月 30 日。这篇发刊词并未载于创刊号上,而是刊登于第 3 期上。在文章前面,编者曾作了这样的说明:"此篇为陆君亮成所代撰,本拟登录第一号,因发稿时偶失去,兹复检出,亟补录于此。"
② 《论史学之变迁》一文后又刊登于《克复学报》第 3 期,1911 年 9 月,署名"亮人"。

陆绍明撰写的史学论文,从其内容上来看史学史的色彩较浓,从其理论性上来看,则又是一篇篇优秀的史学批评文章。倘若将上述史学文章汇编在一起,庶几可成为一部中国古代史学批评论集。陆绍明在史学批评上视野开阔,体现出总结传统史学、重塑史学理论体系的特点。陆绍明无疑是清末十年间最活跃的史学批评家之一。

1909年后,陆绍明加入南社。1915年,陆绍明在《国学杂志》上发表了《六经非古史说》和《大夫考》。《大夫考》看似一篇有关古代"大夫"设置与变迁及其职能的考证文章,其实作者的本意乃在政治,所谓"今中国有上大夫、中大夫、少大夫之称,不禁低徊久之。……吾考古之大夫,吾且将观今之大夫焉"①。同年,陆绍明还在《双星》上发表了《对各国自尊之感言》《谢游记》两篇短文。陆氏所谓国家自尊,乃国家"雄视于地球之上,必能有发挥其精神,而自期自勉,大有过人者在",强调自尊之心乃立国之本。陆绍明在历数英国、俄国、法国、德国、美国及日本之国家精神后,沉痛地写道:"吾闻之,吾思之,有怦然动于中,而不能自己者。国家苟无自尊之心,势必至欲求结纳一大邦之奥援,托庇一强国之宇下。时而闻他国之图我也,则嗷然以啼。时而闻他国之护我也,则蹶然以笑。倪倪伈伈,无生气之稍存矣。国而如此,焉得不萎缩而将无以自存耶?"②1915年1月,日本提出"二十一条",北洋政府软弱无能,有辱国格。陆绍明此时谈国家自尊,自有深意。联系中国在1915年前后所处的复杂的国内和国际形势,不难体会到这番话中的一颗拳拳爱国之心。而《谢游记》中则有"余隐西湖,薜荔于扉,图书于几,非不乐者"③。1915年,陆绍明隐于西湖之畔,此后逐渐淡出了学术界。

总的来看,在政治上,陆绍明有着强烈的爱国情怀。不管是在清

---

① 陆绍明:《大夫考》,《国学杂志》第4期,1915年10月。
② 陆绍明:《对各国自尊之感言》,《双星》第3期,1915年5月15日。
③ 陆绍明:《谢游记》,《双星》第3期,1915年5月15日。

末,还是在民初,他都关心国家命运。在学术倾向上,陆绍明明显偏重于保存国学,有挽颓势、传薪火的担当精神。在这里,爱国家和治国学是紧密联系在一起的。陆绍明有感于"竞谈西学。旧学之魂,去无影响"的情势,不顾时人的讥讽,作《旧学魂》一文,"以招学魂,魂兮归来,光我祖国。紫阳朱氏谓有治世之文,有衰世之文,有乱世之文。吾作是书,亦乱世之文也。悲夫! 悲夫!"①字里行间流露出慷慨沉郁、感时伤世的气息。为旧学"招魂",是陆绍明的学术志向,而传统史学则是旧学的大宗。

(二) 通论旧史学的流变

陆绍明是 20 世纪初为数不多的投入大量精力研究史学批评的学人。1906 年,陆绍明便提出了"评史之学"(即今日所讲"史学批评")的概念。"评史之学,两汉以前所未有。唐代刘子元深知史例,官秘书监时,与人争论史事,因著《史通》,而评史之学于是兴矣。其书内篇论史家体例,外篇述史籍源流,辞条言叶,驳诘无穷。降至有宋,评史之作汗牛充栋。""史评之学,继续不息,知幾学派,代有其人。"而"晚近章实斋著《文史通义》一书,其论史学不下于知幾,评史之学足云盛矣"②,清楚地梳理了中国古代史学批评发展的轨迹。尽管陆绍明所举的宋明时期的评史著作既论史学,也论史事,内容上略显驳杂,且对史学批评史上的一些重要人物和著作略而未论,但在一百多年前,能够专门讨论汉唐至明清间的史学批评发展,凸显"知幾学派",并以章学诚为中国古代史学批评的集大成者,实属不易。需要补充的是,其时,章学诚尚未被学术界普遍重视,也未进入大多数史学家的研究视野,而陆绍明将刘、章并论,又准确概括了刘、章史学的批判性特点,反映出他深厚的旧学功底和在史学批评研究上的素养。

---

① 陆绍明:《旧学魂》,《国粹学报》第 7 期,1905 年 8 月 20 日。
② 陆绍明:《史学稗论(续第十五期)》,《国粹学报》第 16 期,1906 年 5 月 13 日。

　　陆绍明继承了中国传统史学的史学批评传统,这表现在两个方面。

　　一是在史籍划分理论上受到了刘知幾的影响。刘知幾将史学分为六家,"古往今来,质文递变,诸史之作,不恒厥体。榷而为论,其流有六:一曰《尚书》家,二曰《春秋》家,三曰《左传》家,四曰《国语》家,五曰《史记》家,六曰《汉书》家"①。陆绍明赞同此说,以为刘知幾所言"不诬,请申论之"②,于是胪列唐宋以下至于清代的"六家"史籍,评述"六家"之间的联系和"六家"的兴替。陆绍明的《史有六家宗派论》是20世纪较早专论刘知幾史学思想的文章。他延伸刘知幾所论"六家"源流,下限直至清代,从这个角度来看,此文实为《史通·六家》篇的续作。

　　二是,效仿章学诚"吾言史意"的学术风格③,注重"史意"的揣摩和评骘。他的《〈史记〉通义》不仅在名称上模仿《文史通义》的"通义"提法,而且重点疏通司马迁作史之意,揣摩司马迁的情感:"太史公牢骚抑郁,不克自伸,乃具如椽之笔,如炬之眼,传记古人,以垂后世。及今读其书,目如见剑舞,耳如闻悲歌,恍然知迁之传古人,非传古人,自为传记耳。"④在评论《史记》时,陆氏重视司马迁的人生际遇和历史叙事之间的关联,在《史记》鉴赏方面别识心裁。

　　至于《史记》以下历代正史的史意,陆绍明均有论及,颇能言人所未言。他"披览'二十四史',初觉其体裁微异,而按卷深思,知史家宗旨各有所在也。今之读史者往往强识史事,自诩便便,而于修史者之怀抱学术概不寻思,未为得者也"。言外之意是,历代正史的独特性不在于诸史纪传表志设置的不同,而在于史意的迥异。于是他以简要的语言提炼"二十四史"的"史意",撰成《史家宗旨不同论》。这篇文章要

---

① 刘知幾著、浦起龙通释:《史通通释》卷一《六家》,第1页。
② 陆绍明:《史有六家宗派论》,《国粹学报》第19期,1906年8月9日。
③ 章学诚:《章学诚遗书》卷九《家书二》,文物出版社1985年版,第92页。
④ 陆绍明:《〈史记〉通义》,《国粹学报》第10期,1905年11月16日。

言不烦,发人深思,如谓《三国志》的宗旨"在铨叙一时巨事,使后世得以观感";《梁书》的宗旨"在拒佛教";《新五代史》"大旨以《春秋》书法为宗,长于褒贬,略于事迹"。这些评论大体反映了诸史的特点与旨趣。文章结尾写道:"'二十四史'之宗旨各有不同。要而论之,优于史学者则长于叙列学术,优于史才者则长于文笔,优于史识者则长于褒贬,优于史法者则长于体例,优于史德者则长于议论,优于史裁者则长于铨叙。史学宗旨大半由是分焉。"①陆绍明娴熟地运用刘、章理论,并创造性地加以发挥,以学术、文笔、褒贬、体例、议论、铨叙诸大端扩充了"史家四长"的理论内涵。

当然,陆绍明也自觉地发展了刘、章之学。如在史注研究上,刘知幾在《史通·补注》、章学诚在《文史通义·史注》中虽也有所论述,"但其学派之异同,刘、章二氏未论及焉。所以后世欲从事于史注者,苦不得其门径。史注之学不将坠地欤?"陆绍明则依据注释的内容和特点将史注归纳为训诂史注、考据史注、文辞史注、自注四大类。其中,裴骃的《史记集解》和司马贞的《史记索隐》、清代陈景云的《通鉴胡注举正》是训诂史注的代表。张守节的《史记正义》、裴松之的《三国志注》、王应麟的《通鉴地理通释》、杭世骏的《三国志补注》等是为考据史注的典范。北宋徐无党注《新五代史》,开创了文辞史注之学,其后吴仁杰的《两汉刊误补遗》、吴缜的《新唐书纠谬》、《五代史记纂误》继起之。班固《汉书·地理志》已开史书自注的滥觞,司马光的《通鉴考异》是自注的佳构。"由训诂史注而流为考据史注,史注之学愈推愈广。""由考据史注而变为文辞史注,史注之功愈显。"②陆绍明如此系统探讨古代史注的类别、代表作和史注流变问题,不仅揭示了传统史注的发展及其对于史学的意义,而且对当前的史注研究也有参考价值。

陆绍明在史学批评上的一大贡献,是他从深层次上提出了中国史

---

① 以上引文皆见陆绍明:《史家宗旨不同论》,《国粹学报》第 17 期,1906 年 6 月 11 日。
② 以上引文皆见陆绍明:《史注之学不同论》,《国粹学报》第 17 期,1906 年 6 月 11 日。

学的五次变迁论。《论史学之变迁》是一篇出入经史、由经论史的力作，文中总结两千多年来传统史学经历了五次变迁，这在 20 世纪初年的史学理论与史学史研究上是一个富有新意的学术见解。他说："至春秋而史学愈备，至战国而史学乃奇"，这对于评价先秦史学的奠基之功是恰当的。"合先王之政典而成《六经》。《六经》为周史之大宗，孔子定《六经》，注意于教化。由史政而入于史教，是为史之第一变迁。窃《六经》之糟粕而诸子争鸣。诸子为周史之小支，孟子辟诸子归宗于器识。由史才而入于史识，是为史之第二变迁。"陆绍明将"由史政而入于史教"与"由史才而入于史识"作为中国史学在先秦时期的两次变迁，而这两次变迁又分别是由孔子和孟子来完成的。他提出的"史教"一词虽不常见，但意旨鲜明，突出了传统史学重教化的特点。"由议论而一变至于实录"，是中国史学从先秦步入秦汉发生的第三次变迁。《史记》开实录史学之先河。"由传记之史一变迁而为编年之史"和"由编年之史一变迁而为类史"，是中国史学的第四次、第五次变迁。陆绍明所说的"类史"是指纪事本末体史书，如《通鉴纪事本末》《宋史纪事本末》《明史纪事本末》等，而以清人马骕《绎史》为殿军。不过，他对"类史"的评价很低，认为传统史学发展至"类史"，可谓沦落至极了。在文章结尾处，陆绍明总结道：

> 史之变迁原于经学。重《诗》则为议论之史，重《书》则为传记之史，重《春秋》则为编年之史，重《易》则为类史。经之变迁，即史之变迁也。史之变迁即世道人心之变迁也。①

陆绍明从经学探究史学之源流变迁，对经史因缘颇有心得。末尾称"史之变迁即世道人心之变迁"，抓住了史学的社会意义。通观全文，

---

① 以上引文皆见陆绍明：《论史学之变迁》，《国粹学报》第 10 期，1905 年 11 月 16 日。

陆绍明对中国史学变迁大势的划分有些地方失之绝对和偏颇,比如轻视纪事本末体史书的价值,实不足取,有些论述又语焉不详,如"重《诗》则为议论之史""重《易》则为类史"的内在逻辑是什么。但总的来看,这些论述中仍闪耀着思想的光亮,如春秋时期史学的重"教化"、战国时期史学的"奇"、先秦百家争鸣与子、史融汇提升了史学的思想品格等论断值得深入挖掘和继续研究。

(三) 重绘旧史学的学派格局

中国传统史学在漫长的发展历程中,因时代、传统、政治和学术等多种因素的综合作用,呈现出异彩纷呈的态势。关于中国传统史学的格局,在陆绍明之前史学家已提出了多种有影响力的观点。如刘知幾以"六家"厘定唐以前的史学;王世贞侧重于从"国史""野史""家史"考察明代史学的得失[①];章学诚提出"撰述"和"记注"以区分传统史学;目录学家又设立了正史、编年、别史、杂史、霸史、史评等诸多门类。站在传统与近代的交叉路口,陆绍明又如何看待中国传统史学的整体格局呢?陆绍明选取了"学派"视角,在前人的基础上,重新绘制了传统史学的格局图,这也是他史学批评思想中最有建树的地方。

首先,从"文"和"笔"两个标准出发,将传统史学家分为尚文派和重笔派。《史学分文笔两学派论》一文集中阐述了这一思想。陆绍明所讲的"文"与"笔"与今人"文笔"并称的含义并不相同。他探源"文"与"笔"二字的古义,说:"偶文韵语者谓之文,无韵单行者谓之笔。"他将"文""笔"思想加以引申,结合古代史学家的撰述特色,形成了他的史学分文、笔两派说。史学家各有所长,学术风格各异,成就也自不相同。尚文派以班彪、班固父子为代表,"班叔皮好古能文,所著有《王命论》及赋论奏事凡九篇,又著《西汉书》,草创未成,皆秀句奇章,炳如绘

---

① 王世贞:《弇山堂别集》卷二十《史乘考误一》,中华书局 1985 年版,第 361 页。

素,掷地振玉,掞天凌云。其子孟坚,九岁能文,及长能守家法,续成其父所著《西汉书》。文章炳炳,雍容揄扬。班氏之史,文所擅长"。继班氏父子之后,尚文派史家中又有三国时期的华覈,唐代的房玄龄、褚遂良、许敬宗等,"骈文记事,烂若披锦,秀藻云布,潜思渊停"。宋代是尚文派史学的大繁荣时期,"王安简、黄唐卿同为编修官。'安简神情冲澹,唐卿刻意篇什',皆工于文者也。吴春卿继其学,文词雅正,天下推之。欧阳修、宋祁集其大成,同修《新唐书》,好以骈体长篇润色唐代诏令,此皆史家尚文之一派也"。从陆绍明所举的尚文派之代表性史家及其史著,可见尚文派史学的特色在于史文表述上工于文而重雕饰,辞藻华美。

重笔派的开山鼻祖是司马迁。"司马迁具良史之才,辨而不华,质而不俚,其文直,其事核",这是出自《汉书·司马迁传》后论中班氏父子对司马迁的评语,最能反映重笔派的史学精神。南朝的范晔、唐代的韦述皆重笔派之翘楚。宋代的李清臣、袁枢,元代的揭傒斯,重视史家心术,继承了司马迁作史之宗旨。至于考据学,则是重笔派史学的支流。由此可知,重笔派史学的特色是直书以成实录,重叙事以彰善恶,这种精神可以上溯到先秦史学的"书法不隐"。

尚文和重笔二派孰重孰轻呢?"一孔之士又谓尚文非史之正裁。孰知记言之史宜于尚文,而记事之史始宜于重笔哉!不此之审,概求史笔,亦太偾矣。"①在陆绍明看来,尚文派和重笔派各有所能,相辅相成,二者不可或缺。那么,"文、笔两派"与陆氏所尊奉的史学"六家"说又是什么关系呢? 他说:

> 史分文、笔两家。《尚书》家为文章史家之鼻祖。《春秋》家为
> 笔记史家之嚆矢。《左传》家之体例,实为笔记史家,而亦重文彩,

---

① 以上引文皆见陆绍明:《史学分文笔两学派论》,《国粹学报》第 16 期,1906 年 5 月 13 日。

为笔记史家之变者也。《国语》家为文章史家之流派也。《史记》家之体例文章史家之体例,而实则龙门尚笔不尚文,文章史家之变者也。《汉书》家为文章史家之流派也。后世为史者,不知史分六家,又不知六家统于文、笔两派,而昧昧然为史,其可乎哉?①

陆绍明以"尚文派"统辖《尚书》家、《国语》家、《汉书》家,其中《尚书》家为"尚文派"的鼻祖。重笔派则包括《春秋》家、《左传》家、《史记》家,其中《春秋》家为其"嚆矢"。《左传》和《史记》二家分别为"笔记史家之变者"和"文章史家之变者"。这就在刘知幾的"六家"说与他的"文、笔两派"说之间找到了结合点。刘知幾以"六家"、"二体"牢笼千年史学,主要是就史书体裁而言的。陆绍明则将"六家"归于"文、笔两派",以"两派"统摄群史,既重视史书的外部形式,又重视了史学的精神和历史文学。这是陆绍明在史学批评上后来者居上的表现。

不过,陆绍明的史学分文、笔两派论,并非无懈可击。从今天的眼光来看,汉魏以降,史学的门类日渐繁多,历史叙事也日臻完善,史书中的记言与记事已经融合。"记言之史宜于尚文,而记事之史始宜于重笔"在历史编纂中很难实践。这样的划分也就难免牵强。但陆绍明从"文"与"笔"的视角出发,也不失为一种以简驭繁的方法,在他之前的近代史学家中还不曾有过这样的划分方法。陆绍明对于实录叙事一派的梳理,彰显传统史学的求真精神,对于尚文一派的厘清,体现了重视文采的史学传统。这两个传统在古代史学史上确实存在,并相互影响,共同推动了传统史学的发展。

其次,陆绍明从诸子与史学的关系出发,提出了"史分九家"——儒家之史、道家之史、阴阳家之史、法家之史、名家之史、墨家之史、纵横家之史、杂家之史、农家之史的观点。至于各家之史的优长,陆绍明说:

---

① 陆绍明:《史有六家宗派论》,《国粹学报》第 19 期,1906 年 8 月 9 日。

"儒家之史为极善论断之史;道家之史为极善寓言之史;阴阳家之史为极善时令之史;法家之史为极善褒贬之史;名家之史为极善考订之史;墨家之史为极善共和之史;纵横家之史为极善议论之史;杂家之史为极善纂修之史;农家之史为极善皇古之史。史分九家,学原'六艺'。后人为史,全昧厥旨,可胜叹哉!"陆绍明从诸子的角度讨论古代史学流派,不无新意,这既与他对经、史、子三者关系的认知直接相关,"诸子之言,足谓野史。诸子之学,得于六经"①,也与清季诸子学思潮的复兴具有学术联系。然而,有些具体的提法还可商榷,如墨家之史为善共和之史,农家之史为善皇古之史等语焉不详。至于"杂家之史"为何擅长"纂修",未作具体论证。"后人为史,全昧厥旨"的判断也过于绝对和武断了。

再次,陆绍明在"史分九家"的基础上加以细化,把史学分为二十家,包括辞章家、经学家、理学家、理想家、褒贬家、评论家、议论家、文字家、训诂家、考订家、权谋家、数学家、五行家、纂修家、叙述家、考据家、文献家、地理家、曲笔家、音律家。辞章家之史以班固的《汉书》,欧阳修、宋祁的《新唐书》为代表,后衍生出经学家之史和理学家之史。所谓经学家之史,以朱熹的《通鉴纲目》为典范。理学家之史肇端于隋朝王通的《元经》。《宋史》表彰道学,也属于理学家之史。辞章家、经学家、理学家三家之史皆为儒家之流派。

理想家之史以苏辙《古史》为代表。"其持论以无为为宗,行文浑涵澹泊,时抒理论,此理想家之史为道家之流派也。"评论家之史的主要部分即"二十四史"中的论赞,为法家之流派。又由评论家学派而演化为议论家学派,两家的区别何在?"评论家之史是非其事,议论家之史辩驳其理,非可一列论也。"五代的贾纬、宋代的王韶之、罗泌是议论家的代表,议论家之史为纵横家之流派。

① 陆绍明:《史学稗论(续第十五期)》,《国粹学报》第16期,1906年5月13日。

荀悦的《汉纪》为文字学派之正宗。唐张守节的《史记正义》是训诂家之史的楷模。考订家之史首推宋人吴缜的《新唐书纠谬》。文字家、训诂家、考订家之史皆为名家之流派。此外,权谋家之史为兵家之流派;数学家之史、五行家之史为阴阳家之流派;纂修家、叙述家、考据家、文献家四家之史为杂家之流派;地理家之史为农家之流派;曲笔家之史为墨家之流派;音律家之史为小说家之流派。最后,陆绍明感慨地说:

> 诸史澹雅沉郁,研精覃思,词顺理正,言典事该,笔力千钧,光芒万丈。不知者以为镂心鸟迹之中,文如扬、马;织辞鱼网之上,体类屈、宋。岂真如是哉?元主谓史书所系甚重,非儒士泛作文字,得其旨也。而所谓史学分二十家,为诸子流派,恐知之者无其人也,不可慨哉![①]

两相比较,陆绍明的史学二十家之分和九家之分有区别也有联系。"九家"之说以史学对应诸子,"二十家"之说则主要是根据史家的学术特点来概括的。不幸的是,"史学分二十家,为诸子流派,恐知之者无其人也"一语成谶,在后来的史学史上少见应和者。个中原因主要有两点,一是传统史学理论在新史观、新理论冲击下走向式微,学术浪潮,浩浩荡荡,陆绍明这类坚守中国传统史学本位立场的史学家自然难逃边缘化的命运。二是陆绍明对史学的上述看法得失兼有,虽高明有余,但审慎不足,很难被史学界广泛接受和运用。比如,他对"曲笔家之史"的解释与古代史学上相对于直书的"曲笔"之意不完全相同,但他并未给予充分的说明。他对于"考订家"和"考据家""评论家"与"议论家"的区分也过于琐碎,其实"考订"和"考据"并无什么实质分别,以

[①] 以上引文皆见陆绍明:《论史学分二十家为诸子之流派》,《国粹学报》第 18 期,1906 年 7 月 11 日。

李延寿《北史》为考据家派之代表亦不妥当。至于"评论"与"议论"大同小异，很难在"是非"与"辩驳"之间划清界限。"数学家之史""音律家之史"的提法也不准确，难以从名称上判断其具体的内涵。

陆绍明划分学派的标准并不规整，有文、笔二家说、九家说和二十家说，失于琐碎。但近代以来，像这样系统、全面地以学派论传统史学，并不多见。具体的提法和阐述确有瑕疵，但陆绍明的学派理论对于揭示古代史学的多途发展、史学与诸子的关系亦有学理价值。同时，他也留下了那个时代学人关于史学流派的一种宏观认识，一种不同于今天的史学批评观念。

陆绍明对历代史籍十分熟悉，故而辨别诸家异同，如数家珍，通过对史书的点评，提炼其共性与特点，无论读史还是评史均非倚门傍户，而能卓然自立。他的史学批评有纵横捭阖之风，无凝滞呆板之病。在陆绍明的史学批评中，不曾流露出对于旧史学的挞伐与摒弃，相反，他对传统史学的肯定多于否定，赞扬大过驳斥。陆氏在史学批评术语上也不趋新，不使用当时流行的新语言和新词汇，在表述上，善于运用对仗、排比句式，让人感受到传统史学批评的浓郁气息。总的来看，在清季新旧学术价值观的交锋中，旧的学术话语虽明显处于下风，但陆绍明仍代表着传统派批评家发出了声音，使旧的话语体系不至于失语，因此在史学批评的近代化历程中，占有一席之地。

辛亥革命之后，陆绍明的史学思想有所倒退。1906 年，他还援引章学诚的观点，主张"六经皆为古史，各具一体"①。但到了 1915 年，他却说章学诚"陷经之罪，可胜诛哉！其以为持之有故，而言之有理者，实持之者无其故，而言之者非其理也"，"六经皆史"混淆经史之名，"闳硕瑰奇之学，不将由混乱而归于澌灭乎！"②陆绍明把章学诚所申述的"古人未尝离事而言理，'六经'皆先王之政典也"，"若夫'六经'皆先

---

① 陆绍明：《史学稗论(续第十五期)》，《国粹学报》第 16 期，1906 年 5 月 13 日。
② 陆绍明：《六经非古史说》，《国学杂志》第 1 期，1915 年 4 月 14 日。

王得位行道,经纬世宙之迹,而非托于空言"①,说成是没有依据和道理,是一种"陷经之罪",其实"六经皆史"之说本身何罪之有呢!陆绍明全然不顾自明清以来经史关系论发展中"经、史一物"的思想趋势②,却又斤斤计较于章学诚混淆了"经史之名",甚至夸张地说这样会毁灭了传统学术,这恰恰是犯了章学诚所批判的"经史门户之见"③和钱大昕所不屑的"陋史而荣经"之病④。这不仅是他个人思想上的一次退步,也与其时中国学术文化的大潮渐行渐远。要知道,1915年9月,《青年杂志》已在上海创刊,一个文化新纪元的大幕正徐徐拉开。

---

① 章学诚著、叶瑛校注:《文史通义校注》卷一《易教上》,第1、3页。
② 李贽:《焚书》卷五《经史相为表里》,中华书局1975年版,第214页。
③ 章学诚:《章学诚遗书》卷二十八《上朱中堂世叔》,第315页。
④ 钱大昕:《廿二史札记序》,载《潜研堂文集补编》,陈文和主编:《嘉定钱大昕全集》第十册,江苏古籍出版社1997年版,第7页。

第五章

新学书目提要与史学批评

书目提要是治学的重要门径。清代中期史学家王鸣盛说："目录之学，学中第一紧要事，必从此问途，方能得其门而入。"[1]足见旧史家对目录学的重视。目录提要因涉及评论史书、史家、史学等问题，也成为史学批评的重要形态。

晚清是中国目录学发展的一个重要阶段，不仅有传统目录学名作《书目答问》，而且也出现了旧时代所没有过的新学书目。这里所说的"新学"，有两层意思：一是晚清新近出版的论著，二是具有与中国传统学术不尽相同的新内容、新思想。"新学"既有译著也包括晚清学人自撰。自19世纪60年代以来，京师同文馆、江南制造总局翻译馆、教会组织等机构翻译西学，已逐渐形成了一定的规模，加之有识之士撰写的外国史地、科技、游记、历史教科书等，新学著作在学术门类中的地位迅速崛起，零散的绍介已不能满足学术界的需要，这直接推动了新学书目的出现。

1896年，梁启超出版《西学书目表》。1898年春，在女儿康同薇的协助下，康有为的《日本书目志》由上海大同译书局刊行[2]。改良之路

---

[1] 王鸣盛：《十七史商榷》卷一"《史记集解》分八十卷"条，第1页。

[2] 《日本书目志》主要依据日本《东京书籍出版营业者组合员书籍总目录》（1893年印行）编纂。但康氏并非完全照搬，而是有所删节和调整，在分类上也有自己的见解（参见王宝平：《康有为〈日本书目志〉资料来源考》，《文献》2013年第5期）。《日本书目志》中各门小序是康氏自撰，反映了他的史学批评思想与政治主张。

虽在 1898 年之后日暮途穷,但康、梁开启的编纂新学书目的事业却从此蔚然成风,并于 1896 年至 1904 年间达到了高潮。据不完全统计,1896 年至 1911 年间问世的新学书目约有 30 种,平均每年出版两种书目。

这些书目专门著录、评论晚清最后几十年间出现的各种新学著作,其中较有影响者除康、梁之书目外,还有《中国学塾会书目》(美华书馆,1903 年)、丁福保的《算学书目提要》、徐维则①与顾燮光②合撰的《增版东西学书录》、顾燮光的《译书经眼录》③、王景沂的《科学书目提要初编》、赵惟熙④的《西学书目答问》、《浙江藏书楼甲编书目》(1907 年)、《浙江藏书楼乙编书目》(1907 年)等,既有综合性书目,也有专门性书目,它们前后相承,大体反映了晚清新学传播的状况与国人对待新学的总体态度。在新学书目中,关于史志类的点评介绍始终是一个重要组成部分。徐维则和顾燮光对书目提要的内容作了明确的说明,即"(一)全书之宗旨。(二)作书之原因。(三)全书之目录。(四)书中之精美。(五)书中之舛误。(六)学之深浅。(七)说之详略。(八)与他书之同异。(九)书之全否。(十)译笔之善否。(十一)提要者之决说"⑤。所谓"全书之宗旨""书中之精美""书中之舛误""学

---

① 徐维则(1866—1922),浙江绍兴人,字仲咫,号以愻(亦作以孙、贻孙),与其父徐友兰、叔父徐树兰均为著名藏书家。徐维则与蔡元培关系甚密,光绪十二年至十七年间,蔡元培是徐维则的伴读,1889 年徐维则、蔡元培在乡试中同榜中举。徐维则曾专门把梁启超的《西学书目表》和《读西学书法》等寄给蔡元培。徐维则还编有《石墨庵碎锦》《述史楼书目》《绍兴县修志采访事例》等。
② 顾燮光(1875—1949),字鼎梅,浙江绍兴人,酷爱金石、目录之学,还著有《非儒非侠斋集》《两浙金石别录》等。
③ 《译书经眼录》初版于 1934 年,杭州金佳石好楼石印。但据顾氏本人和友人诸宗元所讲,该书"草创于卅余年前",正是顾燮光"醉心新学"之时。从《译书经眼录》著录著作的断限来看,是起于 1902 年至 1904 年,由此推断,可知该书的编辑年份应在 1905 年前后,属于晚清史学批评史的研究范围。
④ 赵惟熙(1859—1917),字芝珊,江西南丰人,光绪十六年(1890)进士,曾任翰林院编修、陕西学政、贵州学政。
⑤ 徐维则辑、顾燮光补:《增版东西学书录·广问新书之概则》,载熊月之主编:《晚清新学书目提要》,上海书店 2007 年版,第 9—10 页。

之深浅""说之详略"等都是史学批评的重要内容。通过对上述书目所收著作门类数量与总量的对比,可知在人文社会科学领域中,史志类在新学书目中所占的比重在1900年前后得到了较大的提升,西史东渐的进程加快了。

这些书目虽体例不一,宗旨略殊,然它们通过提要、类序、自注等形式,或短评,或宏论,推动了晚清史学批评的演进。这些新学书目实即目录形式的批评专著。从这个角度来说,新学书目与史学批评是晚清史学批评史上一个不容忽略的课题①。

一　书目作者群的思想倾向

1880年,英国人傅兰雅所撰《江南制造总局翻译西书事略》介绍1879年以前江南制造总局翻译馆编译西书的情况,虽附录了书目,但该书重在"事略",主旨是论译书之方法、译书之益处,与严格意义上的目录学著作尚有一定差别。国人编纂新学书目可追溯到王韬的《泰西著述考》。该书出版于1890年,但实际编纂当在19世纪五六十年代,当时王韬正在上海墨海书馆从事译书工作,因工作关系而关注来华传教士的著述。"自东西两海道通以来约百有余年,所至者皆天教会中之修士。凡其初至之年,所著之书及其卒葬处所,无不班班可考。爰为厘次其姓氏,详述其著作,以胪于篇,用为谈海外掌故者广厥见闻

---

① 史学界对于晚清新学书目的研究已取得了一些成果,如许学霞、叶树声的《〈西学书目表〉对分类的突破及其影响》(《图书馆杂志》1988年第4期)、张志伟的《近代东西学书目初探》(《四川图书馆学报》1989年第2期)、孟昭晋的《康有为的目录学思想》(《图书馆论坛》1993年第4期)、张晓丽的《论晚清西学书目与近代科技传播》(《安徽大学学报》2010年2期)、李立民的《顾燮光两部晚清新学书目初探》(《中国典籍与文化》2010年第3期)等。这些成果为本课题的研究提供了诸多便利。已有的研究多是从目录学和近代科技思想传播的角度展开的,且集中于《西学书目表》等几部目录提要的个案研究。本文则以历史类书目提要为中心,以史学批评为切入点,重点讨论晚清新学书目中所蕴含的史学思想及其价值。

云。"①该书在体例上,以人物为线索;在内容上,偏重于传教士生平介绍,略于对著述的评点,具有文献学上的价值,但在学术批评上比较单薄。后来的新学书目多未采用《泰西著述考》体例,也基本没有沿袭王韬编纂书目的精神。真正形成国人的新学书目编纂体系,并对后世产生影响者,始于1896年出版的梁启超《西学书目表》。据梁启超自述,他大规模购读西史始于1895年,这也是他撰写《西学书目表》的准备阶段。"泊乙未余驻京师,乃得遍购所译西书,以充目力。适家弟启勋潜心西学,爰将读法层序,缀成一卷,约举而条示之,名之曰《读西学书法》。"②这概括了梁启超撰《西学书目表》的大致经过。《西学书目表》将西学著作分为学、政、杂三大类二十八小类,著录的要素依次为书名、撰译人、刻印处、本数、价格、识语。附卷收录"通商以前西人译著各书""近译未印各书"和"中国人所著书",是对前三卷的补充与扩展。梁启超的学、政、杂分类理论奠定了后来新学书目的大体框架,并以其鲜明的指导思想引领着新学书目的编纂,《增版东西学书录》《译书经眼录》等均沿袭其体例。故而,讨论新学书目作者群及其思想倾向也当自梁启超始。

作为晚清新学书目编纂的重要开拓者,梁启超在19世纪末20世纪初最重要的史学主张便是"史界革命",建立适应时代要求的新史学。在晚清新学书目作者群中,也不乏新史学的健将。

(一) 接受进化论,倡导新史学

19世纪末年,进化论成为新派学人竞相讨论的热点话题。新学书目作者由于接触大量新学著述,成为认知和接受进化论的重要学人群

---

① 王韬:《泰西著述考》卷首小序,载王韬、顾燮光等编:《近代译书目》,北京图书馆出版社2003年版。
② 梁启超:《〈中西学门径书七种〉叙》,夏晓虹辑:《饮冰室合集集外文》上册,北京大学出版社2005年版,第17页。

体。思想活跃的黄庆澄①对《天演论》给予了高度评价,说该书"谈理精确,周秦诸子殆不能及,宜广为传布"②。顾燮光对《天演论》《原富》也赞誉不已,称严复"以周秦诸子之笔,达天择物竞之理,发明处尤足耐人三日思"③。徐维则为《天演论》所写的提要也确信"自强进化之公理"④,而进化论正是晚清批判旧史学、倡导新史学的指导思想。

在信奉进化论,服膺梁启超史学思想方面,沈兆祎⑤是不能不提的一位学者。沈兆祎编纂《新学书目提要》的宗旨是"辨同异、昭是非"⑥。他又强调批评的尺度,说:"《纠谬》之于《唐书》,肆诋之深,非所取法。"⑦北宋史学批评家吴缜的《新唐书纠谬》指摘《新唐书》之病,得失兼有,在批判上有言之过当的地方。沈兆祎认为学术需要批评,但不宜"肆诋"。

《新学书目提要》原计划出版八卷,但最终只出版了四卷,第二卷"历史类"于1903年出版。与一般书目提要三言两语的评价不同,《新学书目提要》的评语篇幅较长,常有超过千字的评点,除了内容、得失

① 黄庆澄(1863—1904),原名炳达,字源初(一作愚初),晚号寿昌老人,温州府平阳县人,1894年中举人,与陈黻宸、陈虬、宋恕等人交游,精于算学。1889年,黄庆澄任上海梅溪书院教习时,便关注西学。黄氏还创办了《史学报》(后改名为《瓯学报》)、《算学报》等。黄庆澄于1893年东游日本,到达长崎、大阪、东京等地,后将见闻整理为《东游日记》(1894年,东瓯咏古斋雕版)。黄庆澄还出版了《湖上答问》(1895年,东瓯咏古斋雕版)等。
② 黄庆澄:《中西普通书目表》补遗《天演论》识语,算学报馆1898年刻本。该书又于1901年由杭州小学堂重刻,改名为《普通学书录》。后者较之前者,除增补子目录外,其余内容变动甚小。
③ 顾燮光:《增版东西学书录·叙例》,第7页。
④ 徐维则辑、顾燮光补:《增版东西学书录》卷四《天演论》提要,第139页。
⑤ 《新学书目提要》版权页署名为"通雅斋同人编"。此书曾在上海和东京两地出版,上海版的《凡例》和《总叙》则言此书为沈兆祎所作,著作权上有不统一的地方。《新学书目提要》乃是由上海通雅书局刊行的。通雅书局是由沈兆祎等留日学生集资创办的。熊月之也将该书的著者题为沈兆祎(详见熊月之:《晚清新学书目提要·序言》,第7—8页)。这部书的初稿可能是成于多名留日学生之手。从内容来看,"通雅斋同人"是若干思想倾向上比较一致的人,沈兆祎当是其中重要成员,并且可能是该书编纂的发起者、组织者,具体情况尚待进一步的考证。《译书经眼录》和《浙江藏书楼乙编书目》(杭州华丰书局1907年刊行)均著录该书著者为沈兆祎。
⑥ 沈兆祎:《新学书目提要·总叙》,载熊月之主编:《晚清新学书目提要》,第382页。
⑦ 沈兆祎:《新学书目提要·凡例》,第379页。

外,多能阐发他对于史学、时事、国家盛衰的认识。

沈兆祎对旧史学多有批评,以为新史学的建设才是当务之急。书中多处驳斥旧史学:

> 历史一门最切于今日学界,亦莫难于今日学界。旧日乙部充栋盈车,乃者世变相仍,兼以智识日吁,前人窠例、历代破书……东邻产猫之喻,一姓家谱之讥,取而代之,改弦而更张之,固时哲之用心,亦当世之先急矣。①
>
> 夫史者非徒为陈人塑绘其面目而已,一群一族之渐张、一文一野之递嬗,始必有其所由来,后必有其所终极,研究史学唯此焉赖。②
>
> 中国二千年来所称为历史学如二十四史、《资治通鉴》等书皆不过王家年谱、军人战纪,非我国民全部历代竞争进化之国史,此书(指横阳翼天氏编《中国历史》——引者)于古今人群进化之大势、盛衰隆替之原因结果及于社会有密切关系之事实,无不叙述详备。③

我们读沈兆祎的这些话,总觉得有似曾相识之感,探其史源,则发现沈氏所言无论是批评指向还是精神气质都是"梁启超式"的。沈兆祎批判旧史学一无是处,是"窠例"和"破书",是"一姓家谱",要取而代之、改弦更张,这种思想显然是受到了"史界革命"的影响。在沈兆祎的提要中,"二千年来中国史家之陋习"④"公例"⑤等语亦屡见不鲜。

梁启超对沈兆祎的影响是显而易见的。除了上述证据外,我们还

---

① 沈兆祎:《新学书目提要》卷二《历史类》小序,第449页。
② 沈兆祎:《新学书目提要》卷二《泰西通史上编》提要,第456页。
③ 沈兆祎:《新学书目提要》卷二《中国历史》提要,第458页。
④ 沈兆祎:《新学书目提要》卷二《西史纲目》提要,第453页。
⑤ 沈兆祎:《新学书目提要》卷二《世界史要》提要,第454页。

可以从他为梁氏著作所写的提要中得到佐证。关于梁启超《饮冰室自由书》的评语是"明悉治乱,指陈利病,则尤切中肯綮"①。而梁启超主持的《新民丛报》也介绍了沈兆祎的《新学书目提要》,评价同样很高:

> 自顷风气稍开,译书盛行,然球琳碔砆,良楛糅杂,读者未能别白,购者尤难抉择。尝有投掷金钱,购无用之书,从而生厌弃之心者,于我国学界,其生阻力甚大。沈君兆祎于近译诸书,分门抉择,著为提要。先成法制、历史、舆地三册,学者翻阅此编,虽未及浏览原书,已能窥见一斑,按次购求,既有途辙之可寻,而无耻坊贾伪滥射利之书,或亦少为其所淆惑焉。于读书购书,两有裨益,亦求学者之一助也。②

今人认为日本学者浮田和民的《史学通论》是梁启超新史学思想的重要源头。③ 对于梁氏与日本史学之间的关联,沈兆祎早已论述到了,如谓梁启超的《新地理》"第一篇亦颇用日本人浮田和民《史学通论》之说,盖撷其菁华亦所以穷其枝叶也"④。沈兆祎对《史学通论》的评论是值得关注的:"中国旧史大率偏记朝政而与学术、民俗诸事无关,近人已历言其弊,此书泛述史学大旨,门径既辟,堂奥愈宏,足为中土史家摘其冥行而导之途路。"⑤将《史学通论》视为建设中国新史学的向导,这是非常高的评价了。

接受进化论者多注重探究历史的因果,沈兆祎也不例外。他为史书撰写提要时,心中常悬一念,即是书是否讲明因果。若谓《欧罗巴通

---

① 沈兆祎:《新学书目提要》卷四《饮冰室自由书》提要,第 551 页。
② 《新民丛报》第 38、39 号合本《绍介新书》,1903 年 10 月 4 日。
③ 如尚小明认为:"梁启超在《新史学》等专论中所阐述的基本史学理论,实际上主要是从浮田和民的《史学通论》中有选择地移植过来的。"(《论浮田和民〈史学通论〉与梁启超新史学思想的关系》,《史学月刊》2003 年第 5 期)
④ 沈兆祎:《新学书目提要》卷三《新地理》提要,第 519 页。
⑤ 沈兆祎:《新学书目提要》卷二《史学通论》提要,第 496 页。

史》"首卷纪罗马国势之强弱及教派之盛衰,而其政治、教育概乎未详,盖罗马之强弱盛衰人知之,罗马之所以强弱盛衰人未知之。……降至帝政时代,政治、教育宗旨大变,而宗教之精神、爱国之精神始渐就澌灭,此罗马盛衰之原因而首卷之当详者也"①。有关《泰西通史》的提要又说:"东方诸国及罗马之内乱纷如乱丝,其端绪颇为难详,然不言其乱之源及乱之结果,则罗马内政之腐败、各国叛乱之终极皆不过得其影响,罗马教衰、基督教盛,然不言罗马之教何以衰、基督教何以盛,则宗教之改革及改革宗教之战争均属无谓。"②历史因果确是晚清新史家孜孜以求的答案。

与沈兆祎一样受到梁启超影响的,还有胡兆鸾。胡氏的《西学通考》第十六卷《西书考》,在"史志类"下著录了冈本监辅的《万国史记》、谢卫楼的《万国通鉴》、慕维廉的《大英国志》等书,实为一种新学书目。胡兆鸾所选择的这些历史著作多是当时知识界耳熟能详的书籍,在评论上也多沿袭《西学书目表》《读西学书法》中的观点,如对艾约瑟《欧洲史略》、林乐知《列国岁计政要》的评语即源自梁启超。③

(二) 经邦济世,会通中外

康有为《日本书目志》第四卷《图史门》著录历史地理类图书。在"史学"一门下,康有为又分作万国历史、各地历史、日本历史(附小学历史)、传记、本邦历史考证、年代记、年表等。康有为自称:"购求日本书至多,为撰提要,欲吾人共通之。因《汉志》之例,撮其精要,剪其无用,先著简明之目,以待忧国者求焉。"④原来康有为的书目是为那些忧患时势的人准备的。他曾为这些书撰写了提要,但《日本书目志》定稿

① 沈兆祎:《新学书目提要》卷二《欧罗巴通史》提要,第455页。
② 沈兆祎:《新学书目提要》卷二《泰西通史上编》提要,第456页。
③ 参见胡兆鸾:《西学通考》卷十六《欧洲史略》提要、《列国岁计政要》提要,湖南长沙1897年刻本。
④ 康有为:《日本书目志·自序》,第264页。

时，却删去了对书籍的评论，只是依据《汉书·艺文志》之体例，著录书名、作者、册数等。不过，康有为在每一卷或每一类目下撰写了长短不一的小序，多少弥补了《日本书目志》在史学批评上的缺憾。康有为说："近今万国史学关涉重大，尤非旧史可比哉！吾中土亦多有译之者，而记事未详，史理尤少，仅有《佐治刍言》一书而已。日本所译盖多，而《历史哲学》《欧罗巴文明史》《泰西通鉴》及《揽要》《纲纪》诸书备哉粲烂，其印度、希腊、罗马、埃及、佛国革命史，皆可考焉。我之自论，不如鉴于人言，可去忌讳而洞膏肓，若鉴而用焉，皆药石也。"①康有为评论《历史哲学》《泰西通鉴》等书时，着眼点不仅在知识，更在乎思想，是"鉴于人言"，是洞察病症，是要以印度、希腊诸国之史为"药石"，来医治病入膏肓的清廷。

如所周知，梁启超在19世纪末深受西学影响，但在《西学书目表后序》中，他却说"吾不忍言西学"，其逻辑是"今日非西学不兴之为患，而中学将亡之为患。"在批评了那些不懂西学精微，又不识中学根本的人之后，梁启超如是写道："舍西学而言中学者，其中学必为无用；舍中学而言西学者，其西学必为无本。无用无本，皆不足以治天下。……存亡绝续，在此数年。学者不以此自任，则颠覆惨毒，宁有幸乎？"②体现了其会通中西和以天下为己任的精神。

新学书目作者大多关注西学，又有旧学功底。徐维则经营的墨润堂既有传统学术文化典籍，也出售各种教科书、新式书籍和报刊，如《经世报》《杭州白话报》等，这里还是后来新文化运动的主将鲁迅和蔡元培经常光顾的地方。蔡元培还从墨润堂购买过《西学启蒙十六种》等著作。如果不是长期关注西学，收藏和阅读西学书籍的积累，徐维则不可能编写出新学书目。而与徐维则交往甚多的顾燮光1898年就曾在江西萍乡主编宣传维新思想的《菁华报》。

---

① 康有为：《日本书目志》卷四《图史门·各国历史》小序，第312页。
② 梁启超：《饮冰室合集》文集之一《西学书目表后序》，第126、129页。

晚清新学书目作者群中,在强调中外兼重、经世致用方面,沈桐生也是非常突出的。1896年,盛宣怀创办上海南洋公学,这是国人最早创办的高等学府之一。1897年,时在南洋公学的沈桐生目睹时局剧变,"扩览译史"①,编成《东西学书录总叙》两卷。该书卷上为天学、地学、地志学、学制、兵学、农学、工学、商学、法律学、交涉学,卷下为史学、算学、图学、矿学、化学、电学、光学、声学、重学、汽学、医学、全体学、动物学、植物学。以上诸类是沈桐生理解的东西学术之大概。他认为:"学之通变因乎时,政法艺术贵通今以致用。……大地事故积久愈繁,欲昭伟略而匡时变,须审敌情而广师资。"②沈桐生的这些话显然是有所指的。1894年甲午战争,清廷战败,此后,帝国列强掀起了新一轮瓜分中国的狂潮。沈桐生所谓"通变""匡时变"和"审敌情""广师资"无疑是针对清末中国所处的恶劣的国际环境而言的,表现出致用的自觉意识。沈桐生还计划编辑一部《中外政学纲目》,书名已经显示出经世意图。此书旨在"上规端临《文献》之书,近法仪征《籑诂》之集"③,明确提出模仿宋元之际马端临所纂《文献通考》和清中期阮元所辑《经籍籑诂》,其实是要效法马、阮二书的实学精神。在《东西学书录总叙·自叙》中,沈桐生历数清朝历代帝王之重视西学、办洋务、光绪皇帝推动变法之事,以应对"西犷梗道,东鲽跳波"之局面后,写道:

> 桐生呫哔陋儒,草茅下士,当束发授书之日,存致身报国之心。比来担簦负笈,从游贤俊,焚膏继晷,盗窃陈编,用是不揣固陋,网罗译著,博之约之,抉之择之,类存之,综论之,辑成《东西学书

---

① 沈桐生:《东西学书录总叙》卷下《史学总叙》,读有用书斋1897年刻本。关于沈桐生的生平经历,比较缺略。沈定庵的《沈桐生:民国书学大家》(《绍兴日报》2009年7月13日第3版)一文大致提供了沈桐生的人生讯息。沈桐生字光汉,又名雨苍,绍兴人,为著名书法家,被徐世昌誉为"民国大书家"。

② 沈桐生:《东西学书录总叙》卷上《自叙》。按:本书的《总目》与《自叙》并非在书首,而是夹在卷上《地学总叙》的中间,疑为刊刻之误。

③ 沈桐生:《东西学书录总叙》卷上《自叙》。

录》,析其要旨,冠以总叙。愧未能钩玄提要,通学术之指归,亦惟是区类分门,识群书之流别而已。①

沈桐生网罗当时各种译著时,并非不加别择,而是博采约取,抉其菁华,区分类别,宏观概括。"致身报国之心"是他编纂书目的动机,也是以史经世的直白表述。需要说明的是,《东西学书录》似未全部问世,而是将各类总叙先行汇辑成书出版,即《东西学书录总叙》。关于这一点,除我们现在尚未见到《东西学书录》的印本外,时人徐维则的话也可以佐证。1899 年,徐维则就说:"同时沈君雨苍桐生撰《西书提要》未成。"徐氏撰同名著作《东西学书录》时倒是"间掇其论说一并写入"②,吸收了沈桐生的一些论说。

沈桐生在上海接触新学,视野比较开阔,在治史上主张中国史与世界史并重。《史学总叙》集中体现了他的史学思想。沈桐生写道:"史也者,所以纪载治乱之由,而考镜得失之林也。中国古今史乘,编年纪事,充栋汗牛,儒者既难卒读,欲其兼通各国,夫亦难矣。虽然,欲洞悉中外情形,环球大势,及其制度、文章、兴亡盛衰之故,则中史之外,尤宜兼览东西各国史乘,以开拓其见识。"笔锋一转,又论及当下:"噫,世界茫茫,尘寰扰扰,盛衰倚伏,史籍具存。是以儒者上下五千年,纵横九万里,网罗轶散,纂述旧闻,观运会之变迁,政学之递嬗,以备考证,以昭法戒,而后可与治今,可与道古。然不观中史,曷知其本? 不观外史,曷会其通? 由是言之,则东史西史亦有志之士所当究心者也。"③会通中外史学,以洞悉世界,为考镜得失,这是沈桐生非常鲜明的认识。

《东西学书录总叙》出版翌年,被孙诒让誉为"振奇士也"④的黄庆

---

① 沈桐生:《东西学书录总叙》卷上《自叙》。
② 徐维则辑、顾燮光补:《增版东西学书录·叙例》,第 6 页。
③ 沈桐生:《东西学书录总叙》卷下《史学总叙》。
④ 孙诒让:《东游日记序》,见《东游日记》书首,上海古籍出版社 2005 年版。

澄所编的《中西普通书目表》问世了。黄庆澄为书目取名《中西普通书目表》，立意上便已涵括中西学术。该书目正文由表一（论中学书）、表二（论西学书）和表三（中西学兼有）三部分组成，表后附录《家塾读书入门要诀》和《家塾授徒简便课程》，共著录各种书籍四百余种。可见，《中西普通书目表》是一部融汇中学与西学，参互著录、点评以指示读书之法的目录学著作。此书具有打通中外古今的学术视野，正所谓"学无中西，其书之历劫不磨者，必其人之精灵不可埋没者也"①。黄庆澄看重的不是学问的国界与地域，而是其真正价值。在论及西学著作时，他又进一步阐述了这种思想：

> 今之据高头讲章、岸然道貌者，动曰："吾习旧学，不屑新学也。"今之翻洋板新书、昂然自命者，动曰："吾习新学，不屑旧学也。"嗟乎！学亦何新旧之有？尼山未老，六经均系新出之编；秦劫不灰，诸子皆擅时流之誉。庆澄愚以为学而切用，其学为地球之公学，其书即为地球之公书，不必问为旧学、为新学也。且地球之理日出而不穷，不特非今日旧学所能尽，亦岂今日新学所能尽乎？行远必自迩，积小以高大，推陈以出新，握经而待变。海内有道诸君子其亦不河汉我言欤？②

黄庆澄既批评了专习旧学，不懂新学的"岸然道貌者"，也讥刺了那些读了几部新书便得意扬扬，丢掉了旧学传统的"昂然自命者"。在他看来，学问本没有新旧之分。今天视为旧学典范的"六经"、先秦诸子，曾经也是新学。黄庆澄以是否实用作为评判学术的标准。他认为，只要有用的学术就是"地球之公学""公书"。1895 年，黄庆澄"客武林，寓

---

① 黄庆澄：《中西普通书目表》表一大序。
② 黄庆澄：《中西普通书目表》表二大序。

西湖之葛岭”,好友“日以经世之学相质证,庆澄信笔答之”①,经整理后,编为《湖上答问》一书。在这部书中,他们讨论的话题包括甲午战争后中国的强国之路、理财之法、教育之道。

(三) 放眼域外,指示法门

诚然,中国传统书目本就有指导读书、治学的功能,张之洞的《书目答问》便体现了旧式书目的这一学术品格。梁启超有鉴于西学东渐,译介日众,“苟不审门径,不知别择”②,那么读西书将成为一件繁难的工作,于是将其读书心得写成《读西学书法》。梁启超这样做是将传统书目的导读精神引入到了新学书目的编纂中,并将导读的视野由中国而域外,实现了书目之学在传统与近代之间的融汇。时人评价《读西学书法》“区分门类,识别优劣,笔记百余条,专言西学源流门径,有志经世之学者不可以不读也”③,看重的也是该书的指引之功。

继《西学书目表》之后,梁启超又在1902年六七月间,发表了他的另一部目录著作《东籍月旦》。所谓“东籍”,主要是指由日本学者撰写的书籍;“月旦”是“月旦评”的略称,指品评人物,后泛指“评论”。故而,“东籍月旦”意思是评论日本学者的撰述。该书的问世与张之洞的《书目答问》有相通之处,也是为了满足学子们的要求而撰。“一科之中,某书当先,某书当后,某书为良,某书为劣,能有识抉择者盖寡焉。同学诸子,怂恿草一书以饷来者。”④其导读意识跃然纸上。梁启超把日本人所撰的史书分为八类,包括:世界史(附西洋史)、东洋史(附中

---

① 黄庆澄:《湖上答问·序》,上海古籍出版社2005年版。
② 梁启超:《读西学书法》小引,夏晓虹辑:《饮冰室合集集外文》下册,第1159页。
③ 《时务报》第8册卷末《本馆告白》,1896年10月17日。
④ 梁启超:《饮冰室合集》文集之四《东籍月旦》,第83页。

国史）、日本史、泰西国别史、杂史、史论、史学、传记。①《东籍月旦》中比较细致地评论了近四十部史书，展示了梁启超的史学批评思想。

梁启超重视导读的作法对后来的同类著作产生了直接影响。沈桐生在《史学总叙》中，依次对日本史、希腊史、罗马史、印度史、波斯史、埃及史、意大利史、法国史、俄国史、德国史、英国史、西班牙史、葡萄牙史、荷兰史、比利时史、瑞典与挪威史、丹麦史、奥地利史、土耳其史、美国史加以概述，而作者这样做的目的，就在于作"读史之助"②。

黄庆澄的《中西普通书目表》的导读功能也是十分突出的。该书书口题有四字"训蒙捷径"，已揭明此意。书中所论从中国传统学术开始，对经史要籍及其读法有精要的论述，从中可以看出黄庆澄对于如何读史颇有心得。他关于《史记》《汉书》的论述就十分精到。若读《史记》"当洞烛历古政俗学派沿革之故，勿仅叹其文之美"③。班固"所见者大，落想亦高。……愿读《史》《汉》者当恢其眼孔，力求实用，勿徒撷拾字句，以供训诂词章之料，斯得之矣"④。黄氏在对中西史书的点评中，常围绕其书的阅读价值。如谓《文史通义》"透辟处多发前人未发，是学者万万不可不读之书"⑤，又"读全史不可不读《史通》"⑥。从中国史学史上来看，黄庆澄对刘知幾和章学诚之书的评价是公允的。黄庆澄不仅有此类具体指导，也不乏读史法门的指点：

> 读史遇国家大事，当设身处地，掩卷沉思。设以我生其时，作何处置，久之，则胸有积理，临事时自有受用。读书涉世，显分两

---

① 梁启超为编撰《东籍月旦》制订了宏大的计划和长期的目标，美中不足的是该书乃是一部未完之作。《东籍月旦》原刊于《新民丛报》第9号（1902年6月6日）和第11号（1902年7月5日），注明为"未完"，但未见续作。
② 沈桐生：《东西学书录总叙》卷下《史学总叙》。
③ 黄庆澄：《中西普通书目表》表一《史记》识语。
④ 黄庆澄：《中西普通书目表》表一《汉书》识语。
⑤ 黄庆澄：《中西普通书目表》表一章实斋《文史通义》识语。
⑥ 黄庆澄：《中西普通书目表》表一《史通》识语。

途。何也？世途所遇，时与书中不合也。惟读史则古事今情，了如指掌，越读越有味，然又不可概论。①

黄庆澄对如何阅读西史也有论述："西史译本佳者甚鲜，读者当仿纲目例或纪事本末例，随意删纂，不必求工。盖中年读书读过不如做过，即以少年论，看书必令其动笔，方肯用心。此恒情也。"②这里所说的"随意"是指依己之意，而不是胡乱为之。"随意删纂"是根据读者的理解以纲目体或纪事本末体对西史加以改编，以求易于阅读和理解。

1899 年出版的徐维则《东西学书录》，"将当时所译西书分成 31 类，凡 561 种，这是收录上一世纪中国所译西书最全的目录"③。1902 年，徐维则又和顾燮光一同增补撰成《增版东西学书录》。《增版东西学书录》首列"史志"，而在"史志"下又依次分为通史、编年、古史、专史、政记、战记、帝王传、臣民传记八种，共评介了 96 种历史著作。该书由蔡元培作序推介，加之体例较为完备，提要具有一定的学术价值，因而在晚清知识界的影响较大。该书除了注明作者、译述者、卷数、体例、内容梗概、版本等信息外，还花了较多笔墨评论史书，这是考虑到"学者骤涉诸书，不揭门径，不别先后，不审缓急，不派源流，每苦繁琐，辄难下手"，故"于书目下间附识语，聊辟途径"④。指点读书门径的旨趣也一目了然。沈兆祎在书目中也多处谈及读史法门，如"以一书而通上下数千年，其势万不能详，欲求详者必读断代史，泰西史家率分全史为上古、中古、近世、最近世四时代，各著为编，然分离断续，又苦于无一气贯输之精神，学者欲知泰西民族、社会、政治之大原，宜先读断代史，继

①　黄庆澄：《中西普通书目表》表一司马光《通鉴》识语。
②　黄庆澄：《中西普通书目表》表三《读西史》。
③　陈旭麓：《中国近代学论略》，《陈旭麓文集》第二卷，华东师范大学出版社 1997 年版，第 27 页。
④　徐维则辑、顾燮光补：《增版东西学书录·叙例》，第 5 页。

读万国史,于古今世界大势可以了如矣"①,对读史次第及原因作了清楚的说明。

1901年,赵惟熙著《西学书目答问》。据赵惟熙说,"光绪二十七年诏变科举法,以中外史志、政艺各学试士,诸生鲜识西书门径,时来问业,不佞于中学应读诸书尚百不逮一,遑论鞮译之语、佉卢之文,顾修史余闲亦稍从事于涉猎,兹就所已知者仿南皮张孝达前辈《书目答问》之例,胪列西书诸目于篇,用谂来者"②。《西学书目答问》对晚清的西方历史著作如《欧洲史略》《希腊志略》《罗马志略》《四裔编年表》等均予以点评,意在指导学子阅读西史之法。

导读与批评具有天然关联,甚至可以说是一个事物的两个方面。这是因为,既然要肩负导读的使命,就意味着需指示何书可以读,何书不必读,书的价值何在,有何缺点,必然涉及对于书籍的宗旨、价值等核心问题的评论,而这一切恰恰就是史学批评的内容。

二 书目批评中的政治诉求

史学与政治从来都密不可分。在风雨飘摇的晚清,二者的联系更加牢不可破。戊戌时期,维新风潮弥漫朝野。作为变法领袖人物的康有为、梁启超二人不仅在政治上推动了中国社会的变革,而且在新学书目的编撰上有一番作为。这似乎也昭示了新学书目与政治之间的某种联系。所谓"国家欲自强,以多译西书为本;学子欲自立,以多读西书为功"③。"今日欲自强,惟有译书而已。"④康有为对译书的重要性虽言过其实,但当时以变法为鹄的的梁启超在读了老师的《日本书目志》

---

① 沈兆祎:《新学书目提要》卷二《万国史纲目》提要,第452页。
② 赵惟熙:《西学书目答问·略例》,贵阳学署1901年刻本。
③ 梁启超:《西学书目表序例》,《时务报》第8册,1896年10月17日。
④ 康有为:《日本书目志·自序》,第263页。

后,也认同地说:"今日中国欲为自强第一策,当以译书为第一义。"①晚清知识精英将翻译西书作为医治中国的良方,其政治诉求已是呼之欲出了。

(一) 评论兴亡史与保国呼声

摆在晚清士大夫面前最迫切的任务,是如何挽救亡国灭种之危局。新学书目作者也自然地将他们对政治的思考注入到书目提要中。沈桐生论史学,强调"盛衰迭代之机,文野推迁之迹,祸福倚伏之数,割据分并之形",要"践实以征详"②,中心议题便是国家兴亡、民族盛衰。黄庆澄则说:"史者,国家总账簿也。读之当考其政俗,讨其学派,以为是非得失之镜。近儒治史,或讲体例,或讲考证,坐井观天,徒耗心力耳。"③体例和考证已经不是他关心的问题,他在乎的是"政俗"和"得失",其思想也与 19 世纪末年清朝的政治主题一致。

兴亡史是晚清新学历史撰述中的大宗,诸如《万国兴亡史》《波兰衰亡史》《印度灭亡战史》等专书以及报刊上的同类文章,因其内容与晚清政治的契合而引人瞩目。在新学书目提要中,史家重点评论了有关兴亡史的论著,大多言之有物,暗有所指,落脚点则是他山之石可以攻玉,避免重走他国沦灭之路。

世界范围内其他国家与民族相同的命运或由强而弱的轨迹自然引起了晚清知识分子的特殊关注。吴家煦译补的《世界史要》"详述民族之变迁、文明之递嬗、社会之兴革、政治之得失,提纲挈领,纤悉靡遗"④。《西洋历史教科书》"于泰西千年历史兴衰、政教沿革,类能分

---

① 梁启超:《读〈日本书目志〉书后》,《时务报》第 45 册,1897 年 11 月 15 日。
② 沈桐生:《东西学书录总叙》卷上《自叙》。
③ 黄庆澄:《中西普通书表》表一《史学》小序。
④ 顾燮光:《译书经眼录》卷一《世界史要》提要,载熊月之主编《晚清新学书目提要》,第 223 页。

条胪列,体例甚精"①。这类书多得到肯定的评价。世界史之外,一些重要的国别史也受到重视。《增版东西学书录》评价艾约瑟的《罗马志略》于"欧洲治乱兴亡之枢纽无不具载,诚要书也。读西史者先希腊、罗马二志,以次及于专史,方知其自强开化之成迹"②。《译书经眼录》评价桑原启一的《希腊史》"于希腊兴亡之迹、欧洲文化之原,尤能慨乎言之,发人猛省,诚史学中所宜读之书也"③。上海广智书局出版的《俄国蚕食亚洲史略》就俄罗斯入侵我国新疆等事发论,也得到了新学书目作者的共鸣:"近日俄谋愈坚,抚卷之余可为深念,前烈之遗墨未干,旧都之悬谈犹炽,天衢生棘,岂有艾乎?"④另有一部《东亚将来大势论》(原名《支那问题》,日人持地六三郎著,赵必振译,上海广智书局1903年出版),预言中国将来必为俄国人所统治。沈兆祎针对这一论调写道:

> 作者谓支那之前程必为俄罗斯之属,殆视支那无一人矣!蔑视乎支那而第言日本应如何保全、如何抵抗、如何奋发以挽救大势,夫日本与支那虽为唇齿,然亦秦人视越人之肥瘠,无痛痒相关之意。支那之分割,吾知日本且与泰西列强得分羹染指之惠,岂真有爱情于支那乎?吾得而断之曰:支那者,支那人之支那。支那之亡,支那人自亡之;支那之兴,支那人自兴之。将来之东亚,其果如持氏所言乎?⑤

分析透辟,一针见血!"支那者支那人之支那"一语喊出了爱国志士的心声,是那个时代关于中国命运与前途的最强音。在沈兆祎发表这番

---

① 顾燮光:《译书经眼录》卷一《西洋历史教科书》提要,第225页。
② 徐维则辑、顾燮光补:《增版东西学书录》卷一《罗马志略》提要,第15页。
③ 顾燮光:《译书经眼录》卷一《希腊史》提要,第232页。
④ 沈兆祎:《新学书目提要》卷二《俄国蚕食亚洲史略》提要,第471页。
⑤ 沈兆祎:《新学书目提要》卷二《东亚将来大势论》提要,第493页。

言论的翌年即 1904 年,在中国领土上爆发了日俄战争。持地六三郎的"预言"似乎别有用心。而沈兆祎目光如炬,看透了日本的侵略野心,指出在侵华问题上,日本和欧洲列强并没有本质区别,它们看重的都是"分羹染指"之利。沈氏提出中国的兴亡应由中国人自己做主,其政治意义不同寻常。另一部题名日本羽化生著的《普奥战史》虽是写普鲁士与奥地利之战争,但"作者自序引中日之战以为比例,盖甲午战后其国人持论颇欲调和我邦,而以普奥战后普人联奥之事以自圆其说,此乃推论于事前,虽贫儿之自暴,自我察之正当使礼义之不愆也"①。时至今日,读到这些评论仍具有相当的震撼,因为它饱含着爱国和保家之情。

1903 年,夏清馥编译的《印度灭亡战史》由上海群谊译社出版。印度是与中国接壤的大国,在 19 世纪中期沦为英国的殖民地。印度的亡国史引起了国人的思考。"印度为五千余年文明旧国,土地、人民广莫繁殖,英人克莱武以商社书记率兵数百竟灭其国,英人以商为处置印度之策,其阴谋即为各国之准,利益均沾,遍地通商,遂群以印度视我矣。作者备述英之狡狯,为他书所未详,足为参考之资,其亦同抱嫠纬之痛也乎!"②批评者直接把晚清中国的命运与印度灭亡联系起来,加以比较,让国人感同身受。

不仅邻国之亡振聋发聩,即便是在地理上与中国相距遥远的波兰之兴亡,也被赋予了别样的意义。日本学人涩江保的《波兰衰亡史》叙述波兰盛衰甚详,有评论云:"波兰者西方之大国也,其版图仅小于俄,兵强极于一时,未几为俄、普、奥三国瓜分,贵族、民人同沦灭亡,可悲也夫! 是书分三编,总论共十二章,推论波兰灭亡之三原因,一国王公选之弊,二外国干涉之祸,三人民不得与政治之故,言之极详,堪为殷

---

① 沈兆祎:《新学书目提要》卷二《普奥战史》提要,第 467 页。
② 顾燮光:《译书经眼录》卷一《印度灭亡战史》提要,第 250 页。

鉴。"①究其真意,晚清中国实与波兰有若干相似之处,同为大国,甚至一度为军事强国,又同样被列强瓜分、侵略。至于波兰衰亡的三个因素——君主问题、外国势力的干涉、普通民众缺乏政治参与,在晚清中国也大多存在。一百多年前的中国人看到波兰的衰亡,不免有同病相怜之感,也自然而然地生发出以波兰为鉴的认识。

《湘学新报》②的前20册每期都刊发"书目提要",共为数十种历史著作撰写了提要,其中的政治诉求同样鲜明。该报对英国传教士李提摩太翻译的《泰西新史揽要》一书的评价是:"大旨以国为经,以事为纬。英为泰西枢纽,所纪独详;法为欧洲治乱关键,首二三卷先以法事为本,又为二卷,缀于英后。此外,德、奥、意、俄、土、美六国各一卷,教皇一卷,总结一卷,附记一卷。盖一以取法,一以垂鉴者也。近译各国史志,多二十年前书,惟此书近事颇详,实为西史肯要。"③所谓"取法""垂鉴"都是针对中国而言的。言下之意,中国要以泰西诸国的治乱为鉴,这是晚清史家眼中《泰西新史揽要》的价值所在。艾约瑟翻译的《罗马志略》记"欧洲治乱之迹,自以罗马为大关键。其君民争权,祸千百年未渫,尤后世有国者无穷之鉴戒"④。"研求新政、新学者胜,拥虚名而亡实际者败,古今不易之理也。"读《万国史记》"可以悚然矣"⑤。晚清史家迫切地要从新学中了解世界,认知列强,探求兴衰之故。这些也就决定了他们十分关注史书的现实价值。《隔靴论》"论中国十败与英国十胜,比互言之,能洞见所以然。……然则日本知中国弊政久矣"⑥。《隔靴论》之名当是取自"隔靴搔痒"之义,意为肤浅之论、泛泛

① 顾燮光:《译书经眼录》卷一《波兰衰亡战史》提要,第251页。
② 《湘学新报》由江标、唐才常等人于1897年4月22日在湖南长沙创办,旬刊,自第21册始改名为《湘学报》,是湖南维新派的重要舆论阵地。1898年8月8日,《湘学报》停刊,共印行45册。
③ 《泰西新史揽要》提要,《湘学新报》第1册,1897年4月22日。
④ 《罗马志略》提要,《湘学新报》第18册,1897年10月6日。
⑤ 《万国史记》提要,《湘学新报》第1册,1897年4月22日。
⑥ 《隔靴论》提要,《湘学新报》第11册,1897年7月29日。

之谈,但实则深中晚清时弊。联想到三年前的 1894 年,中国败于日本的史事,末句"日本知中国弊政久矣"的意味实在深长。《湘学新报》为《英法俄德四国志略》撰写提要时,也是将其与当时中国所处的恶劣的国际环境联系起来,评价该书的价值:"今日中国,俄北眈,英西瞵,法南瞰,德日修其军制商务,思染指各海疆,危悚万分,言外凛然。书中述各国学校规制,推德为尤详备,盖画龙点睛处也。"①这已经是明明白白地发表关于中国时局的看法了,倘若不对当时中国的周边局势和列强瓜分中国的意图有明确的认识,是很难写出这些话的。因为作者对时势了然于胸,故而对《英法俄德四国志略》的"画龙点睛"之评可谓点石成金。类似的思想认识与情感在有关诸国的独立史、战史的提要中是屡见不鲜的。从时代的呼声来看,救亡保国是最迫切的诉求,而如何自强则是更值得人们思考的课题。

(二) 研读变法史与强国诉求

变法运动代表了晚清中国历史运动的方向。戊戌变法虽归于失败,但却引起了人们对各国变法史的留意,变法类著作尤能引起晚清士人的持续关注与批评。他们把对晚清变法失败的思考与他国变法之得失联系起来,并由此探究中国的自强之路。

日本是与中国一衣带水的国家。日本通过明治维新得到了大发展,摆脱了被动挨打的地位,并一跃而为东亚强国,这大大刺激了当时的中国知识分子。日本变法成功的经验成为晚清学人迫切探究的问题。作为维新变法的领袖,康有为在《日本书目志》著录的 204 种日本史中,重点就是日本明治维新之后的历史著作。在这些日本史之后,康有为写了一段五百字左右的小结,先是说日本史学原本乏善可陈,"正史体裁犹未备"②,但明治维新之后,日本迅速崛起,"今考日本之史,若

---

① 《英法俄德四国志略》提要,《湘学新报》第 19 册,1897 年 10 月 16 日。
② 康有为:《日本书目志》卷四《图史门·日本史》小序,第 317 页。

《日本文明史》《开化起源史》《大政三迁史》《明治历史》《政史》《太平记》《近世史略》《近世太平记》《三十年史》，皆变政之迹存焉"。所以，要著录这些日本史，"以告吾开新之士焉"①。他将日本的强大归功于变法，认为从《三十年史》等书中可以明白日本变法的始末。康有为主张向日本学习变法经验，撰写了《日本改制考》进呈光绪皇帝。联系康氏的这些政治活动，会对他评论日本史学所表现出的变法理想多一分理解。

晚清也出现了多种关于日本明治维新重要人物的传记。新学书目在评论这类著作时，论说的重点也是变法与强国。《日本近世名人事略》"考求日本变法维新之基由，与游侠义愤、博学远见之士知有国耻，甘杀身以佐其君、兴其国，至今读之尤凛凛有生气焉"②。"日本明治变法二十年，名震全球，为亚东雄国，虽由睦仁之力排众议以求维新，然其得人之盛有足称者"，读日本人阿东处士、田岛象二的《明治中兴云台图录》，宜"知变法自强之际非一手一足所可奏效，则所以广学校、开民智者可不亟亟图之哉"③。在康梁维新变法失败四年后，学者们在阅读日本变法史时反思本国变法。这种条件反射式的思考在晚清新学书目中带有一定的普遍性。顾燮光认为阅读《日本中兴先觉志》可"于日本当日变法与今日自强之原委思过半矣"④。评论东京博文馆编辑的《日本维新三十年史》时，顾燮光也特别指出"得是书可以研究三十年维新之进步、泰东变法得失之林、亚洲政界先路之导，洵杰作也。其中军政史、外交史、财政史三编，尤宜取而先读"⑤。很显然，这些话均是指向强国。

从 1887 年 11 月开始，受清廷派遣出国游历的顾厚焜在近两年的

① 康有为：《日本书目志》卷四《图史门·日本史》小序，第 318 页。
② 徐维则辑、顾燮光补：《增版东西学书录》卷一《日本近世名人事略》提要，第 28 页。
③ 徐维则辑、顾燮光补：《增版东西学书录》卷一《明治中兴云台图录》提要，第 27 页。
④ 徐维则辑、顾燮光补：《增版东西学书录》卷一《日本中兴先觉志》提要，第 28 页。
⑤ 顾燮光：《译书经眼录》卷一《日本维新三十年史》提要，第 231 页。

时间内先后考察了日本、美国、加拿大等国,对变法有了进一步的认识。"时局之奇,至今而极。事物之变,亦至今而极。处今日而必谓西法可屏而不用,岂笃论哉?"①"因日本为同文之邦,维新之政取法泰西,乃详考其制度",于1888年出版了《日本新政考》。此书后又于1897年被梁启超收入《西政丛书》印行。《湘学新报》特别指出,当顾厚焜撰写这部著作时,"日本富强未著",当时不少人"痛诋日本之变法为弃本",而顾氏"独成此书,可谓识时之俊矣"②。《湘学新报》是湖南维新派的理论喉舌。自1894年以来,陈宝箴到湖南任巡抚,黄遵宪任湖南按察使,江标、徐仁铸任湖南学政,陈、黄等人从政开明,力主变法。由他们所创办的《湘学新报》自然偏向于宣传变法思想。顾厚焜的《日本新政考》恰恰符合维新派的宣传需要。此外,《湘学新报》评《五洲各国志要》"以变法规吾华,尤汲汲焉"③,也是从维新变法者的视角展开的论说。

　　日本明治维新之外,世界上其他国家的变法史也是晚清新学书目作者群评论的重点对象。李提摩太的《列国变通兴盛记》是一部反映俄国等国变法的著作。且看新学书目对此书怎样评价。黄庆澄在《中西普通书目表》有限的篇幅中,评价《列国变通兴盛记》"纪俄、日事颇详"④,显然是看到了该书的变法价值。徐维则也对《列国变通兴盛记》赞誉道:"欲变法自强者观是书可以决所从事矣"⑤。而梁启超则对《列国变通兴盛记》予以更加理性的分析,说:"其名甚动人,然书中惟记俄罗斯、日本二篇足观,其他则亡国之余,而以为兴盛,于名太不顺矣。"⑥俄国彼得大帝改革和日本明治天皇改革是康有为、梁启超效法的对象。梁启超在戊戌维新的前夜这样评价《列国变通兴盛记》也是符合他当

---

① 顾厚焜:《日本新政考自叙》,《日本新政考》书首,《西政丛书》第25册,慎记书庄1897年石印。
② 《日本新政考》提要,《湘学新报》第16册,1897年9月17日。
③ 《五洲各国志要》提要,《湘学新报》第20册,1897年10月16日。
④ 黄庆澄:《中西普通书目表》表二《列国变通兴盛记》识语。
⑤ 徐维则辑、顾燮光补:《增版东西学书录》卷一《列国变通兴盛记》提要,第19页。
⑥ 梁启超:《读西学书法》,《饮冰室合集集外文》下册,第1164页。

时的政治思想状况的。倒是《泰西新史揽要》得到了梁启超的肯定，"述百年以来,欧美各国变法自强之迹,西史中最佳之书也"①。无论是对《列国变通兴盛记》还是《泰西新史揽要》,梁启超评判的重心都是它们能否提供变法的经验,是否具有资鉴中国变法的价值。另一部介绍欧洲各国变法的著作《欧洲列国变法史》也引起了书目作者的点评,着眼点同样是该书对晚清的借鉴功能。顾燮光说:"欧洲各国之变法也,成于十九周以后,远因近果各有不同。英之变法也以和平,法之变法也以扰乱,若意大利、西班牙、瑞士各国,皆以外侮日迫而不能不变者。盖所处之势不同,故调剂维持之道遂异,其足为我借鉴者一也。……书中所记变法,于英、法、日耳曼特详著之者,为法人故能言之侃侃,若俄罗斯变而未善、土耳其拘守不变,均日就衰弱,皆附及焉,以明法之不可不变而变之不可不尽善也有如是夫。"②这里所说的"外侮日迫而不能不变者"正是晚清中国变法的外因。顾燮光认为应当变法,而且变革宜彻底,这是他从欧洲列强的发展史上得出来的认识。戊戌变法失败后,顽固派打击维新派,变法的成果几乎荡然无存。在这样的国内局势中,顾燮光仍有勇气说出这些话,实属可贵,而他所要表达的与其说是一种具体主张,不如说是当时学者普遍的强国诉求。

(三) 官修书目与朝廷思想渗透

私人编纂新学书目提要的政治诉求已如上述。那么官修的书目提要中是否隐藏着政治意蕴,其政治属性在书目提要中又有怎样的寄托,这是需要专门探讨的问题。

清末官修的新学书目提要,有两种比较知名。一是1906年创办的由清廷学部编辑发行的《学部官报》中的《书目提要》。学部有审定中小学用书之权,对于某书何以采用或不予采用,多有明确的交代,是为

---

① 梁启超:《读西学书法》,《饮冰室合集集外文》下册,第1164页。
② 顾燮光:《译书经眼录》卷一《欧洲列国变法史》提要,第247页。

提要之缘起,即所谓"审定之图书,各有提要一篇,略示审定之旨趣"①。
二是《江南制造局译书提要》二卷,该书印行于 1909 年,堪称晚清新学
书目的殿军。成立于 1865 年的江南制造总局是清末洋务运动中重要
的军械生产机构。它除了生产枪炮、子弹和制造船只外,还设有专门的
文化机构翻译馆,并在 1868—1907 年之间,翻译了大量有关军事科技、
地理、历史、政治等方面的书籍。关于该书的缘起、经过和内容,陈洙有
较为明确的说明。他写道:

> 沪制造局附属之翻译书馆自同治以来积四十载,成书盖富。
> 曩岁馆中撰《译书提要》,以无锡孙君景康、金匮张君蔚、丹徒刘君
> 宝珍、江宁陈君炳华分任纂辑。稿本粗具而体例不能无殊。今年
> 夏,总办局事合肥张弢楼先生偫、新阳赵君诒琛以书稿属之洙。俾
> 竣厥事,辞不获已,爰就译述之暇,取四君初稿排比删润,讹者订
> 之,脱者补之。……海通以来,译著日盛。《东西学书录》及《新学
> 书目提要》等书仍旧例以赅新籍,亦能不悖先民矩范。兹编一以
> 馆译为限,体例与诸家虽微不同,而津逮后学之意则一。②

由上述说明可知,《江南制造局译书提要》主要是对江南制造局翻译馆
所翻译的书籍撰写提要。先是由孙景康、张蔚、刘宝珍、陈炳华四人纂
辑初稿,然体例不统一,最后由陈洙编订。陈洙所作的主要工作是"排
比删润,讹者订之,脱者补之"。陈洙对晚清以来的译书活动和编纂书
目提要是比较熟悉的。《江南制造局译书提要》与《东西学书录》和《新
学书目提要》的不同在于,它的著录对象限定在江南制造局翻译馆所
译之书,而不及其他,在体例上也略有差异。

---

① 《学部第一次审定初等小学暂用教科书凡例》,《学部官报》第 3 期,1906 年 10 月 18 日。
② 陈洙:《江南制造局译书提要·叙》,1909 年印本。

先来说一说《学部官报》书目提要中的政治指向。1908 年 6 月,学部审定商务印书馆编的《东洋历史》,其提要如下:

> 是书叙次简明,体裁亦合。惟原书谓编供高等小学堂之用。查《奏定章程》,高等小学止有中国历史一科,至中学第二、三年乃有亚洲各国史及东洋史。其程度当先就日本、朝鲜、安南、暹罗、缅甸、印度、波期(当作"斯"——引者)、中亚细亚诸小国。讲其事实沿革之大略,宜详于日本及朝鲜、安南、暹罗、缅甸而略于余国,详于近代而略于远年。五十年以内之事,尤宜加详,并宜示以今日西力东渐、西(当作"东"——引者)方诸国之危局。是此书再加添补,可以当中学第三年下学期与第四年上学期亚洲各国及东洋史之用。①

提要中所说的《奏定章程》是指 1904 年 1 月 13 日颁行的《奏定中学堂章程》。提要多据此章程而论定,表述上略有变化和删节。对邵希雍翻译的《万国史纲》也作如是评论:"近世编挂漏太多,难为完全教科之用。盖近来西力东渐,月异岁殊,必须一一讲明,始为有益。"②提要中的"西力东渐"一词具有无法遮蔽的政治色彩。结合晚清中国及其周边国家之历史与强弱,自然会对提要中强调先讲、详说日本、朝鲜之近代历史,宣示当下政治之危局的话有一番心领神会。当然,既然是官方意志的体现,少不了"忠君"的规劝和要求。比如,学部审定刘长城编《初等小学历史课本》时,提要最后一句是"叙述本朝,无一语及列圣仁政,殊失培养国民忠爱之意"③。

---

① 《东洋历史》提要,《学部官报》第 57 期,1908 年 6 月 19 日。
② 《万国史纲》提要,《学部官报》第 57 期,1908 年 6 月 19 日。
③ 《审定书目:札复广东提学使前送刘长城历史课本无庸审定文》,《学部官报》第 95 期,1909 年 8 月 6 日。

再来看《江南制造局译书提要》。书中也从政治上考量史书的价值,揣摩作者的编纂旨趣。如说《列国岁计政要》是"谈西政者所宜观也"①,《东方交涉记》"详纪俄土战事本末,以见东方交涉关系欧西匪浅也。谈交涉者其参证之"②。显然有以《东方交涉记》影响清政府外交之意。评《俄国新志》时,这样写道:"俄为君权专制,压制属地例尤苛。其民歆羡自由权利,故多乱党。"③"乱党"这样的字眼在1909年的中国恐怕也是有所指的,而"乱党"也是关乎朝廷存亡的。

要之,官方的书目评语与私人所纂的书目虽有不同,但都表现出鲜明的政治诉求。晚清新学书目具有的政治属性并不是说政治操纵了史学,也不宜简单地认为政治制约了史学评论,而是史学反映着、影响着政治,史学批评沟通了史学与时代。史学批评既是我们认识历史的重要渠道,也是了解史学、寄予学术诉求的关键途径。

三　书目批评中的学术考量

新学书目作者撰写提要,不可能只顾及政治诉求,而对新学书籍的学术水准置之不理。康有为在《日本书目志》中说:"昔者,大地未通,号史学者,只识本国而已,其四裔记载仅为附庸。今则环球通达,天下为家,谈瀛海者,悉当以履门庭数米监视之。援古证今,会文切理,一开口即当合万国论之,否则虽以钱、王之学,亦村学究而已。"④钱大昕和王鸣盛出入经史,是清代博通的史学家。但是,即便具有钱、王之学问,若不了解新学,也不过是村学究罢了。新学书目之学术意义于此可见一斑。

---

① 陈洙:《江南制造局译书提要》卷一《列国岁计政要》提要。
② 陈洙:《江南制造局译书提要》卷一《东方交涉记》提要。
③ 陈洙:《江南制造局译书提要》卷一《俄国新志》提要。
④ 康有为:《日本书目志》卷四《图史门·各国历史》小序,第311页。

（一）批判历史著作的宗教性

不少新学著作中含有一定的宗教色彩，原因有二：一是因为有些著作出自传教士之手，或作者与传教士有密切关系；二是作者虽非传教士，但采用《圣经》或其他宗教经典的说法作为依据，甚至视为历史事实。

新学书目编纂者驳斥历史著作的宗教性，也主要基于以下两个方面的考虑。首先是认为宗教之书不可信，从求真的立场上予以批判。求真是史学永恒的追求，然带有宗教性的书籍却往往与学者眼中的历史真实相悖。新学书目中常见以信史、失实、粉饰等词语评骘之即是明证。梁启超评价谢卫楼的《万国通鉴》"乃教会之书，其言不尽可信"[1]。此论在当时颇有共鸣者。胡兆鸾的《西书考》在评价《万国通鉴》时就援引了梁启超的这一论断[2]。顾燮光也对史书的宗教性表现出强烈的怀疑，称《西洋通史前编》"所记神代纪多本教书，荒诞不足信"[3]，而宗教论著是不能与史书同等看待的，因为"教会之书，非史家者言也"[4]。日本人北村三郎的《犹太史》在顾燮光看来也有此病，该书的第十二章至第十七章记"犹太政治、美术、商业之盛衰，文字、宗教之沿革。然皆寥寥数语，无裨考古之资，其所引证多出《创世记》，未免近于神话"[5]。"神话"与信史又怎能混为一谈。沈兆祎评《西史纲目》时特别指出该书"所载皆出于教门之附会，支离荒诞，甚于中国盘古、三皇龙头蛇身诸语，稗史家乐道其说，著者采引甚多，而各国政治反多有阙略"[6]。盘古开天地在晚清史家看来，已是不可尽信，西方宗教的附

---

[1] 梁启超：《读西学书法》，夏晓虹辑：《饮冰室合集集外文》下册，第1163页。
[2] 参见胡兆鸾：《西学通考》卷十六《万国通鉴》提要。
[3] 顾燮光：《译书经眼录》卷一《西洋通史前编》提要，第224页。
[4] 顾燮光：《译书经眼录》卷一《泰西十八周史揽要》提要，第224页。
[5] 顾燮光：《译书经眼录》卷一《犹太史》提要，第232—233页。
[6] 沈兆祎：《新学书目提要》卷二《西史纲目》提要，第453页。

会较之盘古和三皇有过之而无不及。相反,史家看重的政治诸般却语焉不详。这自然引来了批评家的不满。

其次是认为宗教的内容无足轻重,史家叙事不宜过分着墨于此。美国传教士林乐知的《中西关系论略》是一部关于中外关系的著作,在晚清有一定的影响,但因其中"多说教事",而被贬为"毫无足观"①。至于德国传教士花之安的名作《自西徂东》,徐维则也不忘指责其中的"教语可厌"②。《犹太地理择要》"叙述各事必称引教书以征彼教之非虚,亦其大弊"③。《增版东西学书录》附录《东西人旧译著书》的原则就是"言教之书不具列"④。赵惟熙则直截了当地指出"教务书率浅陋不足观"⑤,因而不予著录。新学书目作者对于外国传教士创办的报刊也持此种态度,如谓《万国公报》"每册首载有言教之说为可厌"⑥。《中西教会报》"多载说教之语,极可厌"⑦。这些评论一以贯之的原则,就是批判宗教内容及其说教。

对于那些能够有意识地区分宗教与史学的著作,评论者则会给予肯定,如谓《亚西里亚巴比伦史》"凡涉《旧约》经典者概删除之,一洗东西古今之旧说,为史界开一生面,尤有特识"⑧。李提摩太善于以学术传教,留下了多种有影响的历史著作。徐维则对李提摩太的评价是"李教士所作诸书皆以保国养民为主,与他教士取义不同,虽简略未可厚非"⑨。

要之,清末批评家重视传教士群体的撰述,因为可以从中了解世界大势、各国史地、国外科技,但大多对宗教宣传不感兴趣,甚至对西方宗

---

① 徐维则辑、顾燮光补:《增版东西学书录》卷四《中西关系论略》提要,第151—152页。
② 徐维则辑、顾燮光补:《增版东西学书录》卷四《自西徂东》提要,第152页。
③ 徐维则辑、顾燮光补:《增版东西学书录》卷一《犹太地理择要》提要,第16页。
④ 徐维则辑、顾燮光补:《增版东西学书录》附上,第159页。
⑤ 赵惟熙:《西学书目答问·略例》。
⑥ 徐维则辑、顾燮光补:《增版东西学书录》卷四《万国公报》提要,第146页。
⑦ 徐维则辑、顾燮光补:《增版东西学书录》卷四《中西教会报》提要,第146页。
⑧ 顾燮光:《译书经眼录》卷一《亚西里亚巴比伦史》提要,第233页。
⑨ 徐维则辑、顾燮光补:《增版东西学书录》卷一《天下五洲各大国志要》提要,第11页。

教保持警惕之心，"中译西报颇多，欲觇时事者，必读焉。然教会所立，士夫每不乐观之"①，此言与事实相距当不远。当然也有一些人因崇西学而奉西教，梁启超批判这是"慑于富强之威"，丢弃了根本，于中国学问，"未经读有心得也"②。总之，纯粹宣扬宗教的书籍，在梁启超、徐维则、顾燮光等人那里是没有什么学术地位可言的。

（二）品评史书译笔的优劣

译作是 19 世纪末 20 世纪初新史的重要一员。这些译作出自域外史家之手，经过翻译这一环节，因而译者的才能就显得十分关键了。英国人傅兰雅曾感叹"中国语言文字最难为西人所通，即通之亦难将西书之精奥译至中国"③。其实这种困难并不只针对外国人，反之亦然。即便是精通外文的中国学者，要将域外史籍译为准确、优美的中文亦非易事。译者水平参差不一，也致使新史良莠不齐。

梁启超是一位有着高超文字表述艺术的史家。他认为文字优劣可以使同一部史书产生截然不同的效果，如美国札逊的著作，福井安冈译为《十九世纪列国史》，大内畅三的译本名为《欧洲十九世纪史》。梁启超对比这两种译本后，写道："读大内所译，觉其精神结撰，跃跃欲飞。而福井之本，乃厌厌无生气焉。可知率尔操觚，辄欲取前人最著名之作以点窜涂改者，诚所谓蒙不洁于西子，新学小生，亦可以知所戒矣。"④梁启超的这句话虽然重了些，但其观感却能代表当时读书人的感受。在梁启超笔下，关于史书文字表述的批评有很多，如《世界通史》"以极简洁之笔，叙述极多数之事实于少数纸片之中"⑤。《新体西洋历史教

---

① 梁启超：《读西学书法》，夏晓虹辑：《饮冰室合集集外文》下册，第 1167 页。
② 梁启超：《读西学书法》，夏晓虹辑：《饮冰室合集集外文》下册，第 1168 页。
③ 傅兰雅：《江南制造总局翻译西书事略》，载张静庐辑注：《中国近代出版史料初编》，群联出版社 1954 年版，第 14 页。
④ 梁启超：《饮冰室合集》文集之四《东籍月旦》，第 95 页。
⑤ 梁启超：《饮冰室合集》文集之四《东籍月旦》，第 92 页。

科书》"叙事条分缕析,眉目最清,以若干干燥无味之事实,而有一线索以贯之,读之不使人生厌。每叙一事,不过两三行而止,而必叙述其原因结果,毫无遗漏,此其所特长也"①。但大多数情况下,他是以批判的口吻来点评晚清新史的。尽管《泰西新史揽要》在内容上给人耳目一新之感,但梁启超却认为其"译笔略冗"②,"译笔繁芜,眩乱耳目。苟得能文者删润之,可去其半"③。《西学启蒙十六种》中的《欧洲史略》一书,"译文太劣"④。至于《西学略述》也因"译笔甚劣,繁芜佶屈,几不可读"⑤。梁启超对译作的文笔提出这样的要求,从史学批评与史学发展的角度来看,是有积极意义的,因为批评有助于改进。

"译笔""文笔"是晚清新学书目作者热议的话题。胡兆鸾评价《中东战纪本末》"慷慨激昂,亦复细腻熨帖,多琢磨润色之功"⑥。顾燮光评论日本学者松平康国的《世界近世史》时,就有"译笔亦明畅可读"之语⑦。类似的表述,在他为《西洋史要》《欧洲历史揽要》《万国史要》《万国通史》《支那史要》等著作撰写的提要中俯拾即是。凡译笔雅驯通达的,多被誉为一时佳作,倘若内容不佳,译笔又拙劣,则被驳斥得体无完肤。这既与我国古代史学家重视史文表述的传统有关,同时又是译作在接受评判时必然遇到的一个挑战。

晚清许多批评家对译著的文字表述多有不满,这是可以理解的。但《湘学报》却提出了更加务实的看法:"愿与海内君子约曰:读译书又当别具只眼,在知其事实与其精神,毋以其字句格磔不上口而忽之。"⑧如何看待这个问题,还是应结合晚清新学引入的实际情况和不

---

① 梁启超:《饮冰室合集》文集之四《东籍月旦》,第91页。
② 梁启超:《西学书目表》卷中《泰西新史揽要》识语,夏晓虹辑:《饮冰室合集集外文》下册,第1131页。
③ 梁启超:《读西学书法》,夏晓虹辑:《饮冰室合集集外文》下册,第1164页。
④ 梁启超:《读西学书法》,夏晓虹辑:《饮冰室合集集外文》下册,第1163页。
⑤ 梁启超:《读西学书法》,夏晓虹辑:《饮冰室合集集外文》下册,第1167页。
⑥ 胡兆鸾:《西学通考》卷十六《中东战纪本末》提要。
⑦ 顾燮光:《译书经眼录》卷一《世界近世史》提要,第224页。
⑧ 《欧洲史略》提要,《湘学新报》第17册,1897年9月26日。

同语言文字的差异来评判。在中西史学交流方面作出卓越贡献的王韬早已说过:"华文、西文蹊径截然不同。近来翻译好手殊鲜,其能融会贯通、归于一致者实乏其人。盖有言在彼而意在此者,译者偶未体会入微,必致神理全昧。"①王韬的话让我们看到了晚清译书界的实际水平,又令人想到了古人的言意之辨。译著与国人自撰不同,由于文字表述的习惯差异,以及文字翻译中的隔膜,难免表述不畅甚或拙劣。看重内容与精神,不再穷究媒介的优劣,这较之一味驳斥者更加可取。

　　诚然,书目提要中的学术批评并不限于上述内容,比如他们评《四裔编年表》"用以查检各国缔造更革及种族政教争战之大势,便易如指掌","是史学家考订所必须也"②。《法国新志》"纪述详尽,所列各表尤一览了然,末载各属地情形,亦史学考订书也"③。知新报馆译的《俾思麦传》价值如何呢?顾燮光称赞该书"言俾思麦治德事綦详,可资考证"④。对这几部史书的评语都从有益考订的角度发论,看重的是史书的知识价值。

四　书目批评中的民族觉醒

　　战败、签约、割地、赔款让清末知识分子感到了前所未有的焦虑。在新学书目中,批评者也通过提要传递出这种焦虑下的觉醒。这里所说的民族觉醒主要是指批评家在学术品评过程中民族身份的凸显和晚清史家自我意识的张扬。在西史东渐的大潮中,新学书目作者群并非如人们所想象的那样只知崇拜西学,相反在涉及中国史与中国史学的地位和国民历史教育等重大问题时,他们表现出了鲜明的民族立场。

① 王韬评语,见杨毓辉:《华人讲求西学用华文用西文利弊若何论》篇末,载己丑年(1889)《格致书院课艺》,上海图书集成印书局1898年印本。
② 陈洙:《江南制造局译书提要》卷一《四裔编年表》提要。
③ 陈洙:《江南制造局译书提要》卷一《法国新志》提要。
④ 徐维则辑、顾燮光补:《增版东西学书录》卷一《俾思麦传》提要,第26页。

（一）依循中国史学典范,评判域外史学

前面讲过,新学书目作者多受新史学的影响,但他们自幼习读经典,也深知旧史学的魅力。因此,在新学书目中,会看到他们以《左传》、司马迁和班固等为标准来评价域外史家才学。诸如《日本编年史》"论赞处颇深探马、班之奥"①,《日本外史》"仿司马《史记》列传体,文笔亦朴茂可读……感慨淋漓,精审宏博,盖得史家之三长矣"②。"史家之三长"出自唐代史学批评家刘知幾。刘知幾在回答礼部尚书郑惟忠"文士多而史才少"的提问时说:"史才须有三长,世无其人,故史才少也。三长,谓才也,学也,识也。"③这是用中国古代史学批评的基本范畴评骘日本史家的素养。除此之外,新学书目作者还从中国古代史书体例义法观察新史编纂是否得当,如谓《日本维新慷慨史》"以先觉者叙于前,攘夷者次之,而以维新功臣殿之,虽从时之先后,而以事类相从,颇合史家列传之法"④。重野安绎的《万国史纲目》"发挥悉遵紫阳之例"⑤。紫阳即是大儒朱熹。沈兆祎评价上海广智书局出版的《加里波的传》时,指出:"叙事之作而以凭吊之文行之,并附逸话数则,是列传之变体,求之中国史家旧例,则《晋书》夏统一传是其所昉也。"⑥这又在评价《加里波的传》时有意地追溯到了唐初官修的《晋书》。

日本人涩江保著、中国东京留学生译的《美国独立战史》记华盛顿领导的美国独立战争。沈兆祎的提要指出该书记述战争不够完备,而他心中所悬的战史典范不是域外新史,而是《左传》。"左氏作《春秋传》,凡战争之大者其因必种于数年之前,其果必见数十年之后,作者

① 顾燮光:《译书经眼录》卷一《日本编年史》提要,第230页。
② 顾燮光:《译书经眼录》卷一《日本外史》提要,第231页。
③ 刘昫等:《旧唐书》卷一〇二《刘子玄传》,第3173页。
④ 顾燮光:《译书经眼录》卷一《日本维新慷慨史》提要,第240页。
⑤ 顾燮光:《译书经眼录》卷一《万国史纲目》提要,第227页。
⑥ 沈兆祎:《新学书目提要》卷二《加里波的传》提要,第486—487页。

详于革命之因而略于善后之策,首尾不能完具,作史者之大忌也。"①沈兆祎以《左传》书写战争的水准来反观《美国独立战史》,认为后者在叙事上犯了大忌。这些批评都深深地打上了中国史家知识与情感的双重烙印。

(二) 批判世界史编纂,争取话语权

晚清最后十多年间,世界史的编写与译述空前兴盛。然而,令中国史家尴尬的是,一则当时的世界史几乎都出自欧美与日本学者之手,二则这些五花八门的世界史却很少论及地大物博、人口众多的中国。这种情况不难理解。晚清中国积贫积弱,面临沦为殖民地之危险,中国的国际地位如此低下,中国史也自然被排挤出了世界史的范畴。

晚清各种世界史、万国史在叙事重心上的这种偏颇,自然逃不过梁启超的慧眼。富有爱国精神和史学素养的梁启超为此批判与呐喊:

> 日本人所谓世界史、万国史者,实皆西洋史耳。泰西人自尊自大,常觉世界为彼等所专有者然。故往往叙述阿利安西渡之一种族兴废存亡之事,而谬冠以世界之名。甚者欧洲中部人所著世界史,或并美国、俄国而亦不载,他更无论矣。日本人十年前,大率翻译西籍,袭用其体例名义。天野为之所著《万国历史》,其自叙乃至谓东方民族无可以厕入于世界史中之价值。此在日本或犹可言,若吾中国则安能忍此也? 近年以来,知其谬者渐多。②

这不到两百字的批评堪称经典。梁启超冷静地分析了西方史家撰写世界史的"自尊自大",以及日本史家盲目西化的心理。有的日本学人甚

---

① 沈兆祎:《新学书目提要》卷二《美国独立战史》提要,第464页。
② 梁启超:《饮冰室合集》文集之四《东籍月旦》,第91页。

至认为东亚民族没有被写入世界史的价值。梁启超说,这种话日本人可以说,在中国则行不通,"若吾中国则安能忍此"一语千钧,把中国史家的民族意识表现得淋漓尽致。在梳理了当时的世界史后,梁启超觉得都不能满意,甚至产生了亲自撰写《泰西通史》的设想。"近年以来,知其谬者渐多",并不是梁启超的自我安慰之语。

　　继梁启超之后,沈兆祎在批评西方中心论的世界史编纂方面表现出较高的理论水平。1903年,日本学者雨谷羔太郎、坂田厚允编辑的《世界史要》由吴家煦翻译,并由上海开明书店出版,这是晚清世界史著作中较知名的一种。沈兆祎在《新学书目提要》中却批评该书"所纪皆西洋之事,东洋历史概付阙如,于世界史之名称不无矛盾,顾泰西以文明自诩,雄长地球之心,凌灭他人之志,视世界中无一国可与相并,故恒称其史为世界史,实则世界史即西洋史耳"①,一语中的地指出该书虽以"世界史"为名,然不过西洋史而已。上海作新社译的《万国历史》也不例外,"所述诸事不及亚细亚诸邦而辄命曰'万国',此其名义之未安也"②。顾燮光也发表了类似的批评。《万国历史》"所述诸事不及亚细亚诸邦,于命名'万国'未免不顺"③。同一部著作被不同的评论者指责同样的缺失,只能说是批评家的共识。其他如谓日本学者天野为之的《万国通史》"所记详西略东,未免与《万国通史》之名不符"④。松村介石著的《万国兴亡史》"命名'万国'而阙东洋各国,揆之著书之例,未免名实不符之诮"⑤。这些批评表面上看,只是循名责实,在书名上较真,实际上名实之辨的背后蕴含着的是话语权的争夺,凸显了晚清史家的民族本位观念。

---

① 沈兆祎:《新学书目提要》卷二《世界史要》提要,第455页。
② 沈兆祎:《新学书目提要》卷二《万国历史》提要,第449页。
③ 顾燮光:《译书经眼录》卷一《万国历史》提要,第226页。
④ 顾燮光:《译书经眼录》卷一《万国通史》提要,第226页。
⑤ 顾燮光:《译书经眼录》卷一《万国兴亡史》提要,第227页。

（三）驳斥外国学者的中国史书写，进行爱国教育

20 世纪初，中国史家已认识到通过本国历史教育来培养国民精神的重要性。"国民教育之精神，莫急于本国历史。"①然晚清国人自撰的新式中国史佳作并不多见。倒是日本史家撰写了相当数量的关于中国历史、文化的著作。这些著作曾对晚清知识界和晚清教育产生过一定的影响。耐人寻味的是，批评家对于当时涌现的汉译中国史籍多持"聊胜于无"②和"毋庸急读"③的态度，表示不能依靠翻译外国学者的中国史著作来满足晚清社会对于本国史的需求，并殷切期盼中国史家撰写出优秀的中国历史著作。

1903 年，由日本学者市村瓒次郎、泷川龟太郎合著的《支那史》由教育世界社译入中国。这部书在日本是作为中学教科书使用的。但梁启超指出："若我国学校据为教科书，则有所不可。"梁启超为什么不赞成以日本人所撰的中国史作为中国人的历史教科书呢？这是因为"日人以此为外国史之一科"，而"本国人于本国历史，则所以养国民精神，发扬其爱国心者，皆于是乎在。不能以此等隔河观火之言充数也"。撰写一部完整、优秀的中国史，"终非可以望诸他山"④，即不可寄希望于他人。如果没有明确的国家观念，没有自觉的史家主体意识，是很难将这个问题分析得这样深刻的。

晚清新学译著中还存在一种怪现象，即个别国人在翻译日籍时心怀鬼胎地为自己取了日本名字，目的是借日本人之名为自己增加分量。如新中国图书社洋装本的高山林次郎著《释迦牟尼传》，译者署名为雄飞太郎。顾燮光评论道："本书多节抄《佛本行集经》杂凑成书，所言多

---

① 梁启超：《饮冰室合集》文集之四《东籍月旦》，第 101 页。
② 黄庆澄：《中西普通书目表》表二《史学》小序。
③ 顾燮光：《译书经眼录》卷一《中国文明小史》提要，第 230 页。
④ 梁启超：《饮冰室合集》文集之四《东籍月旦》，第 99 页。

未得佛教真相。原著凡十四章,译者加以案语,亦无大乘理想,且释迦事实吾华佛书具在,多可考核,取材东籍未免辗转失真。至按语云中国所传释迦行状多误谬不经,不考著者所据之书贸然言之,崇拜外人之心何其挚耶? 至隐名而模仿外人,真无爱国思想矣。"[1]重点批判译者盲目推崇日本学者,甚至隐没真实姓名,在批评者看来,这是一个关乎是否"爱国"的问题。沈兆祎为这部《释迦牟尼传》所写的提要则以委婉的方式和调侃的语气表达了与顾燮光相同的认识与情感:"署名曰雄飞太郎,亦由赵瓯北《廿二史札记》所云崔或(当是'彧'——引者)之署名拜帖木儿、高寅子署名塔失不花,皆以汉人习蒙古之名以为骇俗之计,此更以习东洋之名以为荣,殆所谓识时务者与?"[2]沈兆祎举赵翼《廿二史札记》卷三十《元汉人多作蒙古名》中的汉人崔或取蒙古人名为例,笔锋所指却是其时以日本人名为荣的"识时务者",这里面暗含讥讽,是对崇拜东洋而妄自菲薄者的鞭笞,也蕴含着晚清批评家的民族意识。

新学书目也对一些日本学人的中国史撰述表示不屑一顾。顾燮光说:"我华掌故自有专书可读,不必乞诸其邻,转贻数典忘祖之诮。"[3]"中国之学术名儒之实际,有非扶桑雏儿所能得其梗概者。"[4]"扶桑雏儿"之称自不可取。日本学者三岛熊太郎撰写了一部《支那近三百年史》,沈兆祎读后写道:"近来日本人于中邦事实,若能毛举数节便尔沾沾著书……中国人欲知本朝掌故,自有典籍可稽,不必借重于此,要非世所急读也。"[5]当他评价日本人所撰的《支那文明史》时,更加严厉地指出:"摘叙诸条不甚得体,征引旧籍青黄杂糅,殆将自炫其博,实则徒乱人意。又颇涉及经学,然家法不明,则所知已浅,所挟者小,而欲持此

---

① 顾燮光:《译书经眼录》卷一《释迦牟尼传》提要,第241页。
② 沈兆祎:《新学书目提要》卷二《释迦牟尼传》提要,第491页。
③ 顾燮光:《译书经眼录》卷一《支那近三百年史》提要,第229页。
④ 沈兆祎:《新学书目提要》卷二《中国学术史纲》提要,第500页。
⑤ 沈兆祎:《新学书目提要》卷二《支那近三百年史》提要,第459—460页。

以窥古国之文明,亦见其不自择也。……若自中土硕彦为之,其于别裁之际必当斐然可观,慎勿使东家髦儿操管以睨我也。"①毋庸讳言,"髦儿操管"之称固然有失词气之谦和,但这也是当时民族本位意识的一种曲折反映。

(四) 自我期许与学术自信

书目著录本身就是一种隐性的学术批评方式。书目著录哪些著作,总是经过作者的选择的,这种甄选和裁汰的过程其实暗含着某种评论,这与古代文学批评史上的选本批评具有相通之处。在晚清新学书目作者眼中,中国史家已经在新学著作之林中占有了一席之地。

在《西学书目表》中,梁启超共著录了 25 种史志著作,其中包括王韬的《法国志略》《普法战纪》,徐建寅②的《德国合盟本末》《美国合盟本末》,沈敦和③的《英法俄德四国志略》。在《西学书目表》附卷中,梁启超还特意设立"中国人所著书"一目,收录了晚清知识分子所撰关于外国史地、交涉、游记、议论等 120 种,有魏源的《海国图志》、徐继畲的《瀛寰志略》、薛福成的《续瀛寰志略》、何秋涛的《朔方备乘》、黄遵宪的《日本国志》、夏燮的《中西纪事》、王韬的《漫游随录》等。赵惟熙的《西学书目答问》名为"西学书目",但实际上也著录了国人的历史著述,如松筠的《绥服纪略》、俞正燮的《俄罗斯事辑》等,并且特别声明"是篇以西书为主,故中人撰述多附见于后,毋以为外夏内夷也"④。徐维则和顾燮光的《增版东西学书录》附录"中国人辑著书",第一小类即"史志",包括了 43 种著作。《译书经眼录》卷八为"本国人辑著书",其

① 沈兆祎:《新学书目提要》卷二《支那文明史》提要,第 501 页。
② 徐建寅(1845—1901),江苏无锡人,为我国近代著名化学家徐寿之子。徐建寅与傅兰雅一起翻译了许多关于军事、化学、电学方面的新学著作,1879 年出使德、英、法等国,撰写了《欧游杂录》《德国议院章程》等。
③ 沈敦和(1866—1920),字仲礼,浙江宁波人,早年留学英国剑桥大学,专攻政法,1902 年担任山西大学堂督办,译有《德国军制述要》《借箸筹防论略》等。
④ 赵惟熙:《西学书目答问·略例》。

首类也是"史志",包括了横阳翼天氏的《中国历史》、柳诒徵的《历代史略》等 42 种著作。书目作者除了客观呈现当时的书籍情况外,恐怕还有鼓励和肯定晚清中国人编纂新史的意思。其他一些新学书目中,虽未专门设立国人自撰一类,但在实际著录中仍多有出自晚清学者之手者。通过书目这种形式,中国史家在新学撰述上的地位得以凸显。

如果说著录还只是一种无声的言说的话,那么提要则是铿锵有力的赞扬了。黄遵宪的《日本国志》是中国近代史学史上的名作,在当时的新学书目中获得了如潮好评。梁启超说:"乡人黄君公度,近纂《日本国志》,体例明通,议论闳达,直跻古人著作之林,与舌人之手笔,相去不可道里计矣。"① 赵惟熙在《西学书目答问》中亦谓《日本国志》"自出机杼,义例宏博,择精语详,与译自舌人者不同,可为外史之冠"②。何秋涛的《朔方备乘》"采辑甚富,考订尤详"③。《湘学新报》上的书目提要称赞夏燮的《中西纪事》"详边衅本末","于英人入寇及海疆之用兵利钝较详焉"④。甲午战争后,美国传教士林乐知很快编写出反映这场战事的《中东战纪本末》。晚清士大夫对于这场关乎中国命运的战争更有记述和研究的使命。姚锡光的《东方兵事纪略》即为此作。沈兆祎将《中东战纪本末》与国人所撰的《东方兵事纪略》相比较,认为前者"哆口而言,如堕重雾,虽为识者所笑,犹且一时盛行,将以传为信史"。而姚书则"所载各节,于衅启之谋、开衅之故、海陆两军之相见、条约诸事之互商,皆能缕析言之,悉其原委,于纪载论断之间不参私见,尤著公评。作者于时方参兵幕,奔驰于烽燧之间,则所闻各条较为可据,亦固其宜,虽未必察及深情,第胪陈外状亦既可睹,行文叙事尤为雅驯,书之所以当传也"⑤。这段批评中多少有一点贬低《中东战纪本

① 梁启超:《读西学书法》,夏晓虹辑:《饮冰室合集集外文》下册,第 1163 页。
② 赵惟熙:《西学书目答问》卷一《日本国志》提要。
③ 赵惟熙:《西学书目答问》卷一《朔方备乘》提要。
④《中西纪事》提要,《湘学新报》第 13 册,1897 年 8 月 18 日。
⑤ 沈兆祎:《新学书目提要》卷二《东方兵事纪略》提要,第 469 页。

末》、抬高《东方兵事纪略》的偏颇,但可贵的是,姚锡光在重大战争后发出了中国史家的声音,不再依赖于外国人之记述,而沈兆祎又极力为之宣传,这也蕴含着一种民族觉醒与认同。

晚清新学书目提要有助于人们认识西史东渐下晚清士人对于域外史学的复杂心态、接受程度,也可借此勾勒出晚清史学批评演进的另一条脉络。尽管这种脉络还只是粗线条的,甚至不免粗糙,但却是真实的,富有学术史价值的。

第六章

新史编纂与史学批评

"新史学"无疑是晚清七十年史学的最强音。晚清批评家对旧史学进行了一系列的批判后,也遇到了一个迫切需要解决的问题:既然旧史书都是帝王家谱,那么人们读什么呢? 当然是新史。然而在"因袭"了两千多年的旧史学的笼罩下,编纂新史绝非易事。为此,有志于救亡图强和以史经世的史家在晚清最后十多年间付出艰辛的努力,在编纂通史、撰写人物传记、编写中国史讲义和历史教科书等方面多路并进,取得了不俗的成绩。在这一过程中,为清末新史编纂披荆斩棘的正是史学批评。

"新史学"是一篇学术宣言,是一场史学领域的思想解放运动,也是一次编纂新史的学术实践。前面几章集中讨论了作为一种思潮和理论的新史学及其批评,这里将重点考察史学批评与新史编纂之间的互动关系。

一 章太炎撰述《中国通史》引发的史学批评

中国史学素有编纂通史的传统,《史记》《通典》《通志》《文献通考》和《资治通鉴》《通鉴纪事本末》等各种体裁的通史在中国史学史上具有举足轻重的地位。晚清史家继承了旧史学这一传统,但完全照搬过去的通史编纂路数当然难乎众望,到底该怎样创新,编纂一部符合时代需要、体现时代精神的通史,成为摆在史家面前亟待解决的课题。章太炎在晚清波谲云诡的时势刺激下,较早将目光投向了《中国通史》。

(一) 对旧史学的适度批判

章太炎撰写《中国通史》的动机源于他对旧史学富有洞见的批评。他撰写的《哀清史》中"哀"字有双重含义:一是对于史学沦丧之悲,这是字面上的意思;二是对清朝史学强烈不满,哀其不幸,怒其不争,这是深层次的指向。《哀清史》写道:"自黄帝以逮明氏,为史二十有二矣。自是以后,史其将斩乎!"清康熙、雍正和乾隆朝的文字狱导致记载失实,"虽有良史,将无所征信"。他大胆地说:"今清室之覆亡,知不远矣!史于亡国,亦大行之具,不于存时宿储跱之,人死而有随之赍送以赗襚者,国死而赍送亦绝,可不哀邪?"意谓清朝即将灭亡,却没有留下可信之史,实在悲哀。国史、野史均未能传信,"欲求信传,盖其难哉!"章太炎看重典制之史,但清之典制记载也乏善可陈,"奏记文牒,是非贞伪,成于赇赂。"最终"使一家之史,捒焉以斩,遗美往恶,黯默而同尽,亦无算也哉!"在对清朝史学作了这样的衡评后,章太炎明确了撰写一部《中国通史》的想法。"吾未闻事迹不具,而徒变更义法者。夫近事闻其省,不闻其教,故骋而上襄,以造《中国通史》。"

章太炎作《驳康有为论革命书》,在政治上反对改良,主张革命,但在学术上他却比较冷静,不似梁启超那样极端。章太炎对旧史学的批判并非没有底线。他说:

> 唐氏以上,史官得职,若吴兢、徐坚之属,奋笔而无桡辞。宋明虽衰,朝野私载,犹不胜编牒,故后史得因之以见得失。作者虽有优绌,其实录十犹四五也。[1]

---

[1] 以上引文皆见章太炎:《訄书》(重订本)第五十九《哀清史》,《章太炎全集》第三册,上海人民出版社,1985年版,第325—328页。

在章太炎看来,"二十四史"的价值不可一概抹杀,唐以前史家直书,唐以后的史官虽不若前朝,但私人修史之风甚盛,足以考见得失。只要把梁启超和章太炎有关旧史学的评论加以比对,他们在认识上的异同也就一目了然了。

章太炎撰写的《中国通史略例》是晚清史学批评史上的一篇力作。文中阐述关于通史编纂体例的思考,是"令知古今进化之轨"。在《中国通史略例》中,章太炎并不急于道出他的通史体例,而是先把历代史籍批评一番:

> 中国秦汉以降,史籍繁矣。纪传表志肇于史迁,编年建于荀悦,纪事本末作于袁枢,皆具体之记述,非抽象之原论。杜、马缀列典章,阄置方类,是近分析法矣。君卿评议简短,贵与持论鄙倍,二子优绌,诚巧历所不能计,然于演绎法,皆未尽也。衡阳之圣,读《通鉴》《宋史》,而造论最为雅驯,其法亦近演绎;乃其文辩反复,而辞无组织,譬诸织女,终日七襄,不成报章也。若至社会政法盛衰蕃变之所原,斯人暗焉不昭矣。王、钱诸彦,昧其本干,攻其条末,岂无识大,犹愧贤者。

这二百字浓缩地点评了古代八位大史学家:纪传体通史的鼻祖司马迁,编年体《汉纪》的作者荀悦,纪事本末体的开创者袁枢,《通典》的作者杜佑,著《文献通考》的马端临,以历史评论著称的王夫之和清代乾嘉考据学的代表人物钱大昕、王鸣盛。章太炎认为他们或长于具体的记述而短于抽象,或近于分析法而不谙演绎法,但总的不足是不能探讨社会盛衰和制度法令变迁的原因。章太炎撰《中国通史》的宗旨在于:

> 今修《中国通史》,约之百卷,熔冶哲理,以祛逐末之陋;钩汲眢沉,以振墨守之惑;庶几异夫策锋、计簿、相斫书之为者矣!

他理想中的《中国通史》自然不是"相斫书"。但章太炎没有把新史学和旧史学完全对立起来,反而认为如欲探求过往之人事,则旧史仍有阅读之价值:"苟谓新录既成,旧文可废,斯则拘虚笃时之见也。"

章太炎的《中国通史》分为五种体例:表、典、记、考纪、别录。这五种体例正是章太炎批判地继承了旧史学的精华,并参照了西方史学义例后提出来的。他对这五种体例的阐发也是通过史学批评的方式完成的。章太炎所说的"典"即旧史中的书、志,专记制度。章太炎立典的思想深受郑樵的影响,他说郑樵"用意尤在诸《略》;今亦循其义法,改命曰《典》"。可见,章太炎对郑樵的史学还是肯定的。至于"记"的设置,也有传统史学的底蕴:"人事纷纭,非制度所能限,然其系于社会兴废,国力强弱,非眇末也。会稽章氏谓后人作史,当兼采《尚书》体例,《金縢》《顾命》就一事以详始卒。机仲之《纪事本末》,可谓冥合自然,亦大势所趋,不得不尔也。故复略举人事,论撰十篇,命之曰《记》。"这是从袁枢的史学中受到了启发,又援引了章学诚的论述。至于"考纪"和"别录",类似于本纪和列传,是中西史学理论融通的结晶:

> 西方言社会学者,有静社会学、动社会学二种。静以臧往,动以知来。通史亦然,有典则人文略备,推迹古近,足以臧往矣;若其振厉士气,令人观感,不能无待纪传。今为《考纪》《别录》数篇。非有关于政法、学术、种族、风教四端者,虽明若文、景,贤若房、魏,暴若胡亥,奸若林甫,一切不得入录……盖史职所重,不在褒讥,苟以知来为职志,则如是足也。

"臧往"和"知来"之说出自章学诚的《文史通义·书教下》。章太炎钦佩实斋史学,他的《中国通史》也是以"知来"为要义的。故而,他作新史的取舍标准,是关乎政法、学术、种族、风教四个方面,而不是旧史学强调的褒贬善恶了。表是旧史家常用的一种体例,《史记》"十表"堪称以表著史的典范。章太炎设计了五种表,即《帝王表》《方舆表》《职官表》《师相表》《文儒表》。"典"之名取自华峤,"考纪"和"别录"的名称取法于班固和刘向。这样,考纪、别录、记、典、表构成了章太炎《中国通史》的框架。在章太炎的设想中,《中国通史》共百卷,六七十万字,大概一年时间可以完成。按照他的史目安排,百卷之数,数十万字是行得通的,但他预计一年可以完成实在太过乐观了。事实上,终其一生,章太炎也没有能够完成这部念念不忘的《中国通史》。除了时间、精力等因素外,恐怕也与章太炎对通史所秉持的高妙的学术理念和时代精神有关,正所谓"《通史》之作,所以审端径隧,决导神思"。揣摩太炎之意,他撰写《中国通史》的重心不在知识性,而在思想性。

　　章太炎还提出了新史家之修养标准。新史家"必以古经说为客体,新思想为主观",才无愧于作史之名。"若夫心理、社会、宗教各论,发明天则,烝人所同,于作史尤为要领。"[1]这是他围绕编纂《中国通史》而发表的史家修养理论。

(二) 几封论史书信关于史学的衡评

　　为了撰写《中国通史》,章太炎阅读了大量的社会科学著作,自觉有大收获。1902 年 7 月,章太炎写给梁启超的信中,称"顷阅《新民丛报》多论史学得失。十一期报中,又详举东人所修中史,定其优劣,知公于历史一科,固振振欲发抒者"。章太炎所说的"十一期报中,又详举东人所修中史,定其优劣"是指梁启超发表在《新民丛报》第十一期中《东籍月旦》第二章《历史》,对日本学者所编纂的世界史、东洋史(含中国史)著作进行的批评。章太炎关注梁启超的史学批评,当是因为这些评论可助其编纂通史。

　　此时,章太炎编纂通史的状态甚佳,"新旧材料,融合无间,兴会勃

---

[1] 以上引文皆见章太炎:《訄书》(重订本)第五十九《哀清史附:中国通史略例》,《章太炎全集》第三册,第 328—333 页。

发"。为了能够撰成《中国通史》,章太炎排除干扰,一心修史。在专一的思索中,章太炎关于《中国通史》的理论构建愈发清晰:"今日作史,若专为一代,非独难发新理,而事实亦无由详细调查。惟通史上下千古,不必以褒贬人物、胪叙事状为贵,所重专在典志。"章太炎说得很明白:《中国通史》不是为某代而写,通史写作不贵褒贬人物、堆砌史事,而以典志为重点。"典志有新理新说,自与《通考》《会要》等书,徒为八面锋策论者异趣,亦不至如渔仲《通志》蹈专己武断之弊。然所贵乎通史者,固有二方面:一方以发明社会政治进化衰微之原理为主,则于典志见之;一方以鼓舞民气、启导方来为主,则亦必于纪传见之。四千年中帝王数百,师相数千,即取其彰彰在人耳目者,已不可更仆数。《通史》自有体裁,岂容谓人人开明履历,故于君相文儒之属,悉为作表,其纪传则但取利害关系有影响于今日社会者,为撰数篇。"章太炎作《中国通史》的旨趣有二,一是阐明社会政治进化衰微的规律;二是鼓舞民心,以待将来。故而《中国通史》不再是所谓大人物的履历表,多数君臣只在史表中交代,唯有那些影响深远的人物才作专篇。由此可见,章太炎的《中国通史》也基本摒弃了"君史"写法。他肯定纪事本末体:"犹有历代社会各项要件,苦难贯串,则取机仲《纪事本末》例为之作记。"[1]章太炎既接受了西方的新理论,又合理地吸收了旧史学的编纂方法。

1902年7月29日,章太炎给吴君遂写信,称:"史事将举,姑先寻理旧籍,仰梁以思,所得渐多。太史知社会之文明,而于庙堂则疏;孟坚、冲远知庙堂之制度,而于社会则隔;全不具者为承祚,徒知记事;悉具者为渔仲,又多武断。此五家者,史之弇陋也,犹有此失。吾侪高掌远蹠,宁知无所隃越,然意所储积,则自以为高过五家矣。"这里点评了司马迁、班固、孔颖达、陈寿和郑樵五位史学家的得失,认为司马迁的

---

[1] 以上引文皆见《章太炎来简》,《新民丛报》第13号,1902年8月4日。

《史记》虽得社会之文明,但疏于庙堂;班固和孔颖达深知朝廷制度,又隔膜于社会;陈寿则既不载制度,亦不记文明,只知道记事而已;唯有郑樵的《通志》兼顾庙堂与社会,但又记载武断。章太炎承认这五位史学家是古代史学家的杰出代表,但还是免不了这些不足。至于郑樵之前修纂通史的梁人吴均和《绎史》的作者马骕,前者"芜秽",后者"伧陋"。章氏的《中国通史》是要超越《史记》《汉书》《三国志》和《通志》的。章太炎对上述几位史学家的批评也有偏颇,但他并没有由此鄙夷传统学术,他仍然欣赏管子、庄子和韩非子,因为他们"皆深识进化之理",若"因是求之,则达于廓氏、斯氏、葛氏之说,庶几不远矣"。① 1902年8月8日,章太炎再次写信给吴君遂,此时,章太炎已经撰写了《中国通史》的部分内容:"近方草创学术志,觉定宇、东原,真我师表,彼所得亦不出天然材料,而支那文明进化之迹,借以发见。"定宇是惠栋,东原指的是戴震。这两位分别是清代学术史上著名的吴派和皖派的代表人物。在编纂《中国通史》的实践中,章太炎愈发认识到中国古代学者的贡献:"试作通史,然后知戴氏之学,弥沦万有,即小学一端,其用亦不专在六书七音。"②随着新史编纂的深入,章太炎愈发认识到了传统学术的价值。

关于日本史学对中国史学的影响,他说:"顷者东人为支那作史,简略无义,惟文明史尚有种界异闻,其余悉无关闳旨。要之,彼国为此,略备教科,固不容以著述言也。其余史学原论及亚细亚、印度等史,或反于修史有益。"③章太炎对日本史家的中国史撰述评价较低,认为除文明史外,皆是"无关闳旨"之作,是称不上"著述"的。而"史学原论"即史学概论与史学方法之类的书籍,倒于修史有益。

---

① 章太炎:《致吴君遂书》(1902年7月29日),汤志钧编:《章太炎政论选集》上册,中华书局1977年版,第165页。
② 章太炎:《致吴君遂书》(1902年8月8日),汤志钧编:《章太炎政论选集》上册,第172页。
③ 《章太炎来简》,《新民丛报》第13号,1902年8月4日。

章太炎在传统学术上有精深的造诣,同时西学东渐的大潮也对他产生了直接的影响。在史学观念上,他积极吸纳了西方的进化论和社会学说,认为外国史学在理论方面已经走到了中国史学家的前面。章太炎的史学批评虽不像梁启超那样能够引领风潮,但却比梁启超多了几分深刻,少了一些纰漏。

二 梁启超史学批评观念下的人物传记编撰

1901 年发表的《中国史叙论》是梁启超撰写《中国通史》的纲领性文献,也是一篇为编纂新史而撰写的史学批评力作。翌年,梁启超又发表《新史学》,在批判旧史学的语境中,阐发着他关于撰写新史的思考。这两篇文章在内容和思想上均体现出很强的连续性,比如都批判旧史学,讨论历史与人种、纪年等问题。《中国史叙论》《新史学》中所展现出的磅礴的批评气势和较为完整的批评体系代表了晚清史学理论的高峰,而由梁启超传播的那些新颖的批评术语和理念,对于晚清史学话语体系的重建也起着至关重要的作用。

(一) 新史之"新"义

清末梁启超史学批评思想与实践的宗旨,可以概括为四个字"破旧立新"。梁氏提出的"新史学"涉及以下几个最基础和关键的理论问题:如何认识和评价旧史学、历史纪年、正统论、历史阶段的划分、历史与地理、历史与人种、中国史在世界史中的地位等等。他在这些问题上的观点,虽非全部但却大多直接影响到了清末的新史编纂。

如何评判旧史学。梁启超对于旧史学的态度是近乎全部否定的,这见于著名的"四蔽""二病"和"三恶果"说。在《中国史叙论》中,梁启超已经提出了中国"无史",但还没有对旧史学作系统的批判。至《新史学》出,要为"史界辟一新天地"的梁启超,指摘旧史学病源有四,即"知有朝廷而不知有国家";"知有个人而不知有群体";"知有陈迹而不知有今务";"知有事实而不知有理想"。"四蔽"的每一条之下都有简要的阐述,这是梁启超的独创。他强调朝廷和国家的区别,认为古代的正统之争、鼎革之际的史法都与一姓之朝廷有关,"国家思想,至今不能兴起",旧史家难辞其咎。对于旧史学偏重英雄人物的记述而忽略群体,梁启超论述道:"善为史者,以人物为历史之材料,不闻以历史为人物之画像,以人物为时代之代表,不闻以时代为人物之附属。"这是重新讨论了历史与人物的主客关系。旧史书中的本纪和列传连篇累牍,如同海岸上的乱石,是无数篇墓志铭的集合而已。"所贵乎史者,贵其能叙一群人相交涉、相竞争、相团结之道,能述一群人所以休养生息同体进化之状,使后之读者爱其群、善其群之心,油然生焉。"可是,旧史家却缺乏这种观念。这恰恰导致"群力、群智、群德所以永不发生,而群体终不成立"。作史不是为"若干之陈死人作纪念碑",也不是为"若干之过去事作歌舞剧",可惜旧史学于时代愈近记述愈略,"非鼎革之后,则一朝之史,不能出现"。归根结底,"实由认历史为朝廷所专有物"。为什么说旧史家"知有事实而不知有理想"呢?"理想"又是什么?是史之精神。"大群之中有小群,大时代之中有小时代。而群与群之相际,时代与时代之相续,其间有消息焉,有原理焉。作史者苟能勘破之,知其以若彼之因,故生若此之果,鉴既往之大例,示将来之风潮,然后其书乃有益于世界。"遗憾的是,旧史家只是叙述时间、事件,至于史事发生的原因、影响却说不清楚。所以,古代汗牛充栋的旧史书不过是"蜡人院之偶像,毫无生气,读之徒费脑力"。

因为以上"四蔽",旧史学又患上"二病":"能铺叙而不能别裁"和"能因袭而不能创作"。所谓能铺叙不能别裁,是指旧史书中写满了某日日食,某日地震,某日大臣死,都是邻猫产子一类的事,读完一卷,却"无一语有入脑之价值"。旧史数量惊人,但人寿几何,中国史学之难普及,都是因为缺少"善别裁之良史"。梁启超又批评旧史家的"述而不作主义"。两千年来,旧史家中"稍有创作之才者"仅有六人:司马迁、杜佑、郑樵、司马光、袁枢和黄宗羲。除此之外,正史皆模仿《史记》,典制体史书多效法《通典》。"何其奴隶性至于此甚耶!"这些话句句刺痛旧史学,的确是淋漓犀利,毫不假借。细究起来,梁氏的批判并非无懈可击,说他武断也不过分,但这并不影响他在晚清史学批评史上开天辟地的地位。

"四蔽"和"二病"给读史者留下了"三恶果":"难读""难别择"和"无感触"。即便读完全史,也不"足以激励其爱国之心,团结其合群之力,以应今日之时势而立于万国者"。这就是为什么中国旧史学看上去发达至极,却不能如西方史学那样裨益国民。"四蔽""二病"和"三恶果"这九条罪状把曾经辉煌灿烂、被知识精英们顶礼膜拜的旧史学打入了无底深渊。综合以上之种种,梁启超提出了"史界革命"①。这是清末批评家对旧史学的一次声势浩大的批判。梁氏的许多论断成为名言警句,为时人所服膺,至于今日仍为治史者称引。

除了以上对于旧史学的整体批判外,梁启超还就如何编纂新史提出了很多具体意见,其中既涉及对旧史学的评价,也关乎晚清新史学的建设。

新史编纂的旨趣与内容。 新史不同于旧史的根本之处在哪里?是《新史学》反复申述的"叙述人群进化之现象而求得其公理公例者也"。这里面有三个关键词:"人群""进化""公理公例"。历史的现象纷繁复杂,梁启超特别强调"进化"之现象,这在清末是一种进步的历史观。"宇宙间之现象有二种,一曰为循环之状者,二曰为进化之状者。"什么是"进化"呢?"其变化有一定之次序,生长焉,发达焉","进化者,往而不返者也,进而无极者也"。"就历史界以观察宇宙,则见其生长而不已,进步而不知所终。故其体为不完全,且其进步又非为一直线,或尺

---

① 以上引文皆见梁启超:《饮冰室合集》文集之九《新史学》,第2—7页。

进而寸退,或大涨而小落,其象如一螺线,明此理者,可以知历史之真相矣。"从这两句话来看,梁启超对于人群进化的内涵与轨迹之理解有独到之处。梁启超还成功地引入"群"的观念对抗个人(包括帝王、权臣等大人物),新史是要叙述人群而不是少数人的。因为"人类进化云者,一群之进也,非一人之进也"。而旧史家却缺乏"群"的理念,把历史视为人物传记,"不知史之界说限于群"。新史家则强调后人之所以胜过前人,并非后人聪明智慧超迈前贤,不过是"食群之福,享群之利,借群力之相接、相较、相争、相师、相摩、相荡、相维、相系、相传、相嬗,而智慧进焉,而才力进焉,而道德进焉"。所以,新史家"最当注意者,惟人群之事"。

　　新史家又不止于叙述人群,还要在叙述中探求历史发展的"公理公例",一种内在的规律和普遍的法则。而旧史家在这方面无所作为,"知有一局部之史,而不知自有人类以来全体之史也";"徒知有史学,而不知史学与他学之关系也",如历史学与地理学、人种学、政治学等学科的关系。诚然,要求得"公理公例"实属不易,但"增长此文明,孳殖此文明"是对于后人不可推卸的义务。而新史家"尽此义务之道",就是要求得进化的法则,让后人能够循此理此例继续增进幸福与文明。否则,社会之进化必然迟缓。为此,梁启超甚至提出"苟无哲学之理想者,必不能为良史"①。古之"良史"从"书法不隐"②到"善叙事"③,再到"尽其天而不益以人"④,尚未对良史提出哲学理想、探究"公理公例"的要求。因而,梁启超的"良史"说"在中国史学上具有开创性的贡献,大大丰富和完善了这一史学批评范畴的内涵"⑤。

　　新史编纂之旨趣既如上述,新史的具体内容又当如何确定呢? 梁

① 以上引文皆见梁启超:《饮冰室合集》文集之九《新史学》,第7—11页。
② 《左传·宣公二年》,杨伯峻注本,第663页。
③ 房玄龄等:《晋书》卷八十二《陈寿传》,第2137页。
④ 章学诚著、叶瑛校注:《文史通义校注》卷三《史德》,第220页。
⑤ 罗炳良:《良史之忧:史学批评范畴的时代特征》,《天津社会科学》2014年第2期。

启超写道：

> 德国哲学家埃猛垆济氏曰：人间之发达凡有五种相。一曰智力，二曰产业，三曰美术，四曰宗教，五曰政治。凡作史读史者，于此五端，忽一不可焉。今中国前史以一书而备具此五德者，固渺不可见，即专详一端者，亦几无之。所陈陈相因者，惟第五项之政治耳。然所谓政治史，又实为纪一姓之势力圈，不足以为政治之真相。故今者欲著中国史，非惟无成书之可沿袭，即搜求材料于古籍之中，亦复片鳞残甲，大不易易。①

梁启超援引西方学说，以智力、产业、美术、宗教、政治五类为新史之重点。旧史学因袭千年者唯有狭隘的政治史，与新史学所讲的政治史也有实质的不同。因为旧史家相对忽略这几个方面，所以就是作新史所必需的基本史料也很难搜集，新史家要改变轨辙，难度很大。

编纂新史的阶段划分问题。尽管梁启超也意识到历史发展的内在连续性是"无间断"的："人间社会之事变，必有终始因果之关系，故于其间若欲划然分一界线如两国之定界约焉"，是不合乎情理时势的，但历史书写终究须有法度，史家也有苦衷："叙述数千年之陈迹，汗漫邈散，而无一纲领以贯之，此著者读者之所苦也。故时代之区分起焉。"梁启超不赞同旧史家以朝代为阶段的写史方法，因为"中国'二十四史'以一朝为一史"，是由于"中国前辈之脑识，只见有君主，不见有国民也"。所以，他提出"史家惟以权宜之法，就其事变之著大而有影响于社会者，各以己意约举而分之，以便读者"。按照这样的理论，梁启超把中国历史分为三个阶段。第一个阶段为上世史，包括从黄帝到秦朝统一，"是为中国之中国，即中国民族自发达、自争竞、自团结之时代

---

① 梁启超：《饮冰室合集》文集之六《中国史叙论》，第1—2页。

也"。第二个阶段是中世史,时间跨度为秦之一统至清朝乾隆末年,
"是为亚洲之中国,即中国民族与亚洲各民族交涉、繁赜、竞争最烈之
时代也"。第三个阶段名为近世史,时间较短,仅含乾隆末年至于梁启
超生活之时代,"是为世界之中国,即中国民族合同全亚洲民族,与西
人交涉、竞争之时代也,又君主专制政体渐就湮灭,而数千年未经发达
之国民立宪政体,将嬗代兴起之时代也"①。梁启超借鉴了域外史家撰
写世界史划分时代的作法,又结合中国历史发展的基本情况,提出了上
述观点,在突破皇朝史束缚上是有意义的。

　　摒弃正统论和《春秋》笔法。正统和笔法是古代史学家较为看重
的史书编纂理论问题。自《三国志》之后,正统之争一度成为史家争论
的焦点。作为新史学的一代宗师,梁启超猛烈地批判前人,把前代史家
争论不休的正统信条斥为最荒谬的思想,是奴隶的根性作祟。

　　　　中国史家之谬,未有过于言正统者也。言正统者,以为天下不
　　可一日无君也,于是乎有统。又以为天无二日,民无二王也,于是
　　乎有正统。统之云者,殆谓天所立而民所宗也。正之云者,殆谓一
　　为真而余为伪也。千余年来,陋儒龂龂于此事,攘臂张目,笔斗舌
　　战,支离蔓衍,不可穷诘。一言以蔽之,曰自为奴隶根性所束缚,而
　　复以煽后人之奴隶根性而已。②

历史有无统系呢? 梁启超认为历史自有统系,但它不是君主之系谱,而
是国民之系统,故而新史家应以"叙述一国国民系统之所由来,及其发
达进步盛衰兴亡之原因结果为主",因为"民有统而君无统"。如果把
一国之统归于君,则是把"全国之人民,视同无物,而国民之资格,所以
永坠九渊而不克自拔。"他对"统"(国民系统与君王系统)的含义进行

① 以上引文皆见梁启超:《饮冰室合集》文集之六《中国史叙论》,第11—12页。
② 梁启超:《饮冰室合集》文集之九《新史学》,第20页。

阐述,切中要害,发前人所未发,这是旧史家不可能具有的"国民"思想。梁启超对正统论的驳斥非常严厉,对古代正统的六个标准进行了辨析,指出各种标准的混乱、矛盾,认为按照正统思想观念写史,历史将成为"赌博耳,儿戏耳,鬼蜮之府耳,势利之林耳,以是为史,安得不率天下而禽兽也"。总之,"统也者,在国非在君也,在众人非在一人也"[①]。这些话无论是在当时还是今日都是启人心智的。

与正统论有着密切联系,又具有更广泛的历史书写意义的是所谓《春秋》书法(也称"笔法")。梁启超不认同以笔法作褒贬、行鉴戒,这是因为:

> 善为史者,必无暇断断焉褒贬一二人,亦决不肯断断焉褒贬一二人。何也?褒贬一二人,是专科功罪于此一二人,而为众人卸其责任也。上之启枭雄私天下之心,下之堕齐民尊人格之念,非史家所宜出也。吾以为一民族之进化、堕落,其原因决不在一二人,以为可褒则宜俱褒,以为可贬则宜俱贬。而中国史家只知有一私人之善焉、恶焉、功焉、罪焉,而不知有一团体之善焉、恶焉、功焉、罪焉。以此牖民,此群治所以终不进也。吾非谓书法褒贬之必可厌,吾特厌夫作史者以为舍书法褒贬外无天职无能事也。[②]

原来,梁启超之所以批判旧史家所尊崇的"书法",是因为这样的褒贬往往纠缠于少数人,对于君王和普通民众都缺少约束力,而一个民族的进化和堕落归根到底不是一二人决定的。旧史家褒贬少数人,而不是一个团体,这样下去,史学不可能启迪民智。其实,"书法"作为一种历史书写的章法,对新史学而言也是需要的。只是,新史家的书法不同于旧史家,梁启超说:

---

① 梁启超:《饮冰室合集》文集之九《新史学》,第21、25页。
② 梁启超:《饮冰室合集》文集之九《新史学》,第27页。

　　吾以为书法者,当如布尔特奇之《英雄传》,以悲壮淋漓之笔,写古人之性行事业,使百世之下,闻其风者,赞叹舞蹈,顽廉懦立,刺激其精神血泪,以养成活气之人物。而必不可妄学《春秋》,侈衮钺于一字二字之间,使后之读者,加注释数千言,犹不能识其命意之所在。吾以为书法者,当如吉朋之《罗马史》,以伟大高尚之理想,褒贬一民族全体之性质。若者为优,若者为劣,某时代以何原因而获强盛,某时代以何原因而致衰亡,使后起之民族读焉,而因以自鉴,曰:吾侪宜尔,吾侪宜毋尔。而必不可专奖励一姓之家奴走狗,与夫一二矫情畸行,陷后人于狭隘偏枯的道德之域,而无复发扬蹈厉之气。①

梁启超所欣赏的笔法是怀着"伟大高尚之理想"的"悲壮淋漓之笔",要能鼓舞民心,养成"活气之人物"。新史家的书法是要评判民族的优劣与盛衰,而不是评论几个忠于君王的人物,用狭隘的道德约束国民,使其失去奋进之心。梁启超在批判了正统论和史家书法后,又示以新史学的轨辙,这些思想从根本上改变了历史书写的模式、精神,使中国史学在 20 世纪初表现出与古代迥然不同的面貌了。

　　此外,时间是历史书写的纵向标尺,不管是新史家还是旧史家都面临着如何纪年的问题。旧史家通常采用的是帝王年号纪年,梁启超认为这种纪年方法既不便记忆,又与世界文明潮流相背,是"最野蛮之法"②。他也不赞成西方人的耶稣纪元,而是提出应以孔子生年为纪元,此种方法有"四善":易于记忆;不必依附民贼,争论正闰;孔子是中国的圣贤,以孔子为纪年能使爱国思想油然而生;中国历史"繁密而可纪者,皆在孔子以后,故用之甚便"③。

---

① 梁启超:《饮冰室合集》文集之九《新史学》,第 29 页。
② 梁启超:《饮冰室合集》文集之六《中国史叙论》,第 8 页。
③ 梁启超:《饮冰室合集》文集之九《新史学》,第 32 页。

总之,进化、公理公例、因果、关系、国民、人群是梁启超批评旧史学的主要术语。他以社会进化作为新史书写的灵魂,以国民为创造历史和历史叙述的主体,以公理公例为史学的追求,以救亡和进步为史学之使命。他批判"君史",倡导"民史",抛弃单一的政治史,而提倡多元的文明史。梁启超的史学批评理论带有那个时代史学家于被迫和被动中全力挣扎与自我改造的心迹。

(二) 人物传记:新史学的重要尝试

梁启超的史学批评理论已如上述,尽管他和章太炎一样没能撰成一部完整的《中国通史》,实现《中国史叙论》宏伟的学术理想。但是,梁启超在新史编纂方面却也做了大量的工作。1900 至 1909 年的十年间,梁启超撰写的中国历史人物传记主要有《南海康先生传》《李鸿章》(一名《中国四十年来大事记》)、《张博望班定远合传》《赵武灵王传》《袁崇焕传》《中国殖民八大伟人传》《郑和传》《王荆公》《管子传》等;外国历史人物传记则有《匈加利爱国者噶苏士传》《意大利建国三杰传》《罗兰夫人传》《新英国巨人克林威尔传》等等。在写什么、为什么而写、怎么写诸问题上均体现出新史学理念。

第一,传主是在中国历史乃至世界历史上产生深远影响的人物,而不以政治地位、官爵等为立传标准。用梁启超的话来说是"真人物"。何谓"真人物"?"必其生平言论行事,皆影响于全社会,一举一动,一笔一舌,而全国之人皆注目焉。甚者,全世界之人皆注目焉。其人未出现以前,与既出现以后,而社会之面目为之一变,若是者庶可谓之人物也已。"①

新史学与旧史学的区别首先表现在写什么。康有为发起的戊戌变法虽然失败了,但"他日有著二十世纪新中国史者,吾知其开卷第一

---

① 梁启超:《饮冰室合集》文集之九《南海康先生传》,第 58 页。

叶,必称述先生之精神事业,以为社会原动力之所自始"①。梁启超又给明末的悲剧人物袁崇焕作传,因为袁崇焕是"以一身之言动进退生死关系国家之安危,民族之隆替者"②。赵武灵王、张骞、班超、王安石、康有为、李鸿章、罗兰夫人、克林威尔等中外人物,或以改革著称,或以交通中西文明名垂青史,或以引领一代之风气、操纵一时之政治而显赫,均是不折不扣的"真人物"。

第二,以培养国民之爱国心和民族主义为主要目的。旧史学多以资治、教化、彰善瘅恶为史学之主要功能,新史家对这些不以为然,而以史学为民族精神之所寄。梁启超写人物往往着眼于传主的爱国情操,注重结合传主的生平事迹激发国人爱国之心。梁启超如此作传,自然也就跳出了"君史"的窠臼。

梁启超为什么这么重视史学培养"爱国心"的功能呢? 因为梁氏对此有切肤之痛:"泰西人之论中国者,辄曰: 彼其人无爱国之性质,故其势涣散,其心畏懦,无论何国何种之人,皆可以掠其地而奴其民。临之以势力,则帖耳相从,啖之以小利,则争趋若鹜。盖彼之视我四万万人,如无一人焉。惟其然也,故日日议瓜分,逐逐思择肉。"③外国人的这些话无疑刺痛了梁启超的爱国心,他日夜思竭其才智以唤起民众之爱国心以救国。"天下之盛德大业,孰有过于爱国者乎?"清季世界之强国,"孰有不从一二爱国者之心、之力、之脑、之舌、之血、之笔、之剑、之机而来哉?"执此而论,"求其爱国者之所志所事,可以为今日之中国国民法者,莫如意大利之三杰",马志尼、加里波第和加富尔,梁启超意味深长地写道:"吾窃而叹之,吾寐而言之,我国民其犹知爱国乎?"④梁启超以激励国民为新史家之天职,故其文字总有澎湃之力量。

---

① 梁启超:《饮冰室合集》文集之六《南海康先生传》,第59页。
② 梁启超:《饮冰室合集》专集之六《袁崇焕传》,第1页。
③ 梁启超:《饮冰室合集》文集之三《爱国论》,第65—66页。
④ 梁启超:《饮冰室合集》专集之十一《意大利建国三杰传》,第1、2页。

《管子传》第四章《管子之爱国心及其返国》专门辨析了"爱国"和"忠君"的异同:"世俗论者,往往以忠君爱国二事,相提并论,非知本之言也。夫君与国截然本为二物。君而为爱国之君也,则吾固当推爱国之爱以爱之,而不然者,二者不可得兼。先国而后君焉,此天地之大经。"①所谓"君与国截然本为二物"是梁启超在《中国史叙论》和《新史学》中已经明确表达的思想认识,爱国远比忠君更重要。

为了激发国民爱国心,梁启超特别注重彰显人物之爱国行事,如谓康有为的"经世之怀抱在大同,而其观现在以审次第,则起点于爱国。先生论政之目的在民权"②。《张博望班定远合传》写西汉的张骞和东汉的班超,开篇即言:"欧美、日本人常言支那历史,不名誉之历史也。何以故?以其与异种人相遇辄败北故。呜呼!吾耻其言。虽然,吾历史其果如是而已乎?其亦有一二非常之人,非常之事,可以雪此言者乎?高山仰止,景行行止,读张博望、班定远之轶事,吾历史亦足以豪矣!"张骞通绝域,班超经营之,"造震古烁今之大业。夫安得不使百世之下,闻其风而下拜也!嗟我爱国之同胞乎,盍载舞载蹈,以观我先民之远志大略何如矣!"③张骞、班超于两千年前在世界文明史上的壮举自然会与清末读者产生强烈的共鸣。

第三,在叙事策略上,梁启超注重阐释历史因果联系,着力于反映一个时代与社会之状况及其进化,这样写出来的人物传记血肉丰腴,而非"枯骨"和"乱石"。

探究历史之因由与其结果,并以此作为撰写历史的线索,这的确是一种新的历史书写模式。梁启超强调历史之因果律:"一国今日之现象,必与其国前此之历史相应。故前史者现象之原因,而现象者前者之结果也。"所以,他写李鸿章时,说:"欲论李鸿章之人物,势不可不以如

---

① 梁启超:《饮冰室合集》专集之二十八《管子传》,第7页。
② 梁启超:《饮冰室合集》文集之六《南海康先生传》,第63页。
③ 梁启超:《饮冰室合集》专集之五《张博望班定远合传》,第1、2页。

炬之目,观察夫中国数千年来政权变迁之大势,民族消长之暗潮,与夫现时中外交涉之隐情。"①凡写一人一事,须知其然又知其所以然,探究公理公例。梁启超写王安石变法,便要"穷极其原因结果"②,梁氏不仅如此声称,也是这样来撰写《王荆公》的。篇中分析变法之受阻和北宋灭亡原因时,论朋党政治的危害,"一言以蔽之,曰'意气用事而已'。意气胜而国家之利害可以置诸不问。此其风起于荆公得政以前,成于荆公执政之时,而烈于荆公罢政以后。宋以是亡,而流毒至易代而未已。察此性质,则当时新法所以被阻挠被破坏之故,从可识矣"③。新史家求因果而重解释,梁启超留下的这些人物传记大多如是,这也证明了新史学的可行性和生命力。

梁启超的人物传记表面上看是写个体,实际上则通过展示个体生命的历程叙写一个时代。《南海康先生传》分为"时势与人物""家世及幼年时代""修养时代及讲学时代""委身国事时代""教育家之康南海""宗教家之康南海""康南海之哲学""康南海之中国政策"和"人物及其价值"共九章,这既是一部康有为的个人史,也是一部晚清政治史、学术史的缩影。《李鸿章》没有把晚清四十年政治史写成一姓之势力的兴衰,而是在太平天国运动、洋务运动、甲午战争的成败中绘制出晚清波澜壮阔的历史画卷。《匈加利爱国者噶苏士传》同样并非专言噶苏士个人之事迹,而是借此叙述其国家之历史与前途,真人物之史,实为一国一时代历史之投影,读者自然可以从中获取丰富的知识与启示。

第四,在文字表述上,以充沛的情感和富有文学手法之史笔感染读者。

梁启超的《意大利建国三杰传》写了三位并不为清季一般国人所

---

① 梁启超:《饮冰室合集》专集之三《李鸿章》,第 3 页。
② 梁启超:《饮冰室合集》专集之二十七《王荆公·自序》,第 1 页。
③ 梁启超:《饮冰室合集》专集之二十七《王荆公》,第 144—145 页。

熟知的外国人,但他那饱含深情的文字,寄予理想,令人读后掩卷深思。《罗兰夫人传》写行刑前后罗兰夫人的言行与狱中光景,表现出很高的艺术水准。我们且引两段,以为示例:

> 夫人之在狱中也,曾无所恐怖,无所颓丧,取德谟逊之咏史诗、布尔特奇之《英雄传》、谦谟之《英国史》、西里顿之《字典》等,置诸左右,每日诵读著作,未尝或辍。时则静听巴黎骚扰之声,每到晨钟初报,起读其日之新闻纸,见国事日非,狄郎的士党之命,迫于旦夕,则歔欷慷慨,泪涔涔下。此时夫人所以自娱者,惟书与花而已。夫人在狱中,粗衣恶食,所有金钱,尽散诸贫囚,惟花与书籍,则爱若性命,盖生平之嗜好然也。夫人幼时,每当读书入定之际,虽何人若不见,虽何事若不闻,惟屡屡以其读书之眼,转秋波以向花丛。此两种嗜好,至死不衰。①

梁启超笔下的"狄郎的士党"即法国大革命时期的吉伦特派。作为吉伦特派的领袖人物,罗兰夫人被雅各宾派逮捕后,置个人生死于度外,从容不迫,读书如故。罗兰夫人虽身陷囹圄之中,又时刻关注着国家命运,目睹这个躁动的国家,危机重重,为之潸然泪下。梁启超特意写到罗兰夫人生平酷爱读书与赏花,"以读书之眼,转秋波以向花丛"一语,传神地写出了动荡时局下这位女中豪杰安静温婉的一面。

关于罗兰夫人走向刑场一节,也写得慷慨悲壮,令读者倾倒:

> 翌日为千七百九十三年十一月九日,罗兰夫人乘囚车以向于断头台。其时,夫人之胸中,浮世之念尽绝,一种清净高尚不可思

---

① 梁启超:《饮冰室合集》专集之十二《罗兰夫人传》,第9页。

议之感想,如潮而涌,罗兰夫人欲记之,乞纸笔而吏不许,后之君子憾焉。……刀下风起血进,一个之头已落。夫人以次登台,猛见台上一庞大之神像,题曰"自由之神"。夫人进前一揖而言曰:"呜呼! 自由自由,天下古今几多之罪恶,假汝之名以行!"如电之刀一挥,断送四十一年壮快义烈之生涯,于是罗兰夫人,遂长为历史之人。①

这篇传记语句跌宕,笔调细腻,思想警醒。罗兰夫人虽死,但其浩气与豪情却凛然如生。梁氏之情感、意志、心思与所写之对象息息相通,故能将罗兰夫人之所思所想所言所行,写得曲尽精微。二十多年后,梁启超总结历史叙事艺术时,专门讲到"文采",说历史文章须感动人,否则价值就会减损,为此特别要注意文字的"飞动":"要加电力,好像电影一样活动自然。"至于历史本身与历史表述的辩证关系,则是"事本飞动,而文章呆板,人将不愿看,就看亦昏昏欲睡。事本呆板,而文章生动,便字字都活跃纸上,使看的人要哭便哭,要笑便笑",总之,"不能使人感动,算不得好文章"②。这是梁启超对自己作史艺术的最好注解。《罗兰夫人传》不就是这样的新史学范例么!《新英国巨人克林威尔传》《王荆公》等也与《罗兰夫人传》一样,是清末一流的新史学叙事的篇章。

当然,在人物传记外,梁启超在清末还撰写了学术史(《论中国学术思想变迁之大势》)、史论(《中国专制政治进化史论》)和外国史(《斯巴达小志》《雅典小史》《朝鲜亡国史略》《越南亡国史》)。这些新史论著同样体现了梁启超的史学批评理论。

总之,梁启超的新史撰述以国家、民族和社会替代了朝廷、君王和将相,以因果之探求克服史事编年之乏味,在新史学实践上的意义不容

---

① 梁启超:《饮冰室合集》专集之十二《罗兰夫人传》,第 11—12 页。
② 梁启超:《饮冰室合集》专集之九十九《中国历史研究法补编》,第 27 页。

小觑。1900 年至 1911 年间,由作史而催发的批评,以及在史学批评指导下的新史编纂,在中国通史和人物传记之外,还有着更多的作为,这在晚清中国史讲义和中国历史教科书中有集中的体现。

三 中国史讲义、教科书与史学批评的互动

以教科书命名的历史教本以及以课程讲义名目出现的教学用书,是清季新史学发轫时期重要的著述形式①。有人说:"历史教科书,常为时代前锋。"②从教科书编纂、修订与时势流转的关联性上来看,这句话倒也颇为贴切。

历史教科书的大量涌现与清廷推行的学制改革有直接的关系。"壬寅学制"和"癸卯学制"对清廷来说,"虽是新学勃兴压力下施行,但反过来又对新学起到极大促进作用"。表现之一就是"国人编纂新式教科书兴起"③。同时,历史讲义与教科书也是晚清士人重新认知历史教育意义的产物。梁启超的话颇能反映出它们之间的关联:"智恶乎开? 开于学;学恶乎立? 立于教。""亡而存之,废而举之,愚而智之,弱而强之,条理万端,皆归本于学校。"④随着晚清学制的改革,年轻学子们面临着无书可读的尴尬。一则古代史学的大宗如历代正史、"三通"、《资治通鉴》等书卷帙太大,正如柳诒徵所说这些大部头是"专门之学,非教科之用"⑤。二则自 19 世纪末兴起的对于传统史学的大批判,不仅冲击了"二十四史"的史学正统之地位,也消解了旧史学在历

---

① 清季所编中国史讲义和中国历史教科书距今已百余年,多不易见。笔者寡陋,仅据目力所及之讲义与教科书加以论述,关注点则是史学批评与历史教科书之间的互动关系。
② 黄现璠:《最近三十年中等学校中国历史教科书之调查及批评》,《师大月刊》1933 年第 5 期。
③ 乔治忠、朱洪斌编著:《增订中国史学史资料编年》(清代卷),商务印书馆 2013 年版,第 609 页。
④ 梁启超:《饮冰室合集》文集之一《变法通议》,第 14、19 页。
⑤ 柳诒徵:《历代史略》,江楚书局 1902 年版,第 5 页。

史教育中的价值。旧式的蒙学读物已不能满足新式中小学历史教学的需要,更不能适应培养国民的时代需求。"新"与"旧"的剧烈冲突在历史教学中暴露无遗。国人不得不思考中国历史教科书的编纂问题。1906 年 6 月 20 日,陈黻宸致函宋恕,就专门写道:"今拟为商务馆编蒙小、中学史类课本,如何能令读书竞购? 如何能令阅者醒目? 如何能令读者不费力而得其利益? 幸——指示为盼。"[1]陈黻宸和宋恕是清季一流的史学家,他们的切磋和交流也意味着其时编纂历史教科书已非壮夫不为的雕虫小技了。

(一)讲义、教科书中所见之新史学批评关键词

"人群""人种""进化""文明""社会""国民""因果""公例""无史"等高频率出现的词语成为支撑起晚清新史学批评的重要概念和思想起点。中国史讲义和教科书的新史学特质可以从这些特定的史学关键词说起。

戊戌变法失败后,作为变法的一项举措,京师大学堂却得以保存,成为晚清中国学术的一个重要阵营。京师大学堂延聘学术名家,讲授历史课程,是为中国新史学实践之先声。1902 年至 1904 年,屠寄[2]担任京师大学堂的汉文教习。1902 年至 1903 年,王舟瑶也任京师大学堂汉文教习。屠、王二人虽是汉文教习,但讲授的课程却是中国史。继屠寄和王舟瑶之后,1904 年初,陈黻宸进入京师大学堂担任史学教员,至 1906 年夏离职。汪荣宝则于 1904 年至 1906 年秋在京师大学堂讲授本朝史。此外,在京师大学堂讲授中国史的还有冯巽占、李稷勋、王

---

[1]　陈黻宸:《致宋平子书第二》,陈德溥编《陈黻宸集》下册,第 1022 页。
[2]　屠寄(1856—1921),字敬山,晚清民国时期著名的历史学家和地理学家,除了《京师大学堂中国史讲义》外,还著有《蒙兀儿史记》《黑龙江舆图说》《中国地理教科书》等。吕思勉治史受到屠寄的影响,参见李永圻编:《吕思勉先生编年事辑》,上海书店 1992 年版,第32 页。

镐基、陈衍等①。其中，屠寄、王舟瑶、陈黻宸和汪荣宝均留下了讲义②。这是中国近代学术史上较早的中国史系列讲义，具有重要的学术价值。

屠寄的讲义采用章节体，分为"太古史"四章、"上古史"五章，时间上自开辟草昧至于春秋时期。讲义中屡屡出现"进化"字眼，如以进化之眼光考察中国之古史，"部落酋长之世，一变而为封建井田之世，游牧之民，悉成土著之民矣。此开辟以来，世界一大进化也"。"秦汉以来，诸家传述，尚不尽诬，且其所称，颇足征草昧以来人群进化之理。"③王舟瑶的《京师大学堂中国通史讲义》同样深受新史学批评之熏染。书中尤留意于"文明"与"人群"，若"殷人教以敬，其失也鬼，此西儒伯伦知理所谓神权时代，犹有碍于文明者也"。"文字与人群进化作比例。文字易则识字者多而进化易；文字难则识字者少而进化难。"又说："竞争之世，优胜劣败"④。面对当时风行海内的"无史"说，王舟瑶一方面引导学子研读旧史："读史宜以正史及《通鉴》为最要。"而"正

---

① 参见尚小明：《北大史学系早期发展史研究（1899—1937）》，北京大学出版社 2010 年版，第 10 页。

② 屠寄的讲义名为《京师大学堂中国史讲义》（一称《京师大学堂史学科讲义》），与日本教员服部宇之吉的《京师大学堂万国史讲义》的前两章合为一册，并在封面上注明"初编"。陈黻宸的讲义《京师大学堂中国史讲义》与服部宇之吉《京师大学堂万国史讲义》后两章合为一册，为"贰编"。王舟瑶的讲义名《京师大学堂中国通史讲义》，单独一册，封面上也以小字注明"贰编"。汪荣宝的讲稿不在此系列讲义中。《学部官报》第 57 期（1908）上有汪荣宝《本朝史讲义》提要，注为"京师译学馆本"。商务印书馆于 1909 年出版汪氏《中国历史教科书》，并于此书名下特别注明"原名《本朝史讲义》"。关于这部讲义与京师大学堂的关系，汪荣宝在书末的《题记》中有清楚的说明："是书为光绪甲辰、乙巳间余教授京师译学馆时逐日讲演之作。书凡三编二十六章。丙午秋，余以事辞职时，第二十五章犹未卒业。馆中更延杨逊斋孝廉（敏曾）足成之。故二十五章后半及第二十六章并出杨君手，义例一循余书。以余浅薄寡闻，重以疲精文牍，仓卒从事，谬误芜杂，良所不免，雅材通学幸辱教之。宣统元年四月初六日元和汪荣宝题记。"汪荣宝所称的"京师译学馆"是 1903 年由京师大学堂开设的，旨在培养外语人才，但也开设史学课程，"其中第一、二学年开设中国史课程"。［参见尚小明：《北大史学系早期发展史研究（1899—1937）》，第 7 页］

另，笔者所见两处收藏的屠、王、陈讲义均无出版年份和出版机构，根据他们任教的时间，讲义中的避讳情况，参照这套讲义中没有收录 1906 年离职的汪荣宝的讲义，可以初步判断这三册讲义是 1904 年至 1906 年间排印的。至于出版机构，一说为商务印书馆，另一说为京师学务处官书局，待考。

③ 屠寄：《京师大学堂中国史讲义》，第 6、11 页。

④ 王舟瑶：《京师大学堂中国通史讲义》，第 7、14、31 页。

史"之中,先读"前四史"和清朝官修的《明史》。读史法门在于"贵有
识,不可以成败论人",还需"设身处地,遇到时事艰难处,当掩卷深
思"①。这显然不同于"无史"论者。另一方面,对于"无史"论,王舟瑶
也表示理解:

> 今之言新史者,动谓中国无史学,"二十四史者,二十四姓之
> 家谱而已。"其言虽过,却有原因。盖西人之史,于国政民风社会
> 宗教学术教育财政工艺最所究心,所以推世界之进状,壮国民之志
> 气。……鲜特别之精神,碍人群之进化,所以贻新学之诮,来后生
> 之讥。②

王舟瑶的态度可以概括为理解但不赞同"无史"说,认为"无史"之论极
端了。但他知晓新史家何以如此,因为西方史书多关乎国民之史,而中
国旧史有碍人群进化。这大概反映了那些既有旧学功底又接受了一些
新思想的史学家对待旧史学和新史家的态度:坚守旧史学的存在意
义,但也不排斥新史家的合理之处。

关于陈黻宸《京师大学堂中国史讲义》中清末史学批评的痕迹,可
从下面两段文字中见其梗概:

> 日在天演世界中,大者数十百变,小者且亿千万变。其变愈
> 多,其程愈进,其变愈速,其界愈平。呜呼,进化哉!③
> 自辟为大宇而人类以成,其始也兽化人,其继也人胜兽,其进
> 也,人胜人,相维相系,相感相应,相抵相拒,相竞相择。历数十年
> 数百年数千数万年之递相推嬗,递相陶(当作"淘"——引者)汰,

---

① 王舟瑶:《京师大学堂中国通史讲义》,第1、2页。
② 王舟瑶:《京师大学堂中国通史讲义》,第2页。
③ 陈黻宸:《京师大学堂中国史讲义》,第29页。

莫不优者胜、劣者败,又莫不多者胜、少者败。夫少数不能敌多数,此天下万世之通例公理,而无可易者也。我窃观于人类进化之所以然,为推论其致者之故,未尝不叹社会之为力也大,而为理也精。……盖自人与人相际,而有一定之真理焉。自人与人相际,而又有无穷之公例焉。①

"天演""进化""优胜劣败""通例公理""公例""社会"等新术语令人目不暇给。至于新史学所强调的历史因果,他也十分重视:"史学者,凡事凡理之所从出也。一物之始,而必有其理焉。一人之交,而必有其事焉。即物穷理,因人考事,积理为因,积事为果,因果相成,而史乃出。"②类似的表述和字眼在讲义中还有许多,这里不再一一赘述。

汪荣宝在京师大学堂讲授历史时,用功甚深。"晨起诣馆授课,日中理簿书或议事,迄申酉乃退,夜则然烛草章奏、编讲稿,精力交罢,于斯为极。以故年逾三十,而鬓发早凋,心气之耗,始见于此矣。"③汪荣宝"教授生徒有条段,治学有规程,以故馆生多敬畏之"④。这部历史讲义就是在这种情势下编纂的。汪荣宝的史学主张是:"历史之要义,在于钩稽人类之陈迹,以发见其进化之次第,务令首尾相贯,因果毕呈。晚近历史之得渐成为科学者,其道由此。"⑤论说重心仍是"进化之次第"和历史因果。

除了京师大学堂中国史讲义外,其时史学界还有几种见诸报刊的历史讲义。一种是《四川教育官报》上连载的《历史讲义》,另一种是沈颐的《中国历史讲义》。沈颐讲义首列《历史概论》一章,开宗明义,讨

---

① 陈黻宸:《京师大学堂中国史讲义》,第4—5页。
② 陈黻宸:《京师大学堂中国史讲义》,第1页。
③ 汪东:《汪荣宝先生哀启》,载《汪荣宝日记》附录,赵阳阳、马梅玉整理,凤凰出版社2014年版,第276页。
④ 朱德裳:《谈汪荣宝》,载《汪荣宝日记》附录,第283页。
⑤ 汪荣宝:《中国历史教科书》,商务印书馆1910年第2版,第1页。

论历史学的定义、内容、种类、"本国史关系"诸问题,称:"凡属人群之现象,有其因果之关系者,无不为历史所宜详。"这里的关键词是"人群"和"因果"。而沈颐认为史家当务之急,在于推究"政治、学术、宗教、实业、国势隆替、人种兴衰"及其得失,表现出对"君史"的背离。至于为什么要读本国史?沈颐总结为三点,其中最后一条是读史才能增进爱国心。"诚能读史,举凡一国之政治、文化,皆逆知其所由来,则其兴盛也,国民之荣;其衰亡也,国民之辱。有不爱国如爱其家者乎?"①这和"史界革命"中新史家的论断如出一辙。

历史讲义之外,晚清还涌现了大量的中国历史教科书,是史家将理论的史学批判付诸实践的历史撰述的重要产物,在呈现新史学批评的效果方面,也有值得表彰的地方。

1903 年,经历新史家对旧史学的批判之后,丁宝书②在《蒙学中国历史教科书》中明确主张"历史者,叙过去进化之现象,为未来进化之引线,非仅纪三千年之事实已也。是编以进文化改良社会为主"③。这应是受到了 1902 年梁启超所说的"历史者,以过去之进化,导未来之进化者也"④的暗示。丁氏的贡献在于,他在 1903 年已将之运用到了历史教科书的编纂中,可谓得风气之先。同年,横阳翼天氏编译的《中国历史》上卷出版,书中批评旧史学:

中国无历史学。所谓"二十四史"、《资治通鉴》等书,皆数千

① 沈颐:《中国历史讲义》,《师范讲义》第 1 期,1910 年 6 月 26 日。
② 丁宝书(1866—1936),原名德保,字云轩,江苏无锡人。丁宝书曾就读于江阴南菁书院,与吴稚晖交往较密,创办了无锡三等公学堂。20 世纪初年,丁宝书任文明书局的美术编辑。关于丁宝书的生平及其编纂历史教科书的情况,学术界少有研究。马执斌的《丁宝书及其〈蒙学中国历史教科书〉》(《江南大学学报》2014 年第 4 期)指出多数研究者主张"中国人采用章节体编写的第一部中国通史"是"夏曾佑的《中国古代史》或柳诒徵的《历代史略》",实则不然。丁宝书的《蒙学中国历史教科书》才是中国人采用章节体编写的第一部中国通史。"
③ 丁宝书:《蒙学中国历史教科书·编辑大意》,文明书局 1903 年版。
④ 梁启超:《饮冰室合集》文集之九《新史学》,第 11 页。

> 年王家年谱、军人战记,非我国民全部历代竞争进化之国史也。今欲振发国民精神,则必先破坏有史以来之万种腐败范围,别树光华雄美之新历史旗帜,以为我国民族主义之先锋。故参酌东西洋历史通体,确察我国民缺少之原质,核定大义,以叙述古今人群进化之大势,盛衰隆替之原因结果,及万般社会之重要事实,为独一无二之主脑。①

《中国历史》上卷第一章《历史之要质》满纸都是"无史""年谱""民族主义""因果"和"进化"等。

1904 年至 1906 年间,商务印书馆出版的夏曾佑撰《最新中学教科书中国历史》(三册)是晚清史学史上有分量的一部历史教科书②。严复评价夏书"为旷世之作",严复何以如此盛赞夏曾佑呢? 究其原因,是这部教科书颇得"天演"之精髓:

> 国群者,有机之生物也,其天演之所历,与动植同。使其天演之程度稍高,则有不可离之现象,政府是已。政府之成,有成于内因者,有范于外缘者。内因,宗教为之纲;外缘,邻敌为之器。今观大著,于宗教、外族特详,得其理矣。③

严复言之凿凿,确有依据。夏曾佑编纂历史教科书的宗旨是:

---

① 横阳翼天氏:《中国历史》上卷,第 1 页。
② 该书习惯上也被称为《最新中学中国历史教科书》。1933 年商务印书馆出版的"大学丛书",收入此书,更名为《中国古代史》。清季中国历史教科书至今仍被出版和阅读者甚少,夏氏此书即是其中之一。2000 年,河北教育出版社将此书列入"20 世纪中国史学名著"丛书出版。此后,凤凰出版社(2010)、东方出版社"民国大学丛书"(2012)、上海人民出版社"百年史学经典"(2014)、中华书局"中国文化丛书·经典随行"(2015)等也都再版了这部历史教科书,其影响可见一斑。
③ 严复:《与夏曾佑书三》,孙应祥、皮后锋编:《〈严复集〉补编》,第 263、264 页。

以发明今日社会之原为主。文字虽繁,其纲只三端:一关乎皇室者,如宫廷之变、群雄之战,凡为一代兴亡之所系者,无不详之。其一人一家之事,则无不从略。虽有名人,如与所举之事无关,皆不见于书。一关乎外国者,如匈奴、西域、西羌之类,事无大小,凡有交涉,皆举其略,所以代表。一关乎社会者,如宗教、风俗之类,每于有大变化时详述之。①

将严复和夏曾佑的话作一比较,也就了然了。夏曾佑于历史书写立下三条大纲:兴亡、外交和文化。书中虽叙宫廷之变和群雄争战,但着眼于一代兴亡,而不再以帝王为主,重视社会史和文化史的书写,如宗教、风俗之类,与其时批判"君史"、呼唤"民史"和文明史的思潮相呼应。再读他所说的"循夫优胜劣败之理,服从强权,遂为世界之公例。威力所及,举世风靡,弱肉强食,视为公义"②,"凡国家之成立,必凭二事以为型范。一外族之逼处,二宗教之熏染是也。此盖为天下万国所公用之例"③。"公用之例"让人想到了梁启超强调的"公例"和严复推崇的"天演",这是夏曾佑在晚清新史学批评中获取的新观念。

《最新中学教科书中国历史》把中国历史分为七个阶段:传疑期、化成期、极盛期、中衰期、复盛期、退化期、更化期。中国历史何以进入极盛期,"此由实行第二期人之理想而得其良果",又为什么会有退化期呢?"此由附会第二期人之理想,而得其恶果"④。这是把晚清新史学批判中反复言说的因果论运用到了中国历史的阐述中,显示出新史学理论的生命力。而夏曾佑的教科书在内容上不再只是"王事",

① 夏曾佑:《最新中学教科书中国历史》第二册《凡例》,商务印书馆1905年版。
② 夏曾佑:《最新中学教科书中国历史》第二册,第217页。
③ 夏曾佑:《最新中学教科书中国历史》第三册,商务印书馆1906年版,第1页。
④ 夏曾佑:《最新中学教科书中国历史》第一册,商务印书馆1905年第2版,第6、7页。

预设的读者也不是君王而是社会:"是必有一书焉,文简于古人,而理富于往籍,其足以供社会之需乎!"①书中洋溢着一种理性的探究精神。

《最新中学教科书中国历史》的第一篇首章《传疑时代》一开始就批判各宗教关于人类起源的说法,"昔之学人,笃于宗教,每多入主出奴之意,今幸稍衰",积极地介绍达尔文的学说:"其说本于考察当世之生物,与地层之化石,条分缕析,观其会通,而得物与物相嬗之故","由今之说,则人之生为天演"②。夏曾佑在历史研究中也贯彻了进化论的精神。比如,他论战国时期中国历史的变迁:"古今人群进化之大例,必学说先开,而政治乃从其后。春秋之季,老子、孔子、墨子兴,新理大明,天下始晓然于旧俗之未善,至战国时,社会之一切情状,无不与古相离,而进入于今日世局焉。"至于宗教改革,"此为社会进化之起原"③。夏氏留心中国社会变迁,从汉武帝以后游侠、刺客之风的衰歇,得出"天演之理"④。光武中兴之后,士大夫崇尚气节,至魏晋而名士出。夏氏总结道:"综古今之士类言之,亦可分为三期。由三代至三国之初,经师时代也。经师者,法古守礼,而其蔽也诬。由三国至唐,名士时代也。名士者,傲倪不羁,而其蔽也疏。由唐至今,举子时代也。举子者,天地之大,万物之多,而惟应试之知,故其蔽也无耻。此古今社会升降之大原矣。"⑤这些论述对于今人认识中国古代社会的演进仍有意义。经历了晚清史学大批判冲击的史学家们,对于社会历史的观察的确显示出重心的迁移和观念的变化。

在以日本人所撰支那史为蓝本的中国历史教科书中,《支那四千年开化史》是较为典型的一部。《支那四千年开化史》的编译者"支那

---

① 夏曾佑:《最新中学教科书中国历史·叙》,商务印书馆1905年第2版。
② 夏曾佑:《最新中学教科书中国历史》第一册,第1页。
③ 夏曾佑:《最新中学教科书中国历史》第一册,第255页。
④ 夏曾佑:《最新中学教科书中国历史》第二册,第223页。
⑤ 夏曾佑:《最新中学教科书中国历史》第二册,第225页。

少年"在书首痛呼"无史"：

> 恫哉！我国无史，恫哉！我国无史。庞然塞于栋者非二十四史乎？我谓二十四姓之家乘而已。兴灭成败之迹，聒聒千万言不能尽，乃于文化之进退，民气之开塞，实业之衰旺，概乎弗之道也。……支那少年睊睊忧之，乃呼将伯于东士。据东士市村氏、泷川氏所为《支那史》者，去吾二十四姓家乘所备载之事实，而取其关于文明之进步者，断自上古以逮于兹。删其芜，补其阙，正其误，译以饷我无史之国之士夫。①

这里提到的"市村氏、泷川氏所为《支那史》者"是指市村瓒次郎和泷川龟太郎所编的《支那史要》。"支那少年"批评旧史学详于成败之迹而昧于文化进退、民气开塞和实业兴衰，要彰显中国历史上"文明之进步"。《支那四千年开化史》首列《历代大事年表》，正文共九章，除第一章《地理》、第二章《人种》外，以下七章分别为《太古之开化》《三代之开化》《秦汉三国之开化》《两晋南北朝之开化》《隋唐五代之开化》《宋元之开化》《明清之开化》。主要内容是制度、学术、宗教、风俗、技艺和产业。可以看出，这部书特意弱化了帝王将相事迹，以区别于所谓"家乘"式的旧史，这显然是受到了清季史学批评思潮的影响。

　　此外，在皇室贵胄的历史读本中，也开始宣扬"人群"之于历史学的意义，言说文明之变迁，强调普通民众在历史发展中的重要角色。若"历史学者，所以考究古今中外各国之政治、风俗、学术，以周知其人群之盛衰兴亡，与其智愚贫富强弱之故也。"而"固有之文明，要为

---

① 支那少年编译：《支那四千年开化史·弁言》，上海支那翻译会社1906年第3版。按：《支那四千年开化史》初版于1903年，再版于1905年，三版于1906年。该书封面上亦题"中学历史教科书"。

进化之基础"①。至于中国文明的发达,论者动辄"归功于尧、舜、禹、汤、文、武、周公有名之数圣人,而不知归功于多数无名之国民,是犹得其偏而未得其全也。盖主动力虽起于数圣人,而大动力则在于多数之国民。数圣人作于上,多数国民应于下。数圣人倡于前,多数国民和于后,是以文化蒸蒸而日上"②。这里不仅论进化,更论历史发展动力,且不只瞩目于"圣人",而是突出了无名的"国民"。这是在历史教科书编纂中贯彻了新史家大力倡扬的"民史"观念。"吾国统一之局,自秦始开,吾国进化之机,亦自秦始滞。秦之关系大矣哉! 夫人群之由分而合,本出于世运之自然。物竞争存,天行淘汰,自不能不变割据为一统。"③"物竞争存,天行淘汰"思想就这样自然地运用到了对秦灭六国、一统天下的历史变局的解释中。如果不是通过新史学批评,清末历史教科书编纂者很难这样水到渠成地接受新史学的理论和范式。

(二) 学术史理念与讲义、教科书内容的更新

在新史写什么的问题上,晚清历史教科书多加强了学术史书写,与旧式蒙学读物注重人伦纲常的教化、善恶忠奸的授受明显不同,这是晚清新史学批判狭隘的政治史、君王史,倡导文明史、风俗史进而影响到新史编纂的一个力证。

史书内容的更新以及叙事重心的转移是史学批评从理论走向实践的重要标志。王舟瑶在京师大学堂讲授的课程名称是"中国史",但他的《京师大学堂中国通史讲义》正文七章,既不讲帝王将相,也不谈政

---

① 《中国历史教科书》,京华书局 1910 年版,第 1、2 页。按:该书未见版权页,作者不详,封面有"宣统二年三月""京华书局代印"字样,书内又署《陆军贵胄学堂中国历史教科书》。从内容来看,可能受到了夏曾佑等书的影响。陆军贵胄学堂由清廷成立于 1906 年,1912 年停办,是一所以培养皇室王公和达官弟子军事才能的机构,陆军贵胄学堂的课程中有历史科目。

② 《中国历史教科书》,京华书局 1910 年版,第 20—21 页。

③ 《中国历史教科书》,京华书局 1910 年版,第 59 页。

治军事,而是专论三皇五帝至隋唐间的学术文化,如"三国儒学""老庄之学""文学"等。其背后的理论支撑是"学术为政治、风俗、教育之原素。历史上种种之现象无一不根荄于是"①。看来,王舟瑶专讲学术史是经过深思熟虑的。

在偏好学术史上,陈黻宸与王舟瑶十分相似。陈氏讲义共八目,依次为:《读史总论》《政治之原理》《社会之原理》《孔子作春秋》《孔子之门》《孔子弟子之轶闻》《孔子弟子之派别》《老墨之学》。前三目集中反映了20世纪初陈黻宸的史学理论,其中提出的"史质""史情"颇多创见;后五目则论儒家、道家和墨家学说,也都属于学术史的范畴。陈黻宸为什么这么重视先秦诸子学说呢?他虽没有明确交代,但却并非无迹可寻:"三代以来,辟草昧以进文明,绵历千余载",治乱交替,至于春秋时期,"犹赖孔子、老子、墨子三人,以学术为天下先"。自此以后,"其风始一变矣。吾谓之政教之遂分,此亦我中国文明进步之一大变局也"②。

丁宝书《蒙学中国历史教科书》于学术史也表现出特别的关注。该书第一篇《中国之古代》第三章《周代之文物》共六节,依次为:制度、孔子、儒家、老庄诸家学派之短长、书籍、礼法。第二篇《秦汉三国时代》第六章为《佛教之东渐》,第八章《秦汉三国时代之文艺》共三节,分别是:汉代儒学、文章、道教之由来。第三篇《晋及南北朝》第三章《两晋南北朝时代之文艺》的三节依次是:儒学、诗文和商业工艺。第四篇《隋唐时代》第五章《隋唐时代之文艺》论及儒学、诗文与书画和宗教问题。难怪时人赞誉此书"以增进文化改良社会为宗旨",了然于"因果递嬗",留意于"荦荦大端,影响于全国者",对于认识"祖国肇造之源流,是编最为得之"③。这样的历史写法得到认可,说明经过19世

---

① 王舟瑶:《京师大学堂中国通史讲义》,第4页。
② 陈黻宸:《京师大学堂中国史讲义》,第28页。
③《文明书局编辑蒙学科学全书提要》,《教育杂志》(天津)第10期,1905年8月15日。

纪末 20 世纪初新旧史学思想的交锋后,新观念已占据上风。

刘师培《中国历史教科书》在叙事上"用意则与旧史稍殊",注重五个方面:"历代政体之异同""种族分合之始末""制度改革之大纲""社会进化之阶级"和"学术进退之大势",目的是"人群进化之理可以稍明"①。刘师培不仅是这样说的,也是这样写史的。比如他写到上古时期人们的饮食时,专列"古代饮食述略"一课,包括"食物之进化"和"食器之进化"二目。"上古未有食器,民以手持肉,掬水为饮,及民智进化始知制器。"②刘师培在"西周之学术"一课中写道:"周初之时代,文明大启之时代也。《礼记》言夏尚忠,殷尚质,周尚文。由忠、质变为尚文,非循进化之公例乎?"③书中对西周的教育、礼俗、工艺美术均有专课讲述。

吴葆諴编译的《东西洋历史教科书》分"东洋之部"和"西洋之部",前者即中国历史。学术、文艺和宗教的内容在书中占有一定的比例,几乎成为叙述某一时代历史必不可少的部分,且能得其大要,如谓六朝文史之学:"文章至魏晋后,益趋于浮华,盛行骈俪对偶之文,惟晋陈寿所著《三国志》,文笔简赅,卓然为良史才。善词赋者,晋宋间有陶潜、谢灵运等。至梁武帝时,沈约悟四声,创音韵之学,庾信倡四六文体,其他文人辈出,然讲求者,大率词章之学而已。"④富光年的《简易历史课本》仅有六十课,篇幅也不过 40 余页,但却涵括上古至于清朝,是名副其实的"简易"教本。即便如此简易,书中仍有专门的课程来讲授学术和文化,如第十课《周之学术宗教》、第十九课《南北朝之兴废及晋以后之学术宗教》、第二十四课《唐之文艺与宗教》、第三十一课《两宋之学派文艺》、第四十课《元以后之学术文艺宗教》等。这也呼应了作

---

① 刘师培:《中国历史教科书·凡例》,《刘申叔遗书》,第 2177 页。
② 刘师培:《中国历史教科书》,《刘申叔遗书》,第 2214 页。
③ 刘师培:《中国历史教科书》,《刘申叔遗书》,第 2237 页。
④ 吴葆諴:《东西洋历史教科书》,文明书局 1905 年版,第 35 页。

者所声称的"是书词语,虽极简略,然历代之兴亡、种族之盛衰、政学之隆替、宗教之变迁,靡不备载"①。"备载"自是夸张,但书中的确包含以上几个方面内容,却也是事实。

章嵚的《中学中国历史教科书》广泛论及经学、史学、文学、历算学、佛教、道教、喇嘛教等方面,对学术史着墨甚多。他讲清代的经学和史学,谓"本朝研经之士,约为二派。一曰纯粹的汉学派,专以汉学为宗",如毛奇龄、惠栋、戴震等;"一曰调和的汉学派,其义理以程朱学说为本营,仍博采汉唐注疏以济其用,"如李光地、方苞、姚鼐等。对于明清两代学术风气的转变,也有言及,明朝"士子疲于帖括之学,至于本朝,敦崇朴学,经师辈出,顾炎武、阎若璩导其先河,自后长洲惠氏、高邮王氏、嘉定钱氏,三世皆以经术鸣一时,汉学之盛,于斯为极矣"。至于清代史学,章嵚首推清朝官修的《明史》,还介绍了毕沅的《续资治通鉴》、马骕的《绎史》、万斯同的《历代史表》、魏源的《圣武纪》等各种体裁的史书,认为这些是"史家参考所必需者"。② 在一部供中学生使用的历史教科书中,对一代学术作如此集中的绍述,涵括主要学术门类,而且要言不烦,这在当时是非常难得的,这背后离不开晚清新史学批评的强力推动。

陈懋治《高等小学中国历史教科书》共五编,叙事起自三皇五帝,下限至中日甲午海战,配有历史人物等插图,全书虽还有浓厚的朝代兴衰史的意味,但也有意识地加入学术史的内容,如第二编第六章《上古之学术》论"文字""字体之变迁""儒家之学""孔子设教""孔孟儒学""荀子之学说""道家之学""诸子百家";第三编的第六章《佛教之东渐》、第十四章《汉唐间之学艺》(含汉代振兴儒学、五行谶纬之学、南北朝之儒学、唐之儒学、文学、艺术)和第十五章《中古之宗教》;第四编的第八章《宋之文教》论"宋时学风之一变""理学之成立""诸儒各成一

---

① 富光年:《简易历史课本·编辑大意》,商务印书馆 1906 年第 2 版。
② 章嵚:《中学中国历史教科书》下册《第四编》,文明书局 1908 年版,第 58—59 页。

家言""史学之发达""诗文之盛衰""美术之进步""佛教""道教",第十八章《明之文教》论"明之儒学及文章""美术"和"宗教";第五编(下)第三章《我朝之制度文教》论"官制""儒学""耶稣教"等。对于小学生来说,这些关于中国文化与学术的内容已经十分丰富了。

清季历史教科书不仅自觉使用"进化""因果"等术语,实现了学术话语的新旧转化,而且在内容上也有了新的取舍标准,这是晚清史学批评的成就所在。

如果只强调历史教科书对于史学批评的接受,显然不够全面。事实上,历史教科书的编纂者也是史学批评的参与者、推动者。他们围绕历史教科书编纂的诸多问题发表的评论,是晚清史学批评史上不可缺失的一页。

(三) 关于教科书编纂的自我批判

如前所述,清季历史教科书编纂在起步阶段多以域外汉学家(主要是日本学者)撰写的中国史为蓝本,加以删改润色而成。那珂通世《支那通史》和那珂通世的弟子桑原骘藏的《东洋史要》流传广泛。《支那通史》"纪事实而及制度,略古代而详近世,不独采于支那史,而兼收洋人所录,简易明白,一览了然"[1]。而《东洋史要》则被国人评为"脍炙人口"之作[2]。1903 年,刚过不惑之年的陈庆年就说:"完全之历史造完全知识之器械也。余观日本所为东洋诸史庶几其近之欤!桑原骘藏之书尤号佳构,所谓文不繁、事不散、义不隘者,盖皆得之。"[3]陈庆年即是依据桑原骘藏之书来编写《中国历史教科书》的。

有意思的是,尽管国人编纂教科书几乎是从日本史家那里开始的,但批判的声音也正是从这里发出的。

---

① 中村正直:《支那通史序》,中央堂 1888—1889 年版。
② 商务印书馆编译所:《商务印书馆书目提要》,第 13 页。
③ 陈庆年:《中国历史教科书·序》,商务印书馆 1911 年第 5 版。该书初版于 1909 年。

1902 至 1903 年间，王舟瑶便指出日本学者所编之史，如田口卯吉的《支那开化小史》等，尽管颇多新知，终究是"以外国人而编中国史"，"病于太略，且多舛误"，呼吁"有志者能自为一书则善矣"①。陈庆年也说《东洋史要》毕竟是"世界史之例耳，而于国史所应详者，尚多疏略。"在对桑原骘藏之书作了深刻的检讨后，陈庆年写道："生民以来，岁纪绵邈，万途竞萌，理变迁贸，寻繁领杂，并总群势，征事类情，别为邦史，则有益于社会甚大。区区之意，将以久而致绩，今尚未能也。"②1903 年，"风气渐开，学校林起，官私草创，所在纷然"，但也存在不少乱象，教科书即是其中之一。国学社直言国人"勇于译述而怯于编著；工于谈外情而拙于言国故。甚或三千年之历史，十八省之地志，亦复求书异域，奋笔抄胥。呜呼！抑可谓穷矣！"③这种自省至今看来仍是非常必要的。

上述批评主要围绕外国人撰写中国史的缺略讹误而言。在这种学术性的检讨之外，还有一类批判着眼于译述国外著述对民族感情的伤害。

1903 年，体会到"丧亡之痛"的丁宝书欲通过历史教育"长学识，雪国耻"。他深感使用日本学者编纂的历史读本作为中国人的历史教科书，实在不妥：

> 近岁以来，各学堂多借东邦编述之本，若《支那通史》，若《东洋史要》，以充本国历史科之数。夫以彼人之口吻，述吾国之历史，于彼我之间，抑扬不免失当。吾率取其书用之，勿论程级之不审，而客观认作主位，令吾国民遂不兴其历史之观念，忘其祖国所自来，可惧孰甚。窃不自量，编成此册，以我国人述我国事，如以孙

① 王舟瑶：《京师大学堂中国通史讲义》，第 2 页。
② 陈庆年：《中国历史教科书·后序》。
③ 《国学社编辑教科书启》，《江苏》第 1 期，1903 年 4 月 27 日。

> 子述父祖之德行,凡予族姓,庶闻而兴起,念厥先缔造之不易,而以
> 护恤保存,为人人应尽之义务乎!

这段话真切道出了时人内在的文化焦虑:对于泱泱中华来说,尽管辉
煌不再,但仰仗外人史籍研习本国历史,仍是难以接受的文化心理错
位。那么,这种反对使用外国人所编历史教科书的做法,是不是一种盲
目排外的情绪作祟呢?事实并非如此简单。“吾国海禁大开,欧美东
洋,挟文明之风潮,开工商业界于东亚。我不吸收文明以相抵制,将何
以自立于剧场。”①从抵抗侵略、自立自强的立场主张吸收外来文明,又
为了锻造国民、培养民族精神而自编国史教科书,这是合乎逻辑的
抉择。

1905年,《国粹学报》创立之初,即提出不可再翻译外人之作,要自
行编纂教科书:

> 我国近今学校林立,而中学教科书尚无善本。我国旧有之载
> 籍,卷帙浩繁,编纂极艰,故无一成书者。坊间所有,多译自东文。
> 夫以本国之学术事实,而反求之译本,其疏略可知,其可耻孰甚!
> 本报体例精审,择精语详,愿以备海内中学教科之用。②

中学课堂上使用译自日人的中国史读本,对于以保存国粹为宗旨的国
粹派来说,是令他们觉得“可耻”的事情。在历史教育的客观需求、民
族情怀和学者担当等多重因素的综合作用下,中国历史教科书编纂成
为有识史家关注的焦点,并非偶然。

1907年,李岳瑞反思清季历史教科书虽汗牛充栋却很少适用者的
问题时,指出当时历史教科书存在“挂一漏万”、粗疏不详、“有质朴而

① 以上引文皆见丁宝书:《蒙学中国历史教科书·编辑大意》。
② 《国粹学报略例》,《国粹学报》第1期,1905年2月23日。

无文采"等弊病,而最让李岳瑞不能接受的仍是"取径东籍,乞灵翻译,取他人外国史学之资粮,为本国学子之模楷,方枘圆凿,断弗适用。无论其纪事之疏,征引之多误,尚其弊之小焉者矣"①。李岳瑞批评那些译自日本的历史教科书,纪事、征引之误尚是小疵,关键在于用外国人所撰写的历史来教育本国学子,是"方枘圆凿",根本行不通。将这些批评与前述新学书目提要中的相关论述结合起来,则更能体会到那场关于中国历史教科书编纂反思的深刻性和广泛性。直至1933年,学者回顾晚清历史教科书编纂时仍持这样的论点,认为其时"最错误者,是采用日人著述为蓝本,改作教科书,或直接用之为教科书"。而理由也与晚清批评家惊人的相似:"盖本国历史,原有其特别的目的和效用,教科书正为实现此目的的工具。外人著述,无论如何,必不能准此目的也。"②

经过这些批评,国人自编教科书成为主流。历史教科书编纂的本土化,固然摆脱了由他人手眼而观察本国历史之窘境,但历史教科书贯通古今,涉及历史诸方面,又多为速成,故而国人自编教科书也存在诸多问题。就以商务印书馆编纂教科书为例,商务印书馆在清末编纂、印售教科书方面业绩突出,但仍恳望"海内同志将其谬误之处痛加针砭,并希大笔斧削,本馆同人敬当择善而从,随时改良,以期渐臻完美,断不敢稍护前短"③。这并非客套话,因为由教科书而引发的批评实在不少。

至1909年,国人自编的教科书已小有规模。但史学界仍不时有非常严厉的批评声音。尽管夏曾佑的教科书在一般教科书中算是上等,但"他所发明的,只有宗教最多,其余略略讲一点儿学术,至于典章制

---

① 李岳瑞:《国史读本·序》,广智书局1908年版。
② 黄现璠:《最近三十年中等学校中国历史教科书之调查及批评》,《师大月刊》1933年第5期。
③ 商务印书馆编译所:《商务印书馆书目提要》卷末《敬告学界诸君》。

度,全然不说,地理也不分明,是他的大缺陷"。如何编写历史教科书呢? 批评家指出:"第一是制度的变迁,第二是形势的变迁,第三是生计的变迁,第四是礼俗的变迁,第五是学术的变迁,第六是文辞的变迁。"若"编起教科书来",则应以这六件为纬,以历年事迹为经,而且这六个方面"要占了四分之三"①。倘若按照这六个方面的内容以及经纬关系编纂历史教科书,在晚清确是别开生面的。

1909 年,吴曾祺②对于教科书的系统反思给人们认识晚清史家的自省精神提供了一个很好的样本。

吴曾祺编纂过《初等小学中国历史读本》和《高等小学中国历史读本》,深知编纂历史教科书的甘苦:"譬如作画,虽盈尺之纸,而一丘一壑,一花一叶,亦莫不具精心结构之妙。"然若"议论太多,而失之泛;考据不实,而失之诬;甚者首尾不具,前后相背"③。吴曾祺编成《初等小学中国历史读本》后,就有人批评他。"客或尤之曰:'今之为是书者众矣,子又从而益之,是亦不可以已乎?'"大意是说当时历史教科书已有多种,没有再编纂的必要了。面对"客"之批评,吴曾祺认为自己所撰别有心裁。吴氏进而指出清季历史教科书的"八蔽"。一是"经纬不分,根节无辨。不解逐层相承,随步相应之法,名为简明,简则简矣,明则未也"。二是略于"治乱安危之故,只足为治诗赋者之所取资,其体近于古之所谓类书,今之所谓词典。资谈噱则有余,广学识则不足"。三是津津乐道于神怪之事。四是对名臣嘉言懿行"妄意裁截,首尾不具,反致晦塞"。五是在历史阶段上,"必画为界限,某时至某时为上古,某时至某时为近古。某为开化时代,某为竞争时代。区别太严,反滋窒碍"。六是索然乏味。历史读本限于篇幅,力求省字约文,"甚至

---

① 独角:《社说》,《教育今语杂志》第 2 期,1910 年 4 月 9 日。
② 吴曾祺(1852—1929),字翼亭,福建侯官人,光绪二年(1876)举人,编著有《涵芬楼文谈》《涵芬楼古今文钞》《国语韦解补正》《历代名人小简》《旧小说》《漪香山馆文集》《清史纲要》《中学国文教科书》等。
③ 吴曾祺:《高等小学中国历史读本叙》,载《漪香山馆文集》,商务印书馆 1914 年版。

一卷之中,只足以记名姓、具时代而已。而于古事之赫赫轩天地者,或缺然而不之及。即及焉不过寥寥数语。其体殆如呼名之吏,手捧文册,详其籍贯,载其年貌,而他不问也"。这样读史,怎能培养读者的历史兴趣呢? 七是"格致之学,自有专书,今以取为点缀之观。略举一二,挂漏实多,反彰其陋"。八是在用语上,"好矜赅洽,每以新译名词,用之史籍之内",使"读者骇之,竟不辨此语从何而起"。吴曾祺所总结的历史教科书"八蔽"涉及叙事内容、历史阶段划分、文字表述等方面,是清季关于历史教科书编纂的比较完整的批评论。

在听了吴曾祺的批评之后,"客"虽承认吴氏所论辨析入微,又有辩白:"学境无尽,自知实难。焉知此书之出,不又有从而訾之者!"言外之意,吴曾祺批评他人颇有条理,自己所撰之书恐怕也会引来批评! 吴曾祺的回答是:"固也。余纠昔人之失,正使后人纠余之失。纠之不已,而从而是正之,则庶乎其为善本者近之矣。"①吴曾祺以"客曰"和"余告"的论辩方式记载了这次关于历史教科书的争论,虽是描述的笔调,但双方坦陈己见,矛攻盾守,耐人寻味。

吴曾祺对清季中国历史教科书的上述批评并非泛泛而论,他不赞成时人在教科书中把中国历史划分为上古、近古,实际上是反思日本汉学家对清末国人编纂历史教科书的影响。即便是在晚清史家自编教科书中,域外史学的影子仍是挥之不去。桑原骘藏的《东洋史要》借用西方史学理论,将中国史分为上古期、中古期、近古期、近世期四个阶段。这种历史划分理论迥异于以朝代为阶段符号的作法,为当时的中国历史教科书广泛接受,如陈懋治《高等小学中国历史教科书》把中国历史分为上古史、中古史和近世史;吴葆诚的《东西洋历史教科书》则分为上古史、中古史、近古史、近世史;夏曾佑的《最新中学教科书中国历史》分为上古史、中古史和近古史。汪荣宝更明言:

① 以上引文皆见吴曾祺:《初等小学中国历史读本·叙》,商务印书馆1909年版。

日本文学士桑原骘藏，尝据中国本部之大势，参考旁近各族之盛衰，而以太古至秦一统之间为上古期。自秦一统至唐之亡，凡千余年间为中古期。自五代至本朝之兴七百年间为近古期。自本朝之初至于今日，三百年间为近世期。其义具详所著《东洋史要》。今姑用其说，大别国史为四部：即（第一）太古至战国之终为上古史；（第二）秦至唐为中古史；（第三）五代至明为近古史；（第四）本朝创业以来为近世史。①

历史分期何以成为吴曾祺批评的对象呢？他认为"数十年来，风会各殊，有不知其所以然者。譬如一日之间，自为朝暮；一年之内，自为寒暑"，所以教科书编纂者只要"胪列故实，使人自得于心"就可以了。时人动辄谓之上古、近古，一旦追问其划分的依据等，"恐亦茫然不能答"②。从今天的眼光来看，上古、近古之分对于人们认识历史的发展有一定的意义，但吴曾祺的批评也不能说没有道理。也许他自己都不曾意识到他的批评具有更深层次的价值，"历史分期术语不仅仅是个时间概念，也是个文化概念，有着一定的价值取向"③。从这个角度来看，吴曾祺的批评已触及到了文化价值取向问题了。

若将考察的目光稍稍推移至民国时期有关历史教科书的评论，则更能看清楚吴曾祺史学批评的生命力。20世纪20年代，印鸾章与学生们讨论中国历史教科书的优劣问题时，"诸弟子曰：今之教本，简则简矣，明或未也。初高无论矣，即中学而上之历史教科书，往往限于时日，拘于篇幅，力求省字省句，一编之中，只足以记姓名，具朝代，而于古事之赫赫轩天地者，或缺然不之及。即及焉，亦寥寥数语，其体殆如呼

① 汪荣宝：《中国历史教科书》，第2页。
② 吴曾祺：《初等小学中国历史读本·叙》。
③ 刘超：《历史书写与认同建构——清末民国时期中国历史教科书研究》，社会科学文献出版社2016年版，第219页。

名之史,手捧册文,详其籍贯,载其年貌,而他不之问。史事之不详如是,又何文之可言乎?"1925 年,印鸾章在清末李岳瑞《国史读本》的基础上加以修订、增补和评论,成《评注国史读本》一书。书成之后,印鸾章将教本送给朋友,朋友批评他"今纠人之失,焉知此书之出,不又有从而纠君之失者乎?"印鸾章的回答是:"然!固所愿也。余纠前人之失,正欲使后人纠余之失,纠之不已,又从而是正之,则亦庶乎得为完善之书也乎!"①有意思的是,印鸾章和弟子们的讨论并非原创,而是从文字到思想都袭自吴曾祺"八蔽"说的第一点和第六点。而印鸾章与朋友之间的对话也与吴曾祺的"答客问"如出一辙。

当然,吴曾祺的"八蔽"之说并非无懈可击。比如在历史教科书中写入格致之学,虽不够专门深入,但在普及科学知识和反映时代方面自有价值,所谓"反彰其陋"的评语不够客观。虽有上述不足,但吴曾祺关于历史教科书的批评仍应引起重视。因为他不是空头批评家,而是有着教育实践并且编纂过历史教科书的批评家。这种由历史教科书编纂群体内部发出的声音,较之旁观者又自不同。

晚清史学批评史上批判君史,呼唤民史,指责政治史,提倡学术史,凡此种种在新史编纂中均有清晰的反映。在史学批评的冲击下,进化史观成为主流。在内容上,新史放弃了君史的作法,不再只关注传统的政治史和军事史,而有意识地关注民史和社会史。在形式上,新史家改造纪传体,而多采用章节体。这是史学批评与历史撰述彼此影响、相互促进的生动案例。

---

① 李岳瑞原编,印水心增修:《评注国史读本·印序》,世界书局 1926 年 9 月第 2 版。

结　语

关于晚清史学话语体系嬗变的思考

近年来,中国学术的主体性觉醒日益明显,中国人文社会科学界正在思考的一个重要理论课题,就是中国学术话语体系问题①。通过学科内部和诸学科间的讨论与碰撞,学术界基本形成了以下共识:中国学术可以用而且必须用中国的学术话语来表达,当代中国学人应自觉克服习惯性地以西方话语研究中国学术,致力于重建中国本位的学术话语体系。作为中国学术的重要一员,中国史学也在积极反思、探索中国传统史学的话语特点、中国史学的"失语"、中国史学话语体系的变迁和趋势。晚清是中国史学话语从传统向近代过渡的关键时期,剖析晚清史学话语体系的嬗变,对于当下中国史学话语体系的建构不无裨益。

中国史学话语是中国学人关于历史的思维逻辑、言说方式和书写法则,包括史学的概念、术语、范畴、命题和史家的价值判断、思想情感。

---

① 中国史学界、哲学界和文学界均在热烈讨论学术话语体系问题。以史学界为例,也有多篇文章论述史学话语,如李振宏的《中国思想史研究中的学派、话语与话域》,《学术月刊》2010 年第 11 期;瞿林东的《关于当代中国史学话语体系建构的几个问题》,《中国社会科学》2011 年第 2 期;李伯重的《中国经济史学的话语体系》,《南京大学学报》2011 年第 2 期;赵梅春的《从"'梁启超式'的输入"到当代史学话语体系的建构——中国现代史学发展走向论析》,《天津社会科学》2012 年第 4 期;姜义华的《创新我国史学理论体系与话语体系》,《人民日报》2016 年 8 月 22 日第 23 版。这些文章或结合具体问题而论话语,或作历史的回顾,或从理论上提出话语构建的方向。

中国传统史学话语体系是在儒家思想占主导地位的传统文化中生成、发展的。《春秋》褒贬史事,臧否人物,记述并评论了一个礼崩乐坏的时代,篇幅虽小,影响却大。《礼记·经解》解释说:"属辞比事,《春秋》教也。"《春秋》所属之"辞"即为一套史学话语,由此,《春秋》可以看作是中国传统史学话语的第一次完整表述和实践。孟子将之概括为"事、文、义"的交融①,这里的"文"是史学话语的直接表现,而义则是这套话语体系的灵魂,是史学家的思想追求。《春秋》关于"事、文、义"的编排和表达直接影响到了中国传统史学话语体系,用章学诚的话来说,"史之大原,本乎《春秋》"②。

《春秋》之后约四百年,《史记》用天、人、古、今涵括三千年历史,用本纪、世家、表、书、列传"网罗天下放失旧闻,考之行事,稽其成败兴衰之理"。如果没有一套史学话语体系,如何来书写这恢弘的历史画卷!《史记》从纪传叙事到篇末的"太史公曰"都"成一家之言"③。是否可以这样认为,司马迁的"言"是一种独到的历史哲学,也是一套成熟的史学话语。

魏晋以降至于明清的漫长岁月里,中国传统史学话语体系主要是沿着两条路径发展与完善的。一是以刘知幾、章学诚为代表的史学理论家,从史学概念、范畴、审美、经史关系等方面不断总结、提升中国史学话语的理论水平。二是以陈寿、范晔、杜佑、司马光等为代表的作史家,运用中国史学话语表述历史,又结合丰富的历史赋予史学话语体系新的内容和浑厚的学术意蕴。

总之,从《春秋》到《文史通义》,中国史学话语体系始终在继承中发展、完善,不曾发生过明显的断裂。这种内在的稳定性经过时间的沉淀,构成中国传统史学话语体系的基本框架与理论内核:以史家修养

---

① 《孟子》卷八《离娄下》,杨伯峻译注本,中华书局 1960 年版,第 192 页。
② 章学诚著、叶瑛校注:《文史通义校注》卷五《答客问上》,第 470 页。
③ 班固:《汉书》卷六十二《司马迁传》,第 2735 页。

为基础,以"成一家之言"为追求,以史学致用为归宿,以史学明道为终极。这套传统史学话语体系囊括了才、学、识、德,史法与史意,会通与断代,直书与曲笔,良史与史权,叙事与褒贬等核心范畴和概念,也融汇了中国古代知识精英们关于天人、古今、君臣、治乱、是非、礼法的深刻思辨,是一个非常完整的学术话语体系。

降至清季,时势流转,国家忧患甚于往昔,西学东渐又提供了域外学术与思想的丰富资源。在政治与学术的双重挤压下,史家对旧史学的态度从认同到批判,最终走向否定,中国史学固有的宗旨、范畴和研究路数受到了前所未有的质疑与挑战,新旧史学之争达到一个高峰。中国史学话语体系与风云变幻的晚清时局一样,发生了根本性的转向。

对于史学话语的嬗变,晚清知识精英已有所察觉。王国维就是这种先觉者的代表。1905 年,王国维撰文《论新学语之输入》,所谓"新学语"即新的学术词汇和学术话语。文章开篇就说近年学术上"有一最著之现象,则新语之输入是已。"他深感在西方学术浩浩荡荡地传入国中的情势下,中国固有"言语之不足用",以至于"处今日而讲学,已有不能不增新语之势。"对此,他主张袭用日人"创造之新语"。[1] 由此可见,王国维虽发现了新旧话语的冲突和域外话语对中国学术的介入,但尚缺乏话语转换中的自主意识。

与王国维的主张不同,1910 年,《教育今语杂志》的创办者对旧史学话语的式微表示忧患:"欧学东渐,济济多士,悉舍国故而新是趋,一时风尚所及,至欲斥弃国文,芟夷国史,恨轩辕、厉(当作"历"——引者)山为黄人,令己不得变于夷"。这种忧虑也非杞人忧天。为了应对世变,该杂志在话语上的努力方向是"凡诸撰述,悉演以语言,期农夫野人皆可了解"[2]。为什么该刊名为《教育今语杂志》呢?原来有这样

---

[1] 王国维:《论新学语之输入》,《教育世界》第 96 号,1905 年 4 月。
[2] 《刊行〈教育今语杂志〉之缘起》,《教育今语杂志》第 1 期,1910 年 3 月 10 日。

的考虑:"演以浅显之语言,故名《教育今语杂志》。"①"今语"是不同于传统的话语。从普及教育的办刊宗旨来看,这种"登高必自卑"的话语转化是无可厚非的。但若从清末话语体系的嬗变来看,这种立足于"农夫野人"的"今语"又同样导致了传统史学话语的衰落。

不管是主张袭用域外译文以更新旧话语,还是力倡由浅入深演以"今语",都是局中人的自省,本也不应苛求。这里不妨作一次晚清学术之局外人的反思。

新史学话语体系注重探究的是人群进化的轨迹及其公理公例,具有与旧话语格格不入甚至针锋相对的特点。它以国家对抗朝廷,以国民对抗君主,以"民史"对抗"君史",以"无史"对抗"有史",以人群对抗个人,以全部国民对抗少数英雄,以"公理公例"对抗治乱兴衰,以广义的文明史对抗狭隘的政治史,以新史学的开启民智、启迪爱国之心对抗旧史学的奴役民众、阻碍进步。诚然,新旧史学均有浓厚的政治色彩,但是新话语的政治抱负在于国民与国家,而非君王与朝廷,这又与旧史学有了不同的精神气质。新旧史学间的对抗或可谓之时势使然,但若将之置于整个史学发展中加以贯通考察,其得失与功过实在耐人寻味。

第一,晚清新史学话语体系缺乏沉淀的过程,系统的学理探讨相对薄弱,甚至还存在情绪化的宣泄,更缺少标志性成果作支撑。

一套史学话语体系的成熟需有代表性成果为标志。如果说《史通》和《文史通义》是从理论上表现了传统史学话语体系的繁荣,而《史记》和《资治通鉴》体现了中国传统史学话语体系"见之于行事"的活力与魅力的话,那么清末《中国史叙论》《新史学》只能算是对新话语理论的初步阐释,并夹杂着情绪化的表达。虽然那时编纂的大量新式中国历史教科书、人物传记等新史论著在尝试运用新话语方面成绩不俗,但

---

① 《〈教育今语杂志〉章程》,《教育今语杂志》第 1 期,1910 年 3 月 10 日。

还难以成为新史学话语体系的经典。晚清被视为新史学成果的历史教科书到了民国时期,却被认为不够"新史学"的水准,更有极而言之者,谓之不过"帝王家谱"和"帝王政治叙述"①。要知道,"帝王家谱"和"政治史"恰是晚清新史家批评的对象。这一悖论虽有时移世易的因由,但也可以说明晚清新史学话语实践的不彻底性。

史学话语体系涉及理论、方法、模式、价值取向等一系列问题,是一个关乎史学发展的根本性课题。话语体系应当是史家长期实践和理论抽绎相结合的结晶。中国传统史学话语体系自孔子开始,经过司马迁、班固、范晔、杜佑、刘知幾、司马光、郑樵,至章学诚、钱大昕而集其大成。两千多年来,传统史学话语始终能够应对史学发展与社会变革。相比之下,晚清风云变幻的政治与急剧变革的社会却只给了梁启超、邓实等人十多年的时间,而且他们中很多人其时的主要精力在政治,纵然他们才华横溢,亦无暇系统构建属于自己的话语体系。

第二,重建史学话语体系,需处理好中外学术的融汇问题,既立足本土传统,又吸纳域外思想,而在晚清史学话语的嬗变中,继承传统远不及借鉴域外来得猛烈和虔诚。

一个值得深思的问题是,19 世纪七八十年代,来华传教士编著和翻译的历史、地理著作以及报刊文章中,还常见他们对中国传统史学话语的遵循和使用。至 19 世纪末 20 世纪初,中国新史家反而开始了史学话语上的明显转向,表现为摒弃和批判传统,主动借用和袭用外来学术概念和术语。

从概念的生成途径来看,新史学话语之源大体可以分为两类。一类是源自传统,但被新史家刻意放大其消极面,或极而言之,如"墓志铭""家谱""谱牒",或推而广之,如"相斫书"。

墓志铭是古人刻在碑上埋于墓中的铭文,主要记载死者姓名、卒葬

---

① 黄现璠:《最近三十年中等学校中国历史教科书之调查及批评》,《师大月刊》1933 年第 5 期。

日期及其生平事迹等,也是一种文体。明人徐师曾论古代文体,其中关于"墓志铭"一目,谓:"志者,记也;铭者,名也。……盖于葬时述其人世系、名字、爵里、行治、寿年、卒葬年月,与其子孙之大略,勒石加盖,埋于圹前三尺之地,以为异时陵谷变迁之防,而谓之志铭。"①既然墓志铭旨在"论列德善功烈",故一般"称美弗称恶",为了"尽其孝子慈孙之心",倒也无可厚非。至于有的墓志铭失实,古人也说得很明白,这取决于作铭之人的心术,并非墓志铭本身之过,正所谓"无其美而称者谓之诬,有其美而弗称者谓之蔽。诬与蔽,君子之所弗由也钦!"②清人赵翼在《陔余丛考》中也专门考辨墓志铭之兴起,说:"古来铭墓,但书姓名官位,间或铭数语于其上,而撰文叙事,胪述生平",起于南朝宋元嘉中③。赵翼此条札记中并无只言片语批判墓志铭。

　　家谱乃一家之史,如同墓志铭一样,本也无明显的价值倾斜和情感指向。明代史家王世贞有一句史学名言,叫做"家史人谀而善溢真,其赞宗阀、表官绩不可废也"④。此后,章学诚在传统史学语境中运用"谱牒"一词时,说的也是"传状志述,一人之史也;家乘谱牒,一家之史也;部府县志,一国之史也;综纪一朝,天下之史也。比人而后有家,比家而后有国,比国而后有天下"⑤。可见,在传统史学话语体系中,家谱、谱牒只是指以家族为书写单位的史书样式,虽有溢美之词,却有不可或缺之价值。古代史家对此是有辩证认识的。然而,"家谱"在新史学话语中就成了帝王和武夫操控历史书写的罪证,是一个十足的贬义词。其间的微妙变化尚需细细品味。

　　"相斫书"的灵感来自古人对《左传》一书的批评。《三国志·魏

---

①　徐师曾:《文体明辨序说》,罗根泽校点,人民文学出版社1962年版,第148页。
②　吴讷:《文章辨体序说》,于北山校点,人民文学出版社1962年版,第53页。
③　赵翼:《陔余丛考》卷三十二"墓志铭"条,河北人民出版社1990年版,第653页。
④　王世贞:《弇山堂别集》卷二十《史乘考误一》,第361页。
⑤　章学诚著、叶瑛校注:《文史通义校注》卷六《州县请立志科议》,第588页。

书》卷十三裴松之注中记载隗禧的话:"《左氏》直相砍书耳,不足精意也。"①《左传》叙写以争霸和政权变动为时代主题的春秋史,的确记载了大量的战争,但隗禧认为《左传》是一部相砍书,不必钻研,已是偏激之词。至于把"二十四史"也一并斥为"相砍书",则是对旧史学的故意曲解和刁难了。翻开"二十四史",固然可见权力交锋的刀光剑影和政权更替的金戈铁马,但也不能因此遮蔽了其中的良史、游侠、刺客、隐逸、文苑、儒林、孝行、节义、方伎和天文、地理、音乐、艺文、经籍等等,用"相砍书"来评价这些承载着古代文明和民族记忆的正史是有失公允的。总之,"墓志铭""家谱"和"相砍书"等概念对于衡评旧史学而言是偏颇的。的确,"将旧史比喻成'家谱'的说法",在 20 世纪初年的"史学界已经家喻户晓,成为批判传统史学的一种时髦话语了"②。但是,时髦却不公允,历史着实跟旧史学开了一个不小的玩笑。

另一类是取法域外,或稍加融汇而创造,如"君史""民史""无史""进化""人群""公理公例"等术语。这类概念给人耳目一新之感,也能表达新史家的心声,但也有其局限性。很显然,从域外译介进来的词汇和话语是不可能完全贴切地叙述和评论中国历史与文化的。更何况晚清史书翻译也是乱象丛生,译者并非均如严复一样的翻译家,译文也不能尽如"民史""公理公例"一样易于接受,普遍流行。对于此种话语之弊,时人已有深切的认识。早在 1903 年初,《新民丛报》上已经刊文痛陈其时翻译之病,包括盲目崇拜域外(尤其是日本)学术话语、混乱不一、低俗不堪、讹误满纸。翻译之事,本应在"定名属词"上"煞费一番苦心"。倘若贸然译介,"未有不自误误人者也"。有些译者喜欢翻译史书,正如批评者所说的那样:"然历史顾可冒昧耶? 凡著史者,其征引材料,必不能首尾完具,故苟非有史学之常识者译之,未有不前后

---

① 《三国志·魏书》卷十三裴注,中华书局 1982 年版,第 422 页。
② 李孝迁:《西方史学在中国的传播(1882—1949)》,第 145 页。

矛盾者也。"一些历史译本不为读者设身处地着想,"令读者何以为情耶?"更有甚者,"通行之名词,而亦故为诡异之译语者"①。"近人好用日本新名词以自炫者","今之谈新学者,往往于中国久有定名,人人共知之语,偏废不用,而必随人脚跟,拾人唾余以为快",这真是击中要害了。《新民丛报》认为,"中国事事落他人后,惟文学殊不让泰西",所谓"文学"当可理解为包括史学在内的中国固有之文化表达。但晚清译作"崇拜日本人之既极,并其一言一字而亦仿效之",这无异于"无自立性"的"奴隶"②。言辞虽重,但所言不无道理③。域外学术话语对于中国新史学话语体系的建设来说是一把双刃剑,虽提供新鲜的思想,却也可能消解自身的意义。

　　总的来看,晚清新史学话语主要是受外来思想的刺激与启发,不是中国史学水到渠成的自省。传统史学话语体系的更新,往往是悄然发生的,几乎没有突兀之痕。晚清新史学的猛烈批判下,话语的部分失效导致了一个尴尬的问题:后人阅读古籍,循名却难以责实,识字却难于言义。人们常说得意忘言,但倘若忘言,又谈何得意。新史家忽略了对旧史学话语体系必要的延续,对"古今之变""经史关系"、事、文、义三者的辩证关系、史法等重要问题没有展开多少论述,而主要是借域外史学之光照古老中国之史学,看到的是满目的迂腐、陈旧、不合时宜。因为切断了与传统的血脉,清季新史家在重建话语体系时,面临难以消弭的中西对话的困境,导致了学术上的不自信。在话语体系的新陈代谢中,不宜简单地否定已有的话语,而应在原有基础上推陈出新,庶几不至于出现话语体系的裂痕。

　　如果稍稍突破设定的"晚清"这一时间限制,以梁启超在民国时期

---

① 《翻译与道德心之关系》,《新民丛报》第 25 号,1903 年 2 月 11 日。
② 《翻译与爱国心之关系》,《新民丛报》第 25 号,1903 年 2 月 11 日。
③ 也有人撰文反驳上述批评,详见《〈新民丛报〉批评之批评》,《大陆报》第 6 期,1903 年 5 月 6 日。

的史学思想和言论来印证,晚清新史学话语存在的上述问题会更加清楚。1922 年,梁启超已经深刻反省了自己在 1902 年前后的言论,他对中国传统史学的态度与二十年前有了很大的变化:"举凡数千年来我祖宗活动之迹足征于文献者,认为一无价值,而永屏诸人类文化产物之圈外,非惟吾侪为人子孙者所不忍,拟亦全人类所不许也。"[①]不仅如此,他还认为自从有了刘知幾、郑樵和章学诚三位传统史学话语体系的标志性人物,中国史学建立起来了,尤其是章学诚"于学术大原,实自有一种融会贯通之特别见地,故所论与近代西方之史家言多有冥契"。至于传统史评家所论"有为吾侪所不敢苟同者,则时代使然,环境使然,未可以居今日而轻谤前辈也"[②],这倒很像是自我告诫。作为晚清新史学的执牛耳者,梁启超的这一转变,恰恰可以说明晚清史学话语重建中的弊病——对传统史学的过分批判和对域外史学的过度热衷。

第三,民国以来,学人对晚清新史学话语经历了欣然接受、理性反思再到直接批判,有力地推进了中国现代史学理论的建设。尽管新史学话语存在诸多不足,但它终于拉开了近百余年来史学变革的序幕,其影响直至于今。

晚清新史学话语体系自有其时代意义,至民国前期仍为人们津津乐道。1916 年,经历过清季史学变迁的蔡元培比较传统史学与近代史学的差异时,就写道:传统史学"皆以政治为主",而"新体之历史,不偏重政治,而注意于人文进化之轨辙。凡夫风俗之变迁,实业之发展,学术之盛衰,皆分治其条流,而又综论其统系,是谓文明史"[③]。这里的"新体之历史"便是指晚清新史学话语下的历史书写。但至 20 世纪 20年代中期,新史学话语开始呈衰退之势。上述梁启超在《中国历史研究法》中的自我反思即是有力的证据。这里还有一例可以佐证。1925

---

① 梁启超:《饮冰室合集》专集之七十三《中国历史研究法·自序》,第 1 页。
② 梁启超:《饮冰室合集》专集之七十三《中国历史研究法》,第 25 页。
③ 蔡元培:《历史》,《蔡元培史学论集》,湖南教育出版社 1987 年版,第 139 页。

年,鲁迅写道:"先前,听到二十四史不过是'相斫书',是'独夫的家谱'一类的话,便以为诚然。后来自己看起来,明白了:何尝如此。"①一语道出了时人对新史学话语的态度转变:从顶礼膜拜到质疑其合理性。尽管此后的报刊、"史学通论"和历史教科书中还会说起"君史""民史""无史""家谱"②,但晚清新史学话语已不再是史学的中心议题,也很难得到多数史家的共鸣了,新理论、新方法、新材料、新的话语元素才是史学舞台上的主角。

当然,梳理晚清新史学话语体系的流行与淡出,并非要否定其学术价值。晚清新史学话语体系中的科学治史理念、民众历史书写、社会史、文明史研究等是20世纪以来几代史学家共同的学术追求,至今仍被奉为圭臬。中国传统史学所纠缠的正统论、帝王史观等经过晚清史学批评的涤荡业已被抛弃于故纸堆中,这减轻了史学家的思想包袱。从史学进程来看,1902年至1911年间的史学批评为西方史学的传入"扫除"了"障碍",西史东渐得以向更深处推进。

19世纪末以来,中国史学家一直在传统与现代、本土与域外、政治与学术的内在紧张中寻求史学的建设之路。尽管时势因缘,不同阶段的史学主流或偏于西方与现代,或主张回归传统、坚守本土,但无论何种史学流派或史家个体都不能无视晚清新史学话语体系,因为它是中国现代史学的一个重要理论形态,而后来史家所要重建的史学王国又正是建立在晚清史学批评家清理过的废墟之上的。

---

① 鲁迅:《忽然想到(四)》,《华盖集》,人民文学出版社1958年版,第11页。
② 如1925年,印鸾章"用民史眼光"修订、评注清末李岳瑞的《国史读本》,成《评注国史读本》。支绍武为此书作序时,称誉该书"谓为吾国今日史界之明星可,谓为吾国五千年来之民史结晶亦无不可。"至于君史"不外乎奴一家,捍一族,崇一人之恶习性",是"私矣,小矣,夸矣,谬矣"。民史则"以国民为主体,凡国民之一切进化改良,与其最初之活动,以及民族之混合,文化之发展,政治之得失,战争之经过,经济之状况,人口之增殖与转移,语言文字之变迁,宗教之信仰,均容纳其中"。在神权和君权时代,也有民史蕴蓄其中,不过民史的光辉被神史和君史掩蔽了。"借此《读本》以考证将来之民史,则我国史学之光,庶益辉煌灿烂,照耀于普天之下也乎!"(《评注国史读本·支序》)可见,民国学人讨论"君史"与"民史"延续了清末的论辩要义,又有所发展,附记于此,以观史学话语之流变。

主要参考文献

一、基本文献

二十五史刊行委员会编:《二十五史补编》,中华书局 1955 年版

张舜徽主编:《二十五史三编》,岳麓书社 1994 年版

徐蜀编:《二十四史订补》,北京图书馆出版社 2004 年版

刘知幾著、浦起龙通释:《史通通释》,上海古籍出版社 1978 年版

高似孙:《史略》,辽宁教育出版社 1998 年版

永瑢等:《四库全书总目》,中华书局 1965 年版

王鸣盛:《十七史商榷》,上海书店 2005 年版

钱大昕:《廿二史考异》,上海古籍出版社 2004 年版

赵翼:《廿二史札记》,王树民校证,中华书局 1984 年版

赵翼:《陔余丛考》,河北人民出版社 1990 年版

章学诚:《章学诚遗书》,文物出版社 1985 年版

李慈铭:《越缦堂读书简端记》,王利器纂辑,天津人民出版社 1980 年版

李慈铭:《越缦堂读史札记全编》,北京图书馆出版社 2003 年版

李慈铭:《越缦堂读书记》,中华书局 2006 年版

朱一新:《无邪堂答问》,中华书局 2000 年版

谭献:《复堂日记》,河北教育出版社 2001 年版

谭献:《谭献集》,浙江古籍出版社 2012 年版

魏源:《魏源集》,中华书局 1976 年版

夏燮:《明通鉴》,中华书局 1959 年版

夏燮:《中西纪事》,岳麓书社 1988 年版

何秋涛:《朔方备乘》,光绪年间刻本

王韬:《重订法国志略》,淞隐庐 1890 年刻本

王韬:《普法战纪》,弢园王氏 1886 年刻本

王韬:《弢园文录外编》,辽宁人民出版社 1994 年版

王韬、顾燮光等编:《近代译书目》,北京图书馆出版社 2003 年版

郭嵩焘:《史记札记》,商务印书馆 1957 年版

郭嵩焘:《伦敦与巴黎日记》,岳麓书社 1984 年版

郭嵩焘:《郭嵩焘诗文集》,岳麓书社 1984 年版

江标编:《沅湘通艺录》,岳麓书社 2011 年版

吴汝纶:《吴汝纶全集》,黄山书社 2002 年版

黄遵宪:《黄遵宪全集》,中华书局 2005 年版

王栻主编:《严复集》,中华书局 1986 年版

孙应祥、皮后锋编:《〈严复集〉补编》,福建人民出版社 2004 年版

康有为:《康有为全集》,中国人民大学出版社 2007 年版

陈德溥编:《陈炽宸集》,中华书局 1995 年版

胡珠生编:《宋恕集》,中华书局 1993 年版

蔡尚思、方行编:《谭嗣同全集》(增订本),中华书局 1981 年版

湖南省哲学社会科学研究所编:《唐才常集》,中华书局 1980 年版

章太炎:《章太炎全集》,上海人民出版社 1982—1986 年版

杨毓麟:《杨毓麟集》,岳麓书社 2008 年版

梁启超:《饮冰室合集》,中华书局 1989 年版

夏晓虹辑:《饮冰室合集集外文》,北京大学出版社 2005 年版

刘师培:《刘申叔遗书》,凤凰出版社 1997 年版

万仕国辑校:《刘申叔遗书补遗》,广陵书社 2008 年版

慕维廉:《大英国志》,湖南新学书局 1897 年刊行

艾约瑟:《西学略述》,总税务司署 1886 年印本

卫三畏:《中国总论》,陈俱译,陈绛校,上海古籍出版社 2005 年版

丁韪良:《中国觉醒:国家地理、历史与炮火硝烟中的变革》,沈弘译,世界图书出版公司 2010 年版

丁韪良:《汉学菁华:中国人的精神世界及其影响力》,沈弘等译,世界图书出版公司 2010 年版

丁韪良:《花甲忆记:一位美国传教士眼中的晚清帝国》,沈弘等译,广西师范大学出版社 2004 年版

花之安:《自西徂东》,上海书店 2002 年版

李提摩太:《列国变通兴盛记》,广学会 1894 年铅印本

李提摩太:《泰西新史揽要》,上海书店 2002 年版

葛耳云:《英民史记》,马林、李玉书译,上海美华书馆 1907 年版。

沈桐生:《东西学书录总叙》,读有用书斋 1897 年刻本

胡兆鸾:《西学通考》,长沙 1897 年刻本

黄庆澄:《中西普通书目表》,算学报馆 1898 年刻本

赵惟熙:《西学书目答问》,贵阳学署 1901 年刻本

陈洙:《江南制造局译书提要》,1909 年印本

商务印书馆编译所:《商务印书馆书目提要》,商务印书馆 1909 年版

熊月之主编:《晚清新学书目提要》,上海书店 2007 年版

丁宝书:《蒙学中国历史教科书》,文明书局 1903 年版

支那少年编译:《支那四千年开化史》,上海支那翻译会社 1906 年版

汪荣宝:《中国历史教科书》,商务印书馆 1911 年版

汪荣宝:《汪荣宝日记》,凤凰出版社 2014 年版

横阳翼天氏:《中国历史》上册,东新译社 1903 年版

吴葆诚:《东西洋历史教科书》,文明书局 1905 年版

夏曾佑:《最新中学教科书中国历史》,商务印书馆 1905—1906 年版

富光年:《简易历史课本》,商务印书馆 1906 年第 2 版

李岳瑞:《国史读本》,广智书局 1908 年版

章嶔:《中学中国历史教科书》,文明书局 1908 年版

陈庆年:《中国历史教科书》,商务印书馆 1911 年第 5 版

吴曾祺：《初等小学中国历史读本》，商务印书馆 1909 年版

吴曾祺：《漪香山馆文集》，商务印书馆 1914 年版

二、报刊文献

《安徽白话报》《东西洋考每月统记传》《东方杂志》《大陆》《二十世纪大舞台》《复报》《格致汇编》《国粹学报》《广益丛报》《汉声》《湖北学生界》《湖北学报》《江苏》《警钟日报》《教育杂志》《教育今语杂志》《六合丛谈》《民报》《强学报》《清议报》《时务报》《万国公报》《遐迩贯珍》《湘报》《湘学新报》《新民丛报》《新世界学报》《学部官报》《游学译编》《译书汇编》《译书公会报》《中西闻见录》《中西教会报》《浙江潮》《政艺通报》

三、今人著述

白寿彝：《中国史学史》第一册，上海人民出版社 1986 年版

白云：《中国古代史学批评史论纲》，人民出版社 2010 年版

蔡尚思：《中国历史新研究法》，中华书局 1940 年版

陈旭麓：《陈旭麓文集》，华东师范大学出版社 1996—1997 年版

段怀清：《传教士与晚清口岸文人》，广东人民出版社 2007 年版

顾钧：《卫三畏与美国早期汉学》，外语教学与研究出版社 2009 年版

胡逢祥、张文建：《中国近代史学思潮与流派》，华东师范大学出版社 1991 年版

蒋大椿主编：《史学探渊——中国近代史学理论文编》，吉林教育出版社 1991 年版

江湄：《创造"传统"——晚清民初中国学术思想史典范的确立》，人间出版社 2014 年版

姜萌：《族群意识与历史书写——中国现代历史叙述模式的形成及其在清末的实践》，商务印书馆 2015 年版

孔陈焱：《卫三畏与美国汉学研究》，上海辞书出版社 2010 年版

林时民：《中国传统史学的批评主义——刘知幾与章学诚》，学生书局 2003

年版

李帆:《古今中西交汇处的近代学术》,北京师范大学出版社 2010 年版

李孝迁:《西方史学在中国的传播(1882—1949)》,华东师范大学出版社 2007 年版

李孝迁:《域外汉学与中国现代史学》,上海古籍出版社 2014 年版

李勇:《西方史学通史》第四卷,复旦大学出版社 2011 年版

李勇:《中国新史学之隐翼》,中国社会科学出版社 2015 年版

刘兰肖:《晚清报刊与近代史学》,中国人民大学出版社 2007 年版

刘超:《历史书写与认同建构——清末民国时期中国历史教科书研究》,社会科学文献出版社 2016 年版

罗志田:《裂变中的传承——20 世纪前期的中国文化与学术》,中华书局 2003 年版

罗志田:《近代中国史学十论》,复旦大学出版社 2003 年版

马叙伦:《我在六十岁以前》,三联书店 1983 年版

内藤湖南:《中国史学史》,马彪译,上海古籍出版社 2008 年版

潘光哲:《晚清士人的西学阅读史(一八三三~一八九八)》,"中研院"近代史研究所 2014 年版

齐思和:《中国史探研》,中华书局 1981 年版

瞿林东:《中国古代史学批评纵横》,中华书局 1994 年版

瞿林东:《史学与史学评论》,安徽教育出版社 1998 年版

瞿林东:《中国史学的理论遗产》,北京师范大学出版社 2005 年版

瞿林东、葛志毅主编:《史学批评与史学文化研究》,黑龙江人民出版社 2009 年版

乔治忠、朱洪斌编著:《增订中国史学史资料编年》(清代卷),商务印书馆 2013 年版

桑兵:《晚清民国的国学研究》,上海古籍出版社 2001 年版

尚小明:《北大史学系早期发展史研究(1899—1937)》,北京大学出版社 2010 年版

饶宗颐:《中国史学上之正统论》,上海远东出版社 1996 年版

吴怀祺主编:《中国史学思想通史》,黄山书社 2002 年版

吴泽主编:《中国近代史学史》(修订本),人民出版社 2010 年版

王汎森:《中国近代思想与学术的系谱》,河北教育出版社 2001 年版

王天根:《晚清报刊与维新舆论建构》,合肥工业大学出版社 2008 年版

王学典主编:《20 世纪中国史学编年(1900~1949)》,商务印书馆 2014 年版

熊文华:《英国汉学史》,学苑出版社 2007 年版

熊月之:《西学东渐与晚清社会》(修订版),中国人民大学出版社 2011 年版

谢贵安:《中国史学史》,武汉大学出版社 2012 年版

俞旦初:《爱国主义与中国近代史学》,中国社会科学出版社 1996 年版

尹燕:《陈黻宸学术思想研究》,浙江人民出版社 2011 年版

尤学工:《20 世纪中国历史教育研究》,中国社会科学出版社 2014 年版

张静庐辑注:《中国近代出版史料初编》,群联出版社 1954 年版

张舜徽:《史学三书平议》,中华书局 1983 年版

张海林:《王韬评传》,南京大学出版社 1993 年版

郑伟章:《文献家通考》,中华书局 1999 年版

张广智主著:《西方史学史》,复旦大学出版社 2000 年版

周文玖:《中国史学史学科的产生和发展》,北京师范大学出版社 2002 年版

周文玖:《史学史导论》,学苑出版社 2006 年版

周振鹤编:《晚清营业书目》,上海书店 2005 年版

周祥森:《史学的批评与批评的史学》,河南大学出版社 2007 年版

邹振环:《西方传教士与晚清西史东渐》,上海古籍出版社 2007 年版

张三夕:《批判史学的批判——刘知几及其〈史通〉研究》,华中师范大学出版社 2010 年版

张越:《新旧中西之间——五四时期的中国史学》,北京图书馆出版社 2007 年版

张越:《史学史通论与近现代中国史学》,北京师范大学出版社 2011 年版

赵梅春:《二十世纪中国通史编纂研究》,中国社会科学出版社 2007 年版

赵晓兰、吴潮:《传教士中文报刊史》,复旦大学出版社 2011 年版

后　记

2010 年,我从北京师范大学史学研究所毕业,来到四川师范大学工作。虽然博士毕业了,但书读得太少了,站在三尺讲台上,我总有力不从心之感,常为此惶恐不安。就在这时,王川教授鼓励我到四川大学做博士后研究。当我第一时间把这个想法汇报给我的老师瞿林东先生时,得到了瞿先生的大力支持。就这样,从 2011 年到 2013 年,我跟随刘复生先生开展博士后的科研工作。这便是拙作的缘起。

为什么选择"晚清史学批评研究"这个题目呢? 当时的考虑是:一则我的博士论文主要研究清代中期的史学批评,博士后阶段还是应充分考虑到已有的研究基础和自己的学术兴趣——探索中国史学批评史的相关问题。而我从硕士阶段开始,一直对近现代学术史较有兴趣,于是研究的视线就从乾嘉延伸到了同光。二则晚清是中国传统史学走向近代的关键时期,虽只有短短七十年的时间,但因古与今碰撞、中与西融合,给人们留下了许多耐人寻味的问题。少人问津的晚清史学批评就是这其中比较突出的一个课题。

不过,这次由古代史学的终结转入近代史学的滥觞,却也经受了较大的挑战。毕竟是一次"另起炉灶",而繁重的教学任务和科研压力使我很少有充裕的时间思考、撰写。更何况晚清史学研究在资料、理论、方法甚至表述上,与古代史学理论及史学史研究均有较大不同。面对新与旧的冲突,我常常联想到《左传》《史记》至于《廿二史札记》《文史通义》,时而站在古代史家的立场上掂量新史家批评的合理性,时而又以新史家之眼旁观旧史学的得失。对于晚清史家繁复的批评与反批评,面对着那一代知识精英经邦济世的抱负和在学术与政治之间的纠结,我曾如入泥淖,为此愁眉不展,终日寡言,也作过欢呼雀跃、拍案而起之状。

我理想中的晚清史学批评史,应是用批评的眼光撰写的一部以"批评"为问题导向和表述方式的晚清史学理论史。令我忐忑的是,尽管我已竭尽全力,但这本小书远远没有做到这一点,其中老生常谈者居多,独具匠心者太少,虽也常告诫自己要知人论世,会通达观,但终究还是免不了隔靴搔痒、言不及义。小书的每章均专门讨论一个问题,或着眼于史学批评的主体与效用,或立足于史学批评的载体与媒介,而诸问题又统摄于"史学批评"之下。问题之间难免交叉,我在撰写时作了一些必要的处理,但并没有强划疆界,因为学术的联系是无法也无需割裂的。而当不同的问题指向同一个方向时,或许恰能彰显出彼时思想之焦点。

自 2000 年求学于淮北师范大学(原淮北煤炭师范学院)历史学系至今,不知不觉已经过去了 17 个年头,我也从懵懂少年成长为一名高校教师。这一路走来,得到了许多师长的教诲与提携。淮北师范大学的李勇教授、牛继清教授,北京师范大学的瞿林东教授、陈其泰教授、周文玖教授、向燕南教授、许殿才教授、罗炳良教授、张越教授、汪高鑫教授,四川大学的刘复生教授,他们传我知识,教我思考,引领我一步步走上问学的道路!在出站报告答辩会上,四川大学的杨天宏教授、陈廷湘教授、王东杰教授和四川师范大学的王川教授对拙稿提出了很好的意见。聊城大学的赵少峰副教授、温州医科大学的杨俊光博士、南开大学的任芮欣同学帮我查找、复印资料。四川师范大学历史文化与旅游学院的诸位同事在日常工作与交流中给我的帮助和启发,在此一并致谢!

本书得以出版,还要感谢四川师范大学历史文化与旅游学院和四川省重点建设学科中国近现代史的资助,感谢华东师范大学李孝迁教授,感谢上海古籍出版社的吕瑞锋和张靖伟两位先生!

做学问从来不是一件容易的事情,在今天似乎尤其困难。在成都这座以安逸著称的都市里,我却要连累家人过着没有假期甚至没有周末的日子,这让我内心充满歉意。书稿前后历时六年,即将付梓之际,我想对家人说一声:"谢谢你们的理解、包容和支持!"

"批评"不仅是我的研究对象,也是检验已有研究的有效武器。我恳望读者诸君的批评!

刘开军

四川师范大学　桂苑

2017 年 2 月 19 日